STOP
STOP
STOP
STOP
STOP

ATENÇÃO
NÃO ENTRE
NO ENTRANCE

SE VOCÊ

Busca milagres impossíveis Confia muito nas imagens Se arrasta para pedir ajuda

Sobe de joelhos pra ober graças Tem pena das almas penadas Segue procissões

Veste suas filhas de anjinho Dá óbolos nas igrejas Beija a mão de padres pedófilos

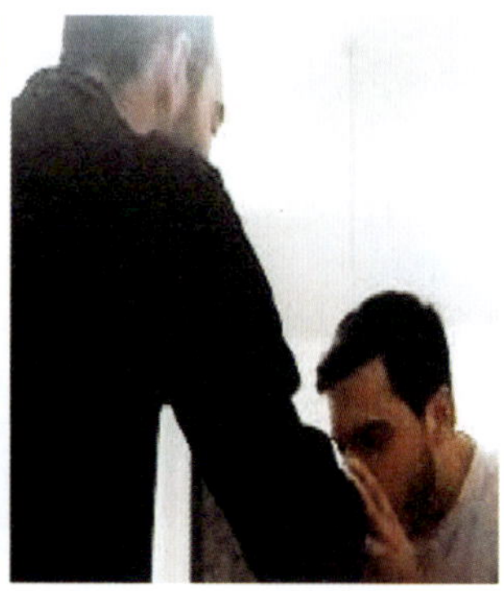

ENTÃO NÃO PERCA TEMPO LENDO ESTE LIVRO !!!

DIREITOS AUTORAIS

Considerando que a maior parte de todas imagens e pesquisas constantes nesta obras, foram extraídas da Internet, das pesquisas/estudos/extratos e revelações de outros sinceros pesquisadores sem rédeas nem brida, artigos sem receio de dizer a verdade publicados em revistas e livros , do parecer das mais diversas entidades culturais/científicas/educacionais consultadas, *não é proibida a sua reprodução*, mas ao contrário, eu gostaria e muito, que as revelações e desmascaramentos contidos nesta obra, servissem de alerta e elucidação para todas as pessoas, jovens e adultos, poderem ter os olhos mais abertos e a segurança em poder se desviar das falcatruas religiosas que tentam cada vez mais embostar o caminho da razão.

• Max Sussol
2025

FICHA TÉCNICA

Dados Internacionais de Catalogação na Publicação (CIP)
(Câmara Brasileira do Livro, SP, Brasil)

Sussol, Max
Jesus foi gay? / Max Sussol. -- São Paulo :
Tout Va Bien - Livres Extraordinaires, 2024.

ISBN 978-65-984323-1-7

1. Jesus Cristo 2. Manipulação emocional
I. Título.

24-229579 CDD-232

Índices para catálogo sistemático:

1. Jesus Cristo : Crítica e interpretação 232

Eliete Marques da Silva - Bibliotecária - CRB-8/9380

A

TOUT VA BIEN

Livres extraordinaires

Orgulhosamente

apresenta

AGRADECIMENTOS

Ao prezado pesquisador
e amigo dos santos,
Prof. Max Sussol
de
Paulo [illegible]
São Paulo, 15. 7. 97.

SUMÁRIO

JESUS FOI GAY?

AOS MEUS AMIGOS INESQUECÍVEIS

- Dançarina de Cancan – minha guia em Paris
- Rubem Melo com quem escrevi a ópera *Navio Negreiro* em 1960
- Pablo Nerruda – meu padrinho *Prêmio Nobel*
- Jorge Amado – meu colega baiano
- Benzedeira Pamela – minha estimada aluna de S.Paulo
- Jairo Z - meu filho e maior amigo.

INTRODUÇÃO

Antes de mais nada, no seu livro *O Declínio d' Ocidente*, o filosofo Michel Onfray confirma, o que outros pesquisadores renomados já haviam expressado: Jesus não existiu!

A história de sua vida foi extraída da mitologia persa e mesopotâmica; a sua morte e ressureição foram modeladas pelos destinos de Baal, Marduk, Attis, Osiris e Adonis. Os Evangelhos seriam, portanto, pura ficção e o Cristianismo construído sobre essa impostura.

A verdade é que quando os romanos invadiram e subjugaram Israel, os judeus inconformados em verem sua terra doada por Deus sendo espoliada pelos romanos revoltaram-se, sendo que a facção dos Zelotas inclusive, assassinavam soldados dele todos os dias , para fazer frente às tais revoltas coerentes, vespasianos com Piso inventaram o super-homem chamado Jesus e consequentemente Paulo e seus *ghost-writers*, plagiando outras mitologias e heróis, deram origem no Cristianismo. E como nos *Evangelhos Jesus* não foi casado - o que é muito estranho para 1 mancebo judeu naquela época - muitos escritores começavam a cogitar que nosso herói como se manteve solteiro, só andava com machos, rejeitando as mulheres , só podia ser gay. Daí as cogitações válidas até hoje.

Max Sussol
2025

FOI ?

Em 17/5/ 2012. o cartunista Mr. Fish resolveu protestar contra a decisão do estado americano da Carolina do Norte que baniu o casamento gay desenhando *Jesus* tendo 1 romance homossexual com o cantor Freddy Mercury causando muita polêmica. Ao desenhar as duas personalidades abraçadas e deitadas numa cama, o artista queria apenas mostrar que usar a Bíblia para condenar a união entre pessoas do mesmo sexo é uma hipocrisia.

Até parece que os pintores desde o começo da Renascença também já sabiam bem sobre o colóquio que houve entre ambos desde crianças, conforme a famosa tela Cristo ressuscitado de Jerônimo Hernandez Estrada, de 1570, exposta na *Quinta Augustia de Sevilha*, Espanha a 1ª debaixo da página seguinte.

JESUS E SEU `GATO´

1os REGISTROS

2os REGISTROS

Até parece que os pintores desde o começo da Renascença também já sabiam sobre o colóquio que houve entre ambos.

3os REGISTROS

IC
XC

IC
XC
St. John the
Beloved
Disciple

ERA AMANTE DE JOÃO?

RESPONDE O SITE DA *SHUTTERSTOCK* NA *INTERNET*:

RESPONDE O SITE *YAHOO* EM 9/11/2018

1° : Para começo de conversa, convém lembrar que há sérias dúvidas quanto à existência histórica de *Jesus* de Nazaré(*). Ninguém sabe como ele era: se feio ou bonito, se usava barba ou não, se tinha olho azul e cabelo liso dourado como costuma ser representado. Ou morenão de cabelo crespo como muitos nativos d´Oriente-médio. Não há nenhum objeto histórico deixado por *Jesus*: o *Santo Sudário* (existe mais de uma dezena deles!) é uma fraude, as lasquinhas de sua *Santa Cruz* se reunidas todas equivaleriam a uma floresta, suas `verdadeiras relíquias´ foram fabricadas na Idade-média.

(*) Conforme provamos no 1º capítulo que *Jesus* – por incrível que pareça – nunca existiu e que foi uma criação lendária da família Piso/Vespasiano.

Os próprios *Evangelhos* — a principal fonte informativa sobre *Jesus* — estão cheios de contradições: 1 diz que ele morreu ao 1/2 dia, outro, às 3 h; sua genealogia em Lucas e Mateus são discordantes. A fé é sempre 1 passo no escuro. E nunca vimos ninguém remover montanha alguma só com a fé!

2° : Se dermos crédito aos relatos dos 4 evangelistas, podemos detectar diversas passagens da biografia ou do mito de *Jesus* que permitem identificá-lo muito mais com a cultura gay do que com a dos machos heterossexuais. Alguns exemplos: 1 judeu chegar aos 33 anos sem se casar colocava sérias dúvidas sobre sua masculinidade; *Jesus* é delicado demais para o padrão machista de seu tempo: *"olhai o lírio dos campos···"*,

"Deixai vir a mim as criancinhas···" são expressões muito mais próximas da cultura gay do que de machões; o gesto de lavar os pés dos discípulos, na última ceia, jamais seria realizado por macho algum, pois era atividade exclusivamente feminina (e atenção: *Jesus* mandou que seus discípulos seguissem seu exemplo, ordem explícita em favor da androginia!); a relação de *Jesus* com Maria Madalena, Marta e Maria e com as demais mulheres que o seguiam lembra a relação dos gays com mulheres-simpatizantes, sem envolvimento sexual, do que a relação dos homens heterossexuais com as filhas d´Eva.

3º: *Jesus* tinha uma relação especial, uma amizade particular com João Evangelista, reconhecido pelos apóstolos como *"o discípulo que Jesus amava"*. Quando se conheceram, João tinha mais ou menos 15 anos, *Jesus* 30. Tão íntima era essa relação que, na última ceia, João estava reclinado no peito de seu divino Mestre.

As 1ª[as] representações desta cena mostram *Jesus* e os discípulos deitados (e não sentados, como o imortalizou Leonardo da Vinci). Estar deitado, reclinado no peito de *Jesus*, é intimidade que dificilmente 1 macho judeu se permitiria há 2.000 anos. Tem mais: algumas horas depois deste idílio — onde tomaram vinho e cearam — *Jesus* e os discípulos passam a noite no Horto das Oliveiras. Quando chegam os soldados para prender *Jesus*, Judas o beija — gesto delicado já comum entre homens da época. Nesse instante, diz o *Evangelho de Marcos*, no 1/2 da noite, 1 discípulo sai correndo nu, deixando cair o lençol que o envolvia. Cena estranha e comprometedora essa...

4º: Comprometedora essa de 1 acompanhante próximo de *Jesus* estar sem roupa e fugir enrolado apenas num lençol. Onde tem fumaça tem fogo! – diz o provérbio

5º: Forte argumento de que *Jesus* provavelmente era homossexual deve-se ao fato do historiador Giovanni Dall´Orto ter encontrado diversos sodomitas italianos do século 16 que foram denunciados à Inquisição por terem dito exatamente isto: que *Jesus* era homossexual. O escritor Marlowe, contemporâneo de Shakespeare, também defendeu que *Jesus* e João Evangelista mantiveram relação amorosa. Há outros casos registrados no de pessoas no Brasil e em Portugal que disseram que *Jesus* e os apóstolos eram gays. Inclusive no *Arquivo da Torre do Tombo*, em Lisboa, pode-se verificar a denúncia que foi feita contra Gregório de Matos — o maior poeta brasileiro barroco — que nos finais do século 17 ousou dizer que *"N. Sr. Jesus era sim sodomita"*.

6º: Portanto, ao celebrar no ano 2000, o 2º milênio do nascimento de *Jesus Cristo*, teria sido essa uma excelente oportunidade para o movimento homossexual internacional reivindicar sua participação nesta festa maravilhosa, pois há mais de 500 anos os homossexuais reivindicam *Jesus* como membro de sua confraria. Claro que iria haver muito escândalo e protesto negativo, contestações e até vinganças. Se não houve essa festa, é porque talvez temia-se que houvesse reações violentas dos cristãos mais fundamentalistas que, para defender a heterossexualidade de *Jesus*, seriam capazes de atacar os homossexuais — como aconteceu no episódio de Zumbi.

7º: Deixar, contudo, passar o milênio sem provocar essa discussão, seria perder fantástica oportunidade para 1 debate em nível mundial sobre o respeito à homossexualidade, pois se outros deuses, como Zeus e Oxumaré, entre tantos outros,

Eram andróginos ou praticantes do homo erotismo, qual o problema se *Jesus* - o filho de *Deus*, também fosse adepto do amor dos deuses? Seria dar aos gays o que é dos gays! Que mal haveria nisto?

A LÓGICA QUE TEM LÓGICA DE LUIZ MOTT (*)

"Alguém pode provar que Jesus era heterossexual? Quando Freud, num célebre artigo, diagnosticou Leonardo da Vinci como gay, partiu d´evidências de sua biografia, personalidade etc. No caso de Jesus , há diversos traços de sua biografia que sugerem enfaticamente que ele era sim homossexual também". Nossa prezada leitora e nosso estimado leitor sabem por acaso, o que *Jesus* falou sobre homossexualismo? NADA! *"Não há nos Evangelhos nenhuma só palavra do filho de Deus condenando o amor entre pessoas do mesmo sexo! Pois s´existem, não foi o próprio Deus quem criou os gays e as lésbicas? Para que? Para certos bitolados mais tarde os achincalharem? As principais igrejas da Europa e dos USA hoje já aceitam os homossexuais, tendo em seus quadros pastores gays e pastoras lésbicas assumidas que abençoam o amor e a união entre pessoas do mesmo sexo, concretizando o conceito cristão que Deus é amor e Jesus não condenou nenhuma forma de amor".*

"E se Jesus estivesse vivo, se perguntasse a ele de que lado gostaria de ficar, dos machões ou do lado das criancinhas e dos lírios do campo, não tenho dúvida de que ficaria da nossa banda, do lado dos gays! ".

(*)Luiz Mott, 61 anos, é decano do *Movimento Homossexual no Brasil*; fundador do *Grupo Gay* da Bahia; já afirmou e reiterou inúmeras vezes que *Jesus* era 1 sodomita ativo e o evangelista S.João, seu amante favorito.

O GRUPO GAY DA BAHIA PROTESTA CONTRA A VINDA DO PAPA À BAHIA

Na hora da chegada de Bento 16 ao Brasil, homossexuais e simpatizantes fizeram manifestação contra a visita do papa em frente à *Catedral de Salvador*, com faixas e cartazes: Não teriam razão a reação da população afro-brasileira a 1 chefe religioso que tivesse afirmado: *"a religião negra constitui depravação grave!"*? Por que então dar boas vindas a 1 soberano pontífice que declara repetidamente: *"o homossexualismo é intrinsecamente mau e o casamento gay, imoral e nocivo"* ? Uma das faixas em pleno centro:

JESUS NUNCA CONDENOU OS HOMOSSEXUAIS ! PAPA RESPEITE OS GAYS ! CHEGA DE INQUISIÇÃO: O AMOR NÃO TEM SEXO! – gritava o povo baiano revoltado.

BOMBA !!

BOMBA !!

Papa Pio 12 (1876 - 1958) - Talvez pode ser considerado o mais desprezível dos papas pulhas.

Em 16/2/2012 abriu-se a exposição *Lux in Arcana*, permitindo o público ver o *Arquivo Secreto do Vaticano* no *Museu Capitolinos de Roma.*

Nele se pôde constatar que de fato o papa Pio 12, acusado de se manter em silêncio durante o extermínio de **6.000.000** de *judeus* no *Holocausto*, conservou-se mudo ao mundo ao respeito, nunca tendo reclamado nem criticado o assassinato de tantos milhões de sangue de *Jesus*. Foi porque ele, Pio 12, era 1 simpatizante do *Nazismo.*

A partir d´então, o mundo todo pôde ver os documentos, que se referem ao período do seu pontificado, de 1939 a 1958. A liberação ocorreu 1 ano após o papa Francisco declarar que a *"Igreja não tem medo da História".* A montanha de documentos se tornou acessível graças a 1 inventário elaborado por funcionários da Santa Sé durante 14 anos. Foi a revelação certamente que mais embostaria a imagem e honra de uma ex ***Sacrossanta Igreja***, revelando que a *Santa Sé*, manteve relações diplomáticas com o 3º Reich e nunca condenou a invasão nazista da Polônia, em 1/9/1939, nem a implantação que Hitler e Eichman fizeram entre 1933 e 1945, de mais de 40.000 campos d´extermínio e aprisionamento humano, além de outros centros de carceragem. As construções foram levantadas com distintas finalidades, entre elas a de servirem como campos para trabalho escravo, campos para detenção de pessoas vistas como `inimigas do Estado´ e também como centros d´ extermínio em massa, por desnutrição, enterramento vivo, fuzilamento, enforcamento, câmaras de gás, crematórios. O número total de instalações é a existência de . Em sua biografia inclusive, o historiador britânico John Cornwell chama o pontífice de *"papa de Hitler"*, descrevendo Pio 12 como *"antissemita"*, narcisista e determinado a *"promover o poder do papado". "Ele foi 1m peão de Hitler"* - grifou Cornwell.

Quem quiser ir mais fundo desse charco imundo religioso, a *Amazon* lançou em 2018 uma obra chamada *OS CRIMES DOS PAPAS: MISTÉRIOS E INIQUIDADES DA CORTE DE ROMA*, expondo mortes, envenenamentos, parricídios, adultérios, incestos.

Há séculos, o orgulho e a ambição guiavam os que se intitulavam *"representantes de **Deus** na Terra"*, trazendo fome, desgraças, massacres e submetendo os seguidores de *Jesus*, o povo, às mais execráveis vontades de verdadeiros tiranos escondidos sob suas vestes eclesiásticas.

Naquela época, a ignorância e o fanatismo religioso obscureciam a sabedoria das nações, incapazes de julgar Política e Igreja, que impeliam às mais terríveis guerras em nome de **Deus**, mas cujo fim único era a sustentação de suas ambições e poder.

A ANÁLISE DE JEREMIAH BARTRAM (*)

POR QUE EU ACREDITO NUM JESUS DRAG ?

Jesus era uma drag queen com barba - deduz Jeremiah Bartram que é 1 escritor residente em Ottawa. *"A drag queen* parecia exatamente com a imagem autêntica de 1 belo Jesus de olhos escuros: `*esquisito*´, assim como eu... Como 1 católico homossexual, muitas vezes eu me sinto 1 estranho e, às vezes, fico tentado a abandonar a Igreja. Mas Jesus também era 1 tanto estranho. Mais que isso. Eu o chamaria de `*fluido de gênero, tanto masculino quanto feminino*´. Quando se fala sobre a assexualidade de Jesus , esta realidade é algo mais profundo e misterioso, pois é uma realidade que nada tem a ver com o seu procedimento desde os seu nascimento. É a base de sua real identidade, a fonte de seus gostos e predileções, a voz interior silenciosa que lhe diz quem é e como proceder. Também não estou falando sobre o corpo de Jesus. Podemos presumir, pelo que lemos na *Bíblia*, que a aparência externa de Jesus era indiscutivelmente masculina. Sabemos que ele foi circuncidado de acordo com os ritos judaicos. No entanto, em seu comportamento, Jesus nem sempre se apresenta como 1 homem francamente, pelo menos não de acordo com as convenções de gênero de sua cultura. Os *Evangelhos* nos mostram 1 Jesus cuja gama d´expressão emocional reflete os aspectos femininos do Deus do *Antigo Testamento* (que muitas vezes tem-se mostrado até histérico em suas atitudes e decisões). Ele chora por Jerusalém e pela morte de Lázaro.

(*) Jeremiah Bartram é 1 escritor baseado em Ottawa e ex-editor do BC Catholic.

Ele entende as tarefas domésticas por dentro: varrer a casa em busca de uma moeda perdida, remendar roupas e jardinagem.

Ele sabe como o fermento funciona na massa. *Jesus* parece ter aprendido o convencional `*trabalho de mulher*´ ao lado de sua mãe, como uma menina daquela época. Ele nunca usa uma imagem do trabalho de seu pai como carpinteiro. *Jesus* também evitou o casamento, uma escolha incomum em sua cultura. Em *Marcos 10*, ele descreve o casamento como uma união que reflete a perfeição de *Deus*. Então, por que *Jesus* não buscou uma união perfeita desse tipo? Foi porque ele já estava completo em si mesmo, como *Deus* é completo? Mas se o casamento fosse coisa boa, seu pai também já não teria casado?

Os *Evangelhos* nos mostram 1 *Jesus* cuja gama d´ expressão emocional reflete os aspectos femininos do *Deus* do *Antigo Testamento*. Ele chora por Jerusalém e pela morte de Lázaro. Ele entende de limpeza por dentro: varrer a casa em busca de uma moeda perdida, remendar roupas e cuidar do jardim. *Jesus* parece ter aprendido o `*trabalho de mulher*´ convencional ao lado de sua mãe, como uma menina da época. Ele nunca usa uma imagem do trabalho de seu pai como carpinteiro. *Jesus* também evitou o casamento - uma escolha incomum em sua cultura. Também em sua espiritualidade, *Jesus* abarca características tradicionalmente enquadradas como femininas. Ao longo dos séculos, a união mística direta com o divino foi entendida como pertencente ao lado feminino de nós mesmos e *Jesus* regularmente se perdia em orações místicas. Ele se assemelha à amante do *Cântico dos Cânticos*, que vasculha a cidade perguntando aos guardas: *"Vocês viram aquele que eu amo?"* - muitas vezes lido como a busca d´alma por *Deus*. Essa interpretação da espiritualidade de *Jesus* é talvez o que levou à proliferação de representações femininas dele na Idade-média, como na obra de Hildegard de Bingen, musicista e mística do século 13, por exemplo.

A AFIRMAÇÃO DE THEODORE JENNIN

Famoso teólogo metodista dos USA e professor de teologia no Seminário de Teologia de Chicago em 2006, ele surpreendeu a todos, principalmente à sua Igreja — contrária totalmente a toda e qualquer homossexualidade — ao afirmar que Jesus foi gay e editando, inclusive, 1 dos maiores best-sellers de venda d´ *Amazon: Homoerotic Narratives From the New Testament* (O Homem que Jesus amou: Relatos Homoeróticos no *Novo Testamento*), o teólogo chama o discípulo João de "namorado de Jesus" baseado em numerosas referências da *"forte amizade"* entre os 2.

A OPINIÃO HUGH MONTEFIORE (*)

"Todos os evangelhos sinóticos mostram Jesus em íntima relação com os ´forasteiros` e os não amados. Publicano e pecadores, prostitutas e criminosos estão entre seus conhecidos e companheiros. Se Jesus fosse de natureza homossexual (e esta é a verdadeira explicação de seu estado celibatário), então isso seria mais uma prova da autoidentificação de Jesus com aqueles que são inaceitáveis para os defensores do ´Estabelecimento` e das convenções sociais"

(*) Bispo de King1ton, UK.

PADRE BETO TAMBÉM ACHA

Apesar de ter sido excomungado oficialmente pelo *Vaticano*, o ex-padre brasileiro Roberto Francisco Daniel, de 49 anos, continua a se apresentar como "*Padre Beto*", casar homossexuais e causar polêmica.

(*) Bispo anglicano inglês

Formado em Teologia, Direito e História, ele acaba de lançar o livro *JESUS E A SEXUALIDADE* (Revelações da *Bíblia* que você nunca viu), em que defende que "*Jesus pode ter sido heterossexual, bissexual ou homossexual*". Beto garante que suas teorias são baseadas nos 4 *Evangelhos* e nos textos apócrifos e cita, como exemplo, o fato do líder religioso ter curado 1 servo íntimo de 1 centurião romano sem tachar de pecaminoso o ato homossexual. "*Jesus estava mais interessado na qualidade dos relacionamentos do que em saber se esse relacionamento era hétero, homo ou bissexual*" — defende. padre Beto diz que não pensa em voltar ao sacerdócio. Mesmo assim, ainda realiza cerimônias *"em nome de Jesus"* e move 1 processo na Justiça contra a diocese de Bauru porque não teria tido direito de defesa. *"A única coisa errada que fiz foi pensar, mas isso é 1 dom de Deus que falta neste país. O pensamento e a reflexão são saudáveis. É a Igreja que está pecando neste sentido"* — avaliou.

A CERTEZA DE BOB SHORE-GOSS (*)

Jesus era gay?

Teólogo Goss: Jesus Cristo era ativo e passivo.

Teólogo Goss: *Igreja Unida de Cristo, à Igreja Metodista Unida e ao Universalismo Unitário.* O casal Joe e Bob – moravam numa casa paroquial ao lado e iriam se instalar em sua casa na Nova Inglaterra. O reverendo Bob Shore-Goss, por sua vez, é 1 teólogo famoso mundialmente, que se declarou abertamente gay, tendo escrito vários livros sobre o tema, entre eles: *QUEERING CHRIST E JESUS ACTED UP: A GAY AND LESBIAN MANIFESTO.* A revista Vice teve a primazia em entrevista-lo:

Vice: mas era mesmo?

Teólogo Goss: *"Eu espero que ele tenha sido. Eu acredito que sim. Na minha própria espiritualidade, eu adoraria ir pra cama com Jesus No mínimo, Jesus era queer - Isso quer dizer: ele desobedeceu às regras de sua cultura, da heteronormatividade. Ele subverteu códigos de masculinidade e de gênero em sua cultura. Queer não significa necessariamente orientação sexual, mas pode incluir isso. Eu diria, provavelmente seria descrito como 1 homossexual enrustido hoje, mas eles não tinham esses termos na época".*

Vice: Como a homossexualidade era percebida na época de Jesus?

Teólogo Goss: "*Não havia conceito de orientação sexual, mas havia o conceito de gênero. Então, na Bíblia, quando 1 homem dormia com outro homem como uma mulher, era uma abominação. Veja, a ênfase é 1 homem traindo seu status: ele está se feminilizando. Então é uma violação de gênero em vez de uma violação sexual. O código da masculinidade era muito forte no mundo antigo. Agora, relações homoeróticas no mundo antigo eram muito comuns, especialmente nos mundos grego e romano".*

(*) Teólogo e padre da Florida, USA).

Vice: O próprio Jesus chegou a abordar isso?.

Teólogo Goss: *Na verdade, 1 dos milagres de Jesus foi curar o rapaz do centurião. Isso está em Mateus e Lucas, que que era essencialmente 1 concubino do centurião. É 1 relacionamento erótico. Ele vai até Jesus e pede que ele cure seu rapaz. E Jesus pergunta se ele deve curá-lo e o centurião diz: `Não sou digno de te ter embaixo do meu teto, mas diga a palavra e meu rapaz será curado´. E Jesus fala da fé do centurião com que tem 1 relacionamento homoerótico, alegando que `não há maior fé que eu tenha encontrado em Israel´. O que é incrível sobre isso é que toda vez que comungam no domingo, milhões de católicos dizem: `Deus, não sou digno de te receber,mas diga a palavra e serei curado´. Eles repetem essa frase pronunciada por 1 centurião num relacionamentc homossexual com 1 jovem. Nós sanitarizamos isso e esquecemos esse tipo de coisa com o tempo. Mas uma igreja do século 2 entenderia isso como 1 relacionamento homossexual e isso não era 1 grande problema.*

Vice: E que evidências há na Bíblia de que Jesus era homossexual?

Teólogo Goss: *Há dicas e há leituras disso. As dicas vêm do Evangelho de João com o `amado discípulo´. Ele e Jesus tinham 1 relacionamento íntimo, mas há dúvidas de quem seria realmente esse discípulo. De qualquer maneira, o discípulo amado está deitado no peito de Jesus na última ceia e supostamente está usando sua "túnica interna", que é o que chamaríamos de `roupa íntima´ hoje. É 1 gesto muito íntimo e 1 gesto especial de afeto entre os 2.*

Vice: Eu imagino que Jesus amava todos seus discípulos, quer dizer, ele disse para amar o próximo. Então, destacar uma determinada pessoa como *'amada'* parece significativo.

Teólogo Goss: *Sim. Jesus chama apenas uma pessoa de 'amada' e é Lázaro. Também há 1 trecho descoberto nos anos 1960 por 1 professor de história e estudos antigos, Morton Smith - 1 grande estudioso. Ele encontrou dicas de 1 Evangelho secreto, que as pessoas datam de algum lugar na última parte século 1. Há 1 trecho que descreve "1 rapaz nu que vem até Jesus" tarde da noite, e passa a noite lá para uma ' iniciação' . O fragmento é controverso, claro. Mas isso mostra que havia algum tipo de relação homoerótica, uma relação de amor.*

Vice: Parece que todo mundo pode tirar suas próprias conclusões de qualquer parte da *Bíblia*, incluindo que Jesus era gay. Quer dizer, ele é essa figura *queer,* nunca se casou?

Teólogo Goss: *Isso, na verdade, é significativo. Jesus era 1 rabino, 1 professor e praticamente todo rabino na época era casado. Mas não há testemunhos de 1 casamento de Jesus. Há algumas teorias interessantes, Jesus poderia ser bissexual e ter 1 relacionamento com Maria Madalena e o amado discípulo. Talvez ele fosse intersexual ou trans, porque nasceu sem 1 pai, portanto nasceu mulher e tomou o fenótipo de 1 homem. Virginia Mollenkott argumenta sobre isso em seu livro Omnigender. É 1 argumento meio engraçado. O que estou dizendo é que as pessoas veem isso como algo muito importante. Uma vez, uma estudante lésbica me disse: "Jesus* não era gay, ele era perfeito". *O que isso diz sobre a maneira como ela via sua sexualidade? A posição católica diz que Jesus era perfeito, portanto ele é intrinsecamente bom e intrinsecamente ordenado. Agora, o que dizem sobre os gays é que somos intrinsecamente maus e intrinsecamente desordenados. Mesmo evangélicos vão dizer que Jesus era perfeito, então, para ser salvo para os evangélicos, você precisa ser heterossexual.*

Vice: Mas se Jesus era gay, e ele era perfeito, então, na verdade, só as pessoas gays vão para o céu, certo? Isso seria deliciosamente irônico .

Teólogo Goss: *Sabe, acho que há uma imagem maior de quão universal Jesus é. Jesus tinha uma sexualidade. Eu costumava pensar que tudo em Jesus era perfeito. Aí, no meu 1º ano de faculdade, eu estava lendo 1 livro de John A. T. Robinson, 1 bispo anglicano e estudioso do Novo Testamento,* THE HUMAN FACE OF GOD *e havia uma nota de rodapé que me perturbou. Isso dizia que Jesus peidava.* E eu disse *"Meu deus!"* Então pensei *"Bom, OK, ele era humano".* E isso levou a *"Se ele era humano, será que ele tinha ereções à noite? Ele tinha polução noturna? Todos os homens passam por isso".* E isso foi tipo uma erosão nos meus fundamentos católicos ao redor de *Jesus. E o próximo passo foi pensar: "Jesus* era sexual?". E depois "Com quem?". Então pensei *"Isso realmente importa?". E eu acho que sim. Se Jesus era totalmente humano, ele deve ter sido totalmente erótico. Isso significaria que a sexualidade é uma coisa positiva, porque temos que reclamar o fato de que a sexualidade é incrível e algo bom, seja qual for a sua sexualidade.* Você vê onde quero chegar? *Quero dizer que todas as sexualidades são uma bênção original, porque somos feitos à imagem de Deus.*

Vice: O que eu estou entendendo é que Jesus, como 1 ser humano queer, se identificaria com as lutas dos homens gays – se sentir 1 pária, enfrentar violência por ser como é, coisas assim.

Teólogo Goss: *"É engraçado; os fundamentalistas interpretam mal essas coisas e ficam histéricos porque não entendem o contexto histórico. Eles abusam disso e deturpam sua própria ideologia. E muitas vezes eles são tão veementes sobre isso porque têm muita homofobia internalizada, o que indica que eles têm a mesma atração pelo mesmo sexo que precisam eliminar nos outros. Jesus não era 1 fundamentalista; ele não era 1 literalista; ele falava em parábolas, metáforas e histórias"* (Pesquisas:- *Vice/Jules Suzdaltsev , 13/7/2015*)

CONFIRMA BRYAN

Registra o Bryony Whitehead, em 29/6/2011, que 1 debate sobre a legalização do casamento homossexual em N. York, levou a especulações sobre se Jesus teve 1 relacionamento homossexual. G.C. Bryan — 1 psicólogo e famoso autor católico — foi entrevistado recentemente por uma revista chamada *Out Smart* — que se denomina uma revista gay, bissexual e trans — tendo argumentado que Jesus poderia manter relação sexual com 1 de seus discípulos. Seu raciocínio sugere que João Batista teve de fato 1 relacionamento amoroso com Jesus que pode ser verificado no *Evangelho de João 13:23* que diz: *"Ora, 1 de seus discípulos, aquele a quem Jesus amava, estava reclinado no peito de Jesus"*.Bryan esclarece que o mesmo relacionamento homossexual na *Bíblia* pode ser constatado no livro intitulado *THE TRIANGLE PURPLE*, onde Jesus é visto como 1 ser humano, o que é 1 fato importante para o público ter uma interpretação mais ampla sobre Jesus. *"Isso nos leva à etapa seguinte, de revelar-nos que todos nós somos filhos e filhas de Deus, sem exceção"* — explica ele.

E Bryan não está sozinho em seu pensamento. Estudiosos, ainda anteriores ao século 16, têm sugerido que a relação de *Jesus* e de João foi mais do que 1 aparente amor fraternal.

REI JAMES

Quem melhor do que o próprio rei James - autor da *Bíblia do Rei James*, tentando assim justificar o seu próprio relacionamento com o duque de Buckingham: *"Eu gostaria 1º de falar em meu nome pessoal, nunca tendo considerado meu relacionamento 1 defeito (pecado) e, se Jesus fez o mesmo, não posso também ser responsabilizado, já que Jesus tinha seu querido John, enquanto eu tenho o meu George"*.

PASTOR ANGLICANO CARDY

"*É Natal. É tempo de Jesus sair do armário"*. Esta é a polêmica legenda de 1 cartaz afixado em Auckland, N. Zelândia, por ordem do reverendo Glynn Cardy, da Igreja Anglicana de St. Matthew. No ano passado, a mesma igreja já tinha gerado polêmica ao expor 1 cartaz com José e Maria na cama. Depois viria a Arca de Noé gay !!.

ELTON JOHN

O músico britânico Elton John gerou polêmica 19/2/2010, com a publicação de uma entrevista na qual afirma que Jesus Cristo era homossexual: *"Acho que Jesus era 1 gay compassivo, superinteligente, que entendia os problemas humanos"* - afirmou Sir Elton à revista de celebridades americana *Parade*, que publicou a entrevista em seu site. *"Na cruz, ele perdoou as pessoas que o crucificaram. Jesus queria que nós amássemos e perdoássemos. Eu não sei o que torna as pessoas tão cruéis. Tente ser uma mulher homossexual n' Oriente médio - você está morto"* - afirmou o *popstar*, 1 homossexual assumido. A *Liga Católica*, maior grupo católico dos USA, condenou os comentários do artista inglês? "Jesus certamente era compassivo, mas dizer que ele era 'superinteligente' é comparar o filho de Deus a 1 competidor bem sucedido de 1 programa de TV" - criticou Bill Donohue, presidente da *Liga*, num comunicado. *"Mais sério ainda, chamar Jesus de homossexual é rotulá-lo como 1 transviado sexual. Mas o que mais poderíamos esperar de 1 homem que já disse: 'do meu ponto de vista, eu proibiria completamente a religião'?"* - disse.

FABIO PORCHAT

Expressou o famoso ator / roteirista/ cineasta e produtor premiado da TV brasileira: *"Ser gay não é 1 problema, não é uma falha, não é uma questão de caráter. Ser gay é uma característica, então, ser gay não depõe contra Jesus, ao contrário* - declarou. Fabio Porchat acrescentou: - *Tenho certeza de que, se Jesus voltasse e tenho certeza de que já tentou, ele teria voltado gay, travesti, mulher, preta e teria morrido em 3 dias e não em 33 anos*

Silvio Santos: **'Sempre tive vergonha de ser gay, era uma fraqueza minha'** (*)

O empresário Silvio Santos deu declarações que surpreenderam os telespectadores no domingo (15/4/2018) , durante o *Programa Silvio Santos*. Ele afirmou que *"quando tinha 21 anos, fazia tudo para ninguém descobrir que era gay"*. A fala surgiu durante uma conversa com 1 participante do quadro *"Exame de Calouros": "Você, com essa roupa, dá a impressão que não é homem com H maiúsculo"*. O apresentador ainda disse que teve receio de se assumir: *"No Rio de Janeiro eu bancava o machão porque se as pessoas pensassem que eu fosse gay, elas iriam cair no meu pelo* [...] *Eu sempre tive vergonha de ser gay, era uma fraqueza minha"*. Além disso, ele garante que não vê problema, mas que os pais desaprovam. *"Acho que ser gay não nada demais porque eu já fui e continuo sendo. Mas, a mãe e o pai da gente não gosta que sejamos gays"*. No fim, ele diz ao participante que se fosse seu pai, *"daria uma surra* [nele] *que você nunca mais ia pensar em ser gay"*. O comunicador deu suas declarações alternando entre tom de brincadeira e seriedade, o que confundiu o público se ele realmente estava confessando.

(*)Confissão registrada pelo site ***Bahia Notícias/ Holofote na internet*** em 17/04/2018 por Pascoal de Oliveira

SEUS ESTUDIOSOS

Bispo Paul Oestreicher

Desabafo do famoso bispo à mídia da N.Zelândia em 20/4/2012:

"O fato de Jesus ser gay ou heterossexual não afeta de forma alguma quem ele era e o que ele significa para o mundo hoje. Espiritualmente é imaterial. O que importa neste contexto é que existem muitos seguidores gays e lésbicas de Jesus – ordenados e leigos – que, apesar da Igreja, continuam a ser notavelmente e humildemente seus membros fiéis. Se as igrejas cristãs, em suas muitas formas, os aceitassem, abraçassem e amassem mais abertamente, haveria muito mais discípulos".

ESTARRECE MORTON SMITH(*)

Estarrecendo toda Los Angeles em 25/12/2003:

"Os cristãos comemoram hoje o nascimento de Jesus, reconta-se a sua vida e trajetória, mas em suas igrejas nunca se menciona nada sobre sua sexualidade.

(*)Professor emérito da Universidade da Columbia, USA.

Porém, já existe 1 grupo bíblico d´estudiosos que acreditam piamente que Jesus tivera relações sexuais com outros homens". O professor Smith aponta o manuscrito encontrado no Monastério de Mar Saba perto de Jerusalém, em 1958, que indica claramente Jesus ter tido uma relação homossexual com 1 jovem que ele tirou da morte. O fragmento registra o texto integral de Marcos 10 (entre os versículos 34 e 35) que fazia parte da versão original da Bíblia, do qual foi eliminado propositadamente a citação seguinte:"E o jovem olhando para Jesus, amou-o e rogou que Jesus ficasse com ele. Então, saindo de sua tumba, ambos foram para a casa do jovem (que era rico), onde ficaram juntos por 6 dias, o jovem sendo instruído por Jesus. No último dia, à noite, o jovem, apenas trajando uma bata sobre seu corpo desnudo, veio ao encontro de Jesus, com quem passou a noite inteirando-se do Reino de Deus".

OPINA PETER TATCHELL (*)

Os gays ingleses, por sua vez, reivindicam o direito — alerta Peter Tatchell — de que não s´esconda a homossexualidade de Jesus, pois *"não há evidência na presunção da Igreja de que Jesus foi 1 heterossexual. Nada na Bíblia aponta que Jesus tenha tido algum relacionamento com mulheres. A possibilidade de ele ter sido gay não pode ser descartada. Desde que não haja prova da heterossexualidade de Jesus a base teológica da sua Igreja sobre homofobia é infundada e indefensível"* — alega Tatchell. *"Grande parte da vida de Jesus foi omitida dos relatos bíblicos. Isso é bem sabido, pois a Igreja sanificou os evangelhos, removendo todas as referências sobre a sexualidade real de Jesus e que não achavam de acordo com a moral heterossexual que pretendiam dar-lhe"* — confirma Tatchell.

(*) O ativista Peter Tatchell é amplamente conhecido e respeitado internacionalmente por seu trabalho destemido na promoção dos direitos humanos.

EMANUEL XAVIER

1 *Jesus* homoerótico na capa de 1 novo livro alemão está provocando debate internacional, agora que se aproxima o Natal. A capa provocativa aparece na tradução alemã de *Jesus* apaixonado , 1 romance sobre 1 *Jesus* homossexual. A arte da capa de Berlim é do pintor Alexander von Agoston que mostra quase desnudos *Jesus* e João Batista saindo d´agua juntos depois do batismo de *Cristo*. Nota-se os genitais dos homens através de suas roupas molhadas. 1 halo compartilhado afirma a união do corpo e do espírito. O livro diz que a sexualidade gay foi santa para *Jesus*. Disse o editor. *"A ideia de 1 Jesus bissexual parecia fascinar os alemães mais do que ninguém fora do mundo de língua inglesa!"*

BISPO PAUL OESTREICHER (*)

"Jesus era gay? Provavelmente. Eu preguei na 6ª feira-santa revelando que a intimidade de Jesus com João sugeria que ele era gay, pois eu senti profundamente que isso deveria ser abordado. Depois de muita reflexão e certamente sem vontade de chocar, senti que não tinha outra opção a não ser sugerir, pela 1ª vez em 1/2 século do meu sacerdócio anglicano, que Jesus poderia muito bem ter sido homossexual. Se ele estivesse desprovido de sexualidade, não teria sido verdadeiramente humano. Acreditar que seria herético, heterossexual, bissexual, homossexual: Jesus poderia ter sido 1 desses.

Não pode haver certeza de qual. A opção homossexual parece simplesmente a mais provável. O relacionamento íntimo com o discípulo amado aponta nessa direção. Seria também interpretado em qualquer pessoa hoje. Embora não exista uma tradição rabínica de celibato, *Jesus* poderia muito bem ter optado por se abster de atividade sexual, fosse ele gay ou não.

(*) Eminente doutor de teologia na UK e N.Zelândia

Muitos cristãos desejam assumi-lo, mas não vejo necessidade teológica. A expressão física do amor fiel é piedosa. Sugerir o contrário é comprar 1 tipo de puritanismo que há muito mancha as igrejas.

Se *Jesus* era gay ou hétero não afeta quem ele era e o que ele significa para o mundo hoje. Espiritualmente, é imaterial. O que importa nesse contexto é que existem muitos seguidores gays e lésbicas de *Jesus* — ordenados e leigos — que, apesar da igreja, extraordinariamente e humildemente permanecem seus membros fiéis. Se as igrejas cristãs, sob seus muitos disfarces, aceitassem mais abertamente, os abraçassem e os amassem, haveria muito mais discípulos.

PADRE/ESCRITOR JULIO CÉSAR BOFFANO

Julio César Boffano mal tinha saído da adolescência quando decidiu tornar-se seminarista e depois padre jesuíta. Seu livro autobiográfico *CONHECENDO-ME ME LIBERTOU* (Planeta Uruguai), que foi 1 best-seller no Uruguai conta como 1 jovem que quiz abraça o sacerdócio cristão, na estrada assume que é gay. E ao mesmo tempo descobre que a instituição de sua vocação *"tem sido historicamente 1 lugar de refúgio para gays e lésbicas".*

Por que você sustenta que a ICAR (Igreja Católica, Apostólica e Romana) se tornou 1 lugar sistemático para cometer abuso sexual contra menores?

Boffano- *"Porque a prática é negar, esconder ou fingir que foram exceções. A prática é transferir o padre abusivo de 1 lugar para outro e sabemos que abusos não são lapsos. O agressor continua a deixar vítimas onde quer que seja transferido. Há uma concepção de que o abuso não é 1 crime, mas 1 pecado ou uma doença. O corpo é o negativo, o que precisa ser salvo é a alma. É por isso que os sacerdotes são transferidos de 1 lugar para outro. A alma deve ser salva e o corpo não está sujeito à justiça civil e criminal. De fato, os abusadores na Igreja se sentem desculpados porque se convencem de que não estão quebrando o celibato fazendo sexo com homens, mesmo com meninos".*

Que fatores intervêm e favorecem o abuso por parte de religiosos consagrados?

Boffano- *"O abuso é cometido em posição de poder e confiança exercida por quem tem esse poder sobre o menor. 1 padre ou 1 pastor atua como 1 representante de Deus com o qual o comportamento do abusador é duplamente perverso. Como espelho ético, o padre trai a comunidade que representa. Por meio da liderança conferida, o silêncio é imposto à comunidade, prejudicando as vítimas para manter a instituição e sua imagem idealizada".*

Por que você acredita na persistência da Igreja em negar a sistematicidade dos abusos?

Boffano- *"Eu entendo que em toda organização há uma resistência significativa quando alguém a confronta com essas verdades de frente. Você se sente ofendido, são questões com as quais você não sabe lidar. A coisa mais simples e covarde é negar, dizer que é uma conspiração. Tive contato e sexo com cardeais e bispos e sei que algum abusador disse a eles.* "se você me foder com isso, tenho provas de que você é homossexual". *Tem a ver com uma instituição que silencia e nega todo tipo de sexualidade. Todo aquele emaranhado de silêncios, proteções e influências que existe dentro da Igreja e que esconde todo amor e vínculos sexuais colaboram e permitem o manto do silêncio sobre o abuso e também sobre a pedofilia. Porque temos uma vida dupla, porque é silenciosa, porque há relações de poder e chantagem. Eu fico quieto e todos nós o fazemos. Ninguém `levanta a perdiz´ porque não sabemos onde o escândalo pode terminar".*

FRÉDÉRIC MARTEL(*)

De acordo com Martel, grande parte dos padres do *Vaticano* são homossexuais Após celebrar missas em igrejas do Vaticano e pendurar as batinas, milhares de cani fingidos de padres, saem para curtir a noite gay de Roma. É o que afirma o jornalista francês Frédéric Martel no seu explosivo livro *NO ARMÁRIO DO VATICANO*. *"O texto é resultado de uma investigação que realizei por mais de 4 anos, em que viajei por vários países e entrevistei dezenas e dezenas de cardeais, bispos, padres, seminaristas e pessoas muito próximas ao Vaticano"*- afirmou o autor à *BBC News Mundo*. Seu livro denuncia, segundo a sinopse, a *'corrupção e hipocrisia'* dentro do Catolicismo romano. Martel afirma que, por condições históricas e sociais, o sacerdócio foi uma fuga para centenas de jovens vítimas de *bullying* em seus povoados por causa da orientação sexual e que, portanto, a ex *Sacrossanta* ✠ *Igreja* é agora, no seu ponto de vista, uma instituição formada *"principalmente"* por travestidos homossexuais.

O Vaticano é uma organização gay': o polêmico livro que diz revelar a corrupção e a hipocrisia na Igreja.

O livro alega que muitos cani fingidos de padres no *Vaticano* têm uma vida dupla. Na opinião de Martel, isso não só fez com que, durante anos, os abusos fossem encobertos, mas que muitos cardeais, bispos e padres se tornassem críticos fervorosos da homossexualidade.

(*) Escritor, pesquisador, jornalista, doutor em sociologia e professor, Frederic Martel é autor de diversos livros que surpreendem.

"O que eu descobri é que, em muitos casos, quanto mais críticos em relação à homossexualidade, mais lasciva era a vida oculta deles como gays" - revela ele. Para o seu livro, Martel entrevistou 41 cardeais, 52 bispos e núncios apostólicos, além de 200 cani fingidos de padres, seminaristas, jornalistas e diplomatas. O livro é a revelação do que muitos consideram 1 *"segredo aberto"* e poderia ser 1 convite para mudar as estruturas estagnadas do Vaticano. *"A Santa Sé deve ser 1 modelo para todas as dioceses do mundo, incluindo a seleção e monitoramento de seus próprios membros. E, neste momento, não é "*- afirmou à *BBC* o monsenhor Stephen J. Rossetti, professor na *Universidade Católica* dos USA .

Eles *devem fazer 1 trabalho melhor para garantir que seus padres travestidos sejam fiéis ao voto de celibato. Também devem ser mais agressivos, especialmente quando confrontados com clérigos homossexuais que não são celibatários. Houve vários casos recentemente e vai continuar havendo escândalos até que eles s' encarreguem disso"- acrescenta.*

"À medida que avancei na pesquisa, descobri que o Vaticano é uma organização gay no nível mais alto, uma estrutura formada em grande parte por pessoas homossexuais que durante o dia reprimem sua sexualidade e a dos outros, mas à noite, em muitos casos, pegam 1 táxi e vão a 1 bar gay"- afirma o escritor. Uma de suas fontes chegou a garantir que 80% dos padres no Vaticano são homossexuais - dado que ele não conseguiu confirmar, porém, o autor diz que 1 dos fatos que chamou sua atenção foi a *"banalidade da vida gay para milhares de sacerdotes, que não saíram do armário para a organização e estão presos no próprio sistema"* - mas, ao mesmo tempo, desfrutam do que criticam no altar. O *Vaticano* não respondeu à solicitação de comentário feita pela *BBC News Mundo* sobre o livro e as acusações que o autor fez nesta entrevista a respeito da instituição.

No entanto, o renomado teólogo jesuíta James Martin questionou os métodos utilizados por Martel para checar os dados e depoimentos.

"Martel fez uma pesquisa impressionante para seu novo livro e apresenta algumas ideias importantes sobre hipocrisia c homofobia na igreja"- disse Mafrtin à BBC News Mundo.

O que acontece, segundo Martel, é que uma suposta *"cultura de sigilo*" existente na ex **Sacrossanta ✠ Igreja** leva ao encobrimento dos abusos. *"Como muitos bispos são gays, eles têm medo d´escândalos, da imprensa e, no fim das contas, deles mesmos. Eles protegem os agressores não para encobrir os abusos, mas para que não descubram que eles mesmos são homossexuais. Não estão apenas protegendo o agressor, estão se protegendo"* - diz ele.

O ESCLARECIMENTO DE ANDREW SULLIVAN

Não sabemos quantos padres da ex **Sacrossanta ✠ Igreja** são gays, pois não existem números confiáveis. O *Vaticano* já realizou muitos estudos a respeito do clero, mas nunca sobre isso. Nos USA, no entanto, onde há 37.000 padres, todas as pesquisas oficiais dizem que pelo menos 15% dos sacerdotes são gays e as não oficiais estimam que esse número alcance 60% principalmente entre os franciscanos e a jesuítas. Esse fato paira no ar como 1 paradoxo gigante, insustentável. Uma Igreja que desde 2005 proíbe padres *"com tendências homossexuais profundas"* e ensina em sua doutrina oficial que os gays têm uma propensão *"objetivamente desordenada"* e tendem para 1 *"comportamento intrinsicamente mal do ponto de vista moral"* é, na verdade, uma Igreja constituída – como pouquíssimas outras instituições – de homossexuais.

Andrew Sullivan e seu marido

Em 7/2013, quando lhe perguntaram sobre 1 padre ser gay, o papa Francisco fez uma declaração – *"Quem sou eu para julgar?"* – que foi 1 divisor de águas. "Uma pessoa uma vez me fez uma pergunta provocativa, quis saber se eu aprovava a homossexualidade" – disse o papa - "Retruquei com outra questão: *'Quando Deus olha para 1 gay, ele endossa a existência dessa pessoa com amor ou a rejeita e condena?' Temos sempre de considerar a pessoa em si. E aí adentramos o mistério do ser humano."*

"Há uma cultura homossexual não apenas no clero, mas no interior da alta hierarquia também e ela precisa ser purificada desde a raiz"- declarou o cardeal norte-americano Raymond Burke em 8/ 2018. Robert Morlino, bispo de Wisconsin, concordou. "*Chegou a hora de admitir que existe uma subcultura homossexual dentro da hierarquia da ex Sacrossanta ✠ Igreja que está provocando grande devastação*"- ele escreveu. Nesse mesmo ano, a indecorosa queda de Theodore McCarrick - 1 dos mais poderosos cardeais norte-americanos de seu tempo, forneceu 1 escândalo feio. Descobriu-se que McCarrick tinha abusado de pelo menos duas crianças e, mais tarde, assediara impunemente várias gerações de seminaristas adultos. Ao que parecia, ali estava, no topo da Igreja, 1 pedófilo e homossexual praticante de abusos, alguém que se sabia ser ativo sexualmente com seminaristas, mas que, protegido pelos pares, havia sido tolerado ao longo de décadas por muitos na alta hierarquia, inclusive pelos 3 últimos papas.

Sto. Agostinho teve 1 caso de amor particularmente intenso com outro rapaz: *"Senti que a minh'alma e a sua formavam uma só em 2 corpos"* - escreveu ele - *tinha horror à vida, porque não queria viver só com metade. Talvez por isso é que receava morrer, não viesse a morrer totalmente aquele a quem eu tanto amara."*

É uma obra-prima sobre o tema d' *"amizade espiritual"* foi, na verdade, escrita por 1 homossexual - Sto. Elredo - abade do Monastério cisterciense de Rievaulx, na Inglaterra, em meados da década de 1160.

Na juventude, ele havia tido relacionamentos sexuais com homens, mas, depois do voto de castidade como monge, sublimou esses desejos numa ideia de amor celibatário intenso por outro homem . Como modelo, tomou o relacionamento entre *Jesus* e o discípulo *"que Jesus amava"*, João, relacionamento que em certo ponto chega a descrever como 1 'casamento'. Elredo via a intimidade de *Jesus* com João – na Última Ceia, na famosa passagem em que João reclina-se sobre o peito de *Jesus* – como modelo da ligação amorosa com outra pessoa do mesmo sexo, *"a quem você pode se unir no íntimo abraço do amor mais sagrado"*.

Por volta do século 12, padres e monges escreviam poemas de amor uns aos outros – momento que Boswell descreve como uma *"explosão da literatura homossexual cristã ainda sem paralelo no mundo ocidental"*. S. Pedro Damião por sua vez, acusa a Igreja de ser governada por uma facção homossexual que encobre e absolve os próprios pecados. Não obstante, o papa da época, Leão 9°, se recusou a proibir a homossexualidade no clero, argumentando que o problema eram aqueles para quem o sexo era "*uma prática antiga ou que o praticavam com muitos homens*". Se confessada, uma falta ocasional podia ser perdoada. Apartados por séculos, Francisco e Leão 9° concordariam.

No século 13, o considerado gênio teológico S. Tomás de Aquino acusa os atos homossexuais de serem *"contra a natureza"*. O sexo tinha de ser restrito aos casais unidos pelo matrimônio e à procriação; qualquer outra atividade sexual constituía pecado grave.

O cardeal John Henry Newman, grande teólogo católico do século 19, dedicou sua vida pessoal a outro homem, Ambrose St. John. Isso não significa que os 2 tenham tido 1 relacionamento de natureza sexual (embora talvez sim), mas por certo sugere que o amor profundo entre pessoas do mesmo sexo seguia vivo no mais alto escalão do clero católico, mesmo no ápice da repressão vitoriana e envolvendo alguém em vias de ser celebrado como santo.

O maior poeta católico do século 19, o jesuíta Gerard Manley Hopkins, era gay, assim como 1 dos padres teólogos mais profundos do século passado, amásio de Henri Nouwen. Ambos sofreram crises de depressão aguda. Não há indício de que algum deles tenha quebrado o voto de celibato, mas tanto 1 como outro se apaixonaram, lutaram contra as más línguas e produziram dezenas de obras de enorme beleza e espiritualidade.

Mas por que existem tantos homossexuais no clero? Vale notar que o vínculo entre homossexualidade e espiritualidade não se restringe de forma alguma ao Catolicismo. Há, outras razões, nada saudáveis, para que 1 homossexual procure o sacerdócio. A 1ª delas é o celibato. Em séculos passados, tornar-se padre era uma saída para 1 jovem católico homossexual evitar o ostracismo social ou perguntas constantes sobre seu desinteresse por mulheres. (1padre, aliás, contou a Sullivan que tempos atrás a força mais poderosa por trás das vocações para o sacerdócio eram as mães; ao perceber que 1 filho não era *"do tipo que se casa"*, a mãe o estimulava a entrar para a Igreja, salvando assim a reputação da família.) Embora hoje os tempos atuais sejam menos rigorosos, essa prática persiste. Uma profunda ausência de autoestima, em parte alimentada pela homofobia da Igreja, também levou alguns a buscar o sacerdócio como 1 meio de se reprimir ou, de algum modo, se curar.

O monsenhor Tony Anatrella, patrono da terapia de conversão e consultor do Vaticano, foi recentemente suspenso por abusos sexuais praticados contra outros homens. E 1 dos cardeais mais graduados da Europa, Keith O'Brien, da Escócia.

Anatrella

O'Brien

Descreveu a homossexualidade como *"degradação moral"* e o casamento entre pessoas do mesmo sexo como "*loucura*" – acabou forçado a renunciar e deixar o país depois de ser acusado de haver mantido relacionamentos sexuais abusivos com 4 outros padres...

Bento 16 por sua vez, já se descreveu como 1 menino que lia muito e era avesso aos esportes. Sua voz suave soa notavelmente afeminada; ele era visto sempre em companhia de seu secretário particular, Georg Gänswein, 1 homem bastante atraente e vestia-se com uma extravagância que incluía pele de arminho e pantufas vermelhas feitas sob medida. No início do 2º milênio da ex ***Sacossanta Igreja***, a crise dos abusos sexuais nela cometidos chacoalhou a consciência pública. De repente, todo o sistema de sigilo, autoproteção clerical, acobertamentos e escândalos ficou brutalmente exposto.

A OPINIÃO POPULAR

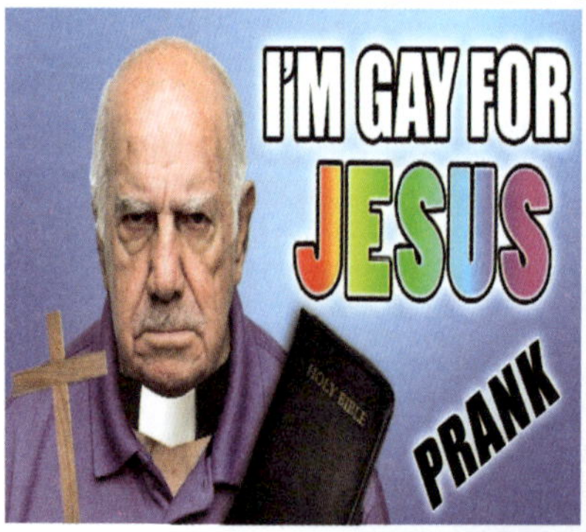

(*) Andrew Sullivan escritor e jornalista britânico radicado nos USA, é autor do *best seller Praticamente Normal: Uma Discussão Sobre o Homossexualismo*

SEUS FÃS EM TODO MUNDO

Amsterdam

Berlim

Dublin

Londres

Madrid

N.York

Rio de Janeiro

S.Paulo

S.Paulo

Roma

Paris

Buenos Ayres

PAPAI NOEL SE TORNA GAY EM PROPAGANDA NORUEGUESA !!

Até o bom velhinho saiu do armário !!

Papai Noel e seu namorado, Harry

O Papai Noel ganhou uma nova versão na Noruega. Para comemorar os 50 anos do fim da lei que proibia relações homossexuais no país, o bom velhinho se tornou gay numa campanha dos correios daquela nação. Intitulado *"Quando Harry conhece Noel"*, o vídeo de quase 4 minutos mostra 1 homem gay de 1/2 idade flagrando, acidentalmente, Noel em sua casa na véspera de Natal. O vídeo foi lançado na 4° feira 24/11/2021 e o mostra Papai Noel em levando presentes, como manda a tradição da figura natalina.

Num dia porém, , Harry decide quebrar o silêncio e envia uma carta de amor ao Polo Norte. No documento, declara-se apaixonado por Noel: *"Querido Papai Noel, tudo o que eu quero de Natal é você"* - escreveu Harry. Ansioso pela chegada de Noel, Harry corre para atender a campainha em mais uma véspera de Natal, mas se frustra ao ver que, em vez do bom velhinho, 1 pacote está com seus presentes. Mas ao voltar para dentro de casa, ele se depara com Noel esperando-o na sala: *"Arranjei uma mãozinha este ano para que eu possa ficar com você"* - disse o velhinho, antes de se aproximar para 1 beijo na boca. Campanhas anteriores da empresa já tinham propagado outros charges considerados polêmicos.

A união de casais homossexuais recebeu a mais explícita aprovação do papa Francisco, a 1ª desde que ele se tornou líder da Sacrossanta Igreja , em 2013. O endosso foi divulgado num documentário que entraria em vigor na 4ª feira 21/10/2020 durante o Festival de Cinema de Roma.

E DAÍ, PARA TODOS AQUELES QUE NÃO SE CONFORMAM JESUS TER SIDO GAY

MAIS O ENDOSSO DE QUEM TEM A PROCURAÇÃO DELE

Minha prezada leitora e meu estimado leitor, sabem por ventura o que ***Jesus*** falou sobre homossexualismo? NADA! Não há nos *Evangelhos* nenhuma só palavra do Filho de ***Deus*** condenando o amor entre pessoas do mesmo sexo. Portanto, foi ***Deus*** quem criou os gays e as lésbicas! As principais igrejas da Europa e dos USA já aceitam os homossexuais e têm pastores gays e lésbicas assumidas que também abençoam o amor e a união entre pessoas do mesmo sexo. ***Deus*** é amor e ***Jesus*** não condenou nenhuma forma de amor. Siga o exemplo de ***Jesus***: "não atire a 1ª pedra" (nem nos homossexuais!)

O `DE ACORDO´ DO REPRESENTANTE OFICIAL DE DEUS NA TERRA

Papa Francisco defende união civil homossexual

Em 2013, pela 1ª vez desde que assumiu a liderança da ex ***Sacrossanta*** ***Igreja*** , seu pontífice se manifestou a favor da união civil entre pessoas do mesmo sexo. *"Gays têm direito a ter família, são filhos de Deus "* - dizia no documentário.

CASAMENTO
COM JOÃO ?

Existem mistérios que nunca foram resolvidos e existem segredos que nunca foram contados. É só consultar a Internet, que vamos ficar pasmados com fatos e acontecimentos que jamais pensaríamos terem acontecidos e muito menos na possibilidade de serem verídicos. Daí, se hoje já está ficando cada dia mais comum os casamentos entre casais do mesmo sexo e até muitas das ex ***Sacrossantas*** ✠ ***Igrejas*** já os realizam, por que as Bodas de Canaã não teriam sido talvez entre ***Jesus*** e João? – O 1° da História? E por que não?

BODAS DE CANAÃ – ENTRE O LENHADOR SIRIM COM LÍDIA - UMA MENINA POBRE DE UMA ALDEIA PRÓXIMA, OU FORAM AS BODAS DE JESUS COM JOÃO ?

MODA ENTRE OS GAYS

DESCOBERTA ARQUEOLÓGICA MAIS IMPORTANTE MOSTRA QUE JESUS ERA DE FATO 1 GAY ASSUMIDO!

Uma enchente repentina recentemente revelou uma caverna enterrada por 2.000 anos na Jordânia. O conteúdo dentro dela está sendo anunciados como *"talvez a mais importante descoberta da história d´arqueologia"*. O que seria exatamente essa descoberta revolucionária? Na caverna 1 tesouro com mais de 70 livros de chumbo, alguns dias mais antigos do que o próprio Cristianismo. Os pormenores dos relacionamentos de *Jesus* com seus discípulos são revelados com toda a certeza.

Diz a BBC :

"Os livros, ou códices, eram aparentemente feitos de chumbo e presos por argolas. Suas folhas — que são, na maioria, do tamanho de 1 cartão de crédito — contêm texto em hebraico antigo, que na maioria está codificado. Se as relíquias forem de uma antiga origem cristã em vez de judia, então elas são d´extremo significado".

Uma das poucas pessoas a ver a coleção foi David Elkington — 1 conhecedor de arqueologia religiosa antiga — que está liderando 1 time britânico para tentar levar os livros de chumbo em segurança para 1 museu jordaniano. Ele diz que eles poderiam ser *"A maior descoberta da história cristã", adicionando: "É de tirar o fôlego o pensamento de que nós seguramos esses objetos que podem ter sido segurados pelos 1º santos da igreja".* Mas o que esses códices contêm que os torna tão revolucionários? O *THE GUARDIAN* logo aventou *"E se Jesus fosse de fato gay?".*

A descoberta mais surpreendente e assustadora dos recém-descobertos códices de chumbo é que Jesus era claramente gay assumido! Ele e seus discípulos formavam 1 círculo de mesmo sexo, unidos pelos sentimentos de amor e respeito mútuo. Há ocorrências registradas de atividades entre o mesmo sexo — o *"discípulo amado"* tem 1 papel importante — e existe afirmação das alegrias da amizade e de viver e amar juntos. Uma nova complexidade é dada àquela passagem já bastante enigmática onde Jesus incita seus seguidores a quebrar laços familiares: *"Se alguém vem a mim e ama o seu pai, sua mãe, sua mulher, seus filhos, seus irmãos e irmãs e até sua própria vida mais do que a mim, não pode ser meu discípulo. "* (Lucas 14; 26). Parece claro agora que esse é menos 1 repúdio negativo da família e mais uma incitação positiva para se unir em afirmação de 1 estilo de vida gay e de seu amor correlato. Paulo, que teve uma educação clássica e que era gay, viu que as atividades entre o mesmo sexo eram prejudiciais ao sucesso do Cristianismo, nas sociedades altamente homofóbicas em que ele morou. Assim, carinhos e atividades entre o mesmo sexo eram escondidos, a ser conhecido e praticado apenas pelos líderes, em segredo — os guardiões do Cristianismo. Obviamente, essa é uma tradição que vingou e prosperou.

SEUS IMITADORES MODERNOS

ÁFRICA

ALEMANHA

ARGENTINA

AUSTRÁLIA

AUSTRIA

BELGICA

BOLÍVIA

BRASIL

CANADA

CHILE

CHINA

COLÔMBIA

COREIA

COSTA RICA

CROÁCIA

CUBA

DINAMARCA

EGITO

EQUADOR

ESCÓCIA

ESPANHA

ESTONIA

FINLANDIA

FRANÇA

GRÉCIA

HAWAI

INDIA

INGLATERRA

IRLANDA

ISRAEL

ITÁLIA

JAPÃO

LIBANO

LUXEMBURGO

MALÁSIA

MÉXICO

MONGÓLIA

MONTE NEGRO

NANIBIA

UGANDA

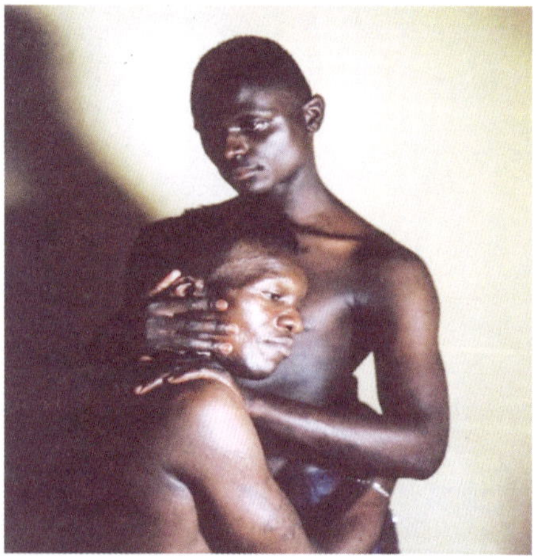

URUGUAI

NIGÉRIA

NORUÉGA

NOVA ZELANDIA

PERU

POLONIA

PORTUGAL

RUSSIA

SINGAPURA

SUÍÇA

SURINAME

TAILÂNDIA

TAIWAN

ZULU

USA

VENEZUELA

1º CASAMENTO GAY ENTRE MUÇULMANOS

CASAMENTO GAY NO BUDISMO

CASAMENTO GAY NA UMBANDA

CASAMENTO GAY EM IGREJAS CATÓLICAS ALEMÃS

CASAMENTO GAY EM IGREJA PRESBITERIANA

CASAMENTO GAY EM IGREJA METODISTA

CASAMENTO GAY EM IGREJA EVANGÉLICA

CASAMENTO GAY EM IGREJA NEOPENTECOSTAL

CASAMENTO GAY EM IGREJA ANGLICANA

CASAMENTO GAY EM IGREJA BATISTA

CASAMENTO GAY EM IGREJA EPISCOPAL

A legalização da união entre pessoas do mesmo sexo pela Suprema Corte dos USA serviu de apoio para que a direção da Igreja Episcopal .

CASAMENTO GAY EM IGREJA CONTEMPORÂNEA

CASAMENTO GAY EM IGREJA PROTESTANTE UNIDA

CASAMENTOS GAY EM IGREJA PROTESTANTE NA SUIÇA

CASAMENTOS GAYS DE VÁRIAS IGREJAS INCLUSIVAS NO BRASIL

1. **Igreja Acalanto**

Foi a 1ª igreja LGBTQIA+ do Brasil. Foi fundada pelo religioso chileno Victor Orellana e tem sede na capital paulista.

2. **Igreja da Comunidade Metropolitana**

Pioneira no mundo, a *Metropolitana* chegou ao Brasil em 2002 e hoje está presente em vários estados do país.

Explica Caio Graneiro em seu site na Internet, que o 1º local de culto gay nasceu em Los Angeles, USA, em 1968. Hoje, a *Igreja da Comunidade Metropolitana* está presente em mais de 50 países, inclusive no Brasil. A 1ª igreja inclusiva chegou ao Brasil em 1998 e atualmente existem mais de 30 diferentes denominações. Também lembra que existem muitas outras igrejas e religiões que recebem a todos de braços abertos. A ideia do exposto é só mostrar o exemplo de algumas que estão presentes no Brasil e que têm como base a diversidade e o acolhimento de todos os seres humanos, sem distinção.

3. **Comunidade Nova Esperança**

Ramificação da Acalanto, foi fundada em 2004 em S.Paulo. Atualmente, conta com 15 unidades em todo o país.

4. **Igreja Cristã Contemporânea**

O casal de pastores Marcos Gladstone e Fabio Inacio fundaram a igreja em 2006, no Rio. Hoje, está presente em 4 estados: Rio, S. Paulo, Minas Gerais e Bahia.

5. **Igreja Cidade de Refúgio**

Fundada em 2011 pelas pastoras Lanna Holder e Rosania Rocha, em S.Paulo, é uma das que mais atraem fiéis e tem templos e células espalhadas por todo o país.

O TESTEMUNHO DE LUIZ MOTT

Umbanda/Candomblé

Na Umbanda Logun era filho de Oxossi e Oxum. A vida do casal estava insuportável e daí resolveram se separar. O filho ficaria metade do ano na mata com Oxossi e a outra metade com Oxum no rio. Com isso Login se tornou uma criança de personalidade dupla: metade homem e metade mulher.

G Magazine: Por que, na sua opinião, os homossexuais têm uma maior identificação com o Candomblé? Seria por que a seita religiosa é mais tolerante com a homossexualidade do que as outras seitas/religiões?

Mott: *Os gays estão presentes em todas religiões, mesmo nas mais homofóbicas. Não é segredo para ninguém o batalhão de homossexuais na Igreja Católica e em número menor nas Protestantes: como porém o cristianismo condena o amor entre pessoas do mesmo sexo, tudo acontece de baixo do pano, na hipocrisia. Há estimativas de que 40% do clero católico brasileiro é homossexual. O número alto de padres com Aids e padres gays assassinados comprova a veracidade desta presença. Quanto à presença maior de gays e lésbicas no candomblé se explica por ser uma religião que não interfere na vida sexual de seus adeptos (não há noção explícita de virtude e pecado, muito menos a condenação dos pecados contra a castidade);*

Há Orixás que têm vida sexual bastante irregular de acordo com os padrões oficiais de nossa cultura sexual (Iemanjá casou-se com o irmão e foi violentada por seu próprio filho de quem teve outro filho); há Orixás que são transexuais, isto é, mudam de sexo, como Logun-Edé e Oxumaré, que uma metade do ano são homens, a outra metade, mulher.

G Magazine: Como o Candomblé vê a homossexualidade?

Mott: *Não há 1 discurso nem escritos específicos sobre a homossexualidade no Candomblé. A maior parte dos principais pais de santo no passado e presente foram e são ou bissexuais ou homossexuais. Filhos de santo a mesma coisa. Todo mundo sabe, mas não se fala, não se assume. Tolera-se mas não há 1 discurso articulado de defesa da livre orientação sexual dos indivíduos, o que é uma pena, pois apesar de muito praticado, o homossexualismo continua sendo, no candomblé, "o amor que não ousa dizer o nome.*

G Magazine: A forma alegre como os orixás se manifestam, geralmente usando muitos adereços e cores, seria 1 dos motivos para que os homossexuais tivessem uma maior identificação com o Candomblé?

Mott: *Gay tem muito a ver com vaidade, culto do corpo, curtição de roupas, modas, `fechação´. Não é à toa que o movimento gay tem como símbolo o arco-íris – todas as cores! Há estudos antropológicos que sugerem que muitos gays buscam o candomblé como forma d' exteriorizar sua feminilidade reprimida, recebendo orixás mulheres quando possuídos, dando vazão à sua `alma de mulher´ quando participam da confecção das roupas e adereços rituais.*

G Magazine: Na sua opinião existe algum orixá que sirva como ícone da homossexualidade? Por quê?

Mott: *Logun-Edé e Oxumaré são `transexuais´ ou `hermafroditas sociais´, incorporando ao longo do ano, os 2 sexos. O próprio Oxalá também participa desta dualidade, pois segundo alguns mitos yorubás, reúne em si o lado masculino e feminino – aliás, como muitos outros deuses antigos. Iansã é mulher-macho, veste calça e tem cavanhaque, além de ser forte e poderosa "como 1 homem". Oxóssi, caçador, consta em alguns mitos antigos que manteve relação amorosa e sexual com o orixá as folhas, Ossaim ou Ossanha.*

G Magazine: Personagens estereotipados como o de Painho, interpretado por Chico Anísio no programa *Zorra Total*, não ajudam a ampliar os preconceitos contra os gays e a generalizar de que todos os zeladores de orixás são homossexuais?

Mott: *Painho, que está na TV brasileira há mais de uma década, teve como inspiração o babalorixá Joãozinho da Goméia, baiano mas que fez sucesso no Rio de Janeiro.*

Como toda caricatura, exagera e desrespeita a figura original e a meu ver, Painho é inconveniente tanto para o candomblé, por reforçar o estereótipo de que todo pai e filho de santo é gay, e contra os gays, por exagerar a efeminação, que é cada vez menos frequente entre os homossexuais – que adotam o modelo da *`bicha barby´*, malhados, viris. O *Grupo Gay* da Bahia há anos protesta contra estes estereótipos que ridicularizam os homossexuais.

JESUS
O ANDARILHO

JESUS PELO MUNDO

Não dá para entender muito bem, por que Paulo & seus *ghost-writers* inseriram tantas andanças de *Jesus* no *Novo Testamento.* Será que foi para dar a impressão que *Jesus* de fato logrou levar sua filosofia para o máximo possível de lugares, mesmo para o Afeganistão onde ainda hoje se costuma matar 11 cristãos todos os dias em média e que desde aqueles tempos não permite nenhuma outra fé além da sua? Imaginem se seria possível 1 cidadão só de camisola e sem sapato, sem malas nem mochila, sem sabonete nem escova de dentes, ir para o Tibet , todo Oriente-médio, para os confins d´Asia e até para a França, Rússia, USA - se o mórmon Joseph Smith não mentiu! E todas essas viagens – que duraram 20 anos - a pé, sem tomar navio transatlântico, trem bala ou 1 avião da Boeing !

JESUS NO AFEGANISTÃO

Jesus pregou no Irã e seguiu para Báctria (Afeganistão), onde o povo pashtun se considerava filho dos filhos de Israel.

JESUS N´AFRICA

Emile Mworoha - professor de história antiga da *Universidade de Burundi* conta a história da religião daquele país:

O deus tradicional do *Povo dos Grandes Lagos* é o deus invisível *Imana* - o criador do universo. Depois de criar os humanoides e colocá-los na terra, Imana enviou o seu representante chamado *Kiranga*, para agir como intermediário entre o deus e o homem. Depois de *Kiranga* vir a terra, ter ministrado aos necessitados e ensinado os homens, alguns o rejeitaram. Então, ele permitiu que tirassem a sua vida pregado num espinheiro, (chamado *Umurinzi*) do qual as flores se tornaram vermelhas, porque o sangue dele foi derramado nas raízes da árvore. Do céu, ele continuou a ajudar a humanidade ao enviar outros para ministrar ao povo.

"Não me admira que o Cristianismo tomou posse do país tão rápido! " – e para os egípcios -que já tinham uma virgem Maria chamada Isis e 1 deus afeminado chamado Ra - foi fácil proceder seu sincretismo , bastando fabricar suas imagens e coloca-las como novos enfeites sobre seus altares para também serem adorados.

Os egípcios já tinham uma **Virgem Maria** chamada *Isis* e 1 deus afeminado chamado Ra; foi muito fácil assimilar as duas novas divindades com as suas de cor negra também, como fariam mais tarde os africanos quando vieram escravos para o Brasil, sincretizando seu *Oxalá* com **Jesus** e sua *Isis* com N.Sra.da Conceição.

JESUS N´ANATÓLIA

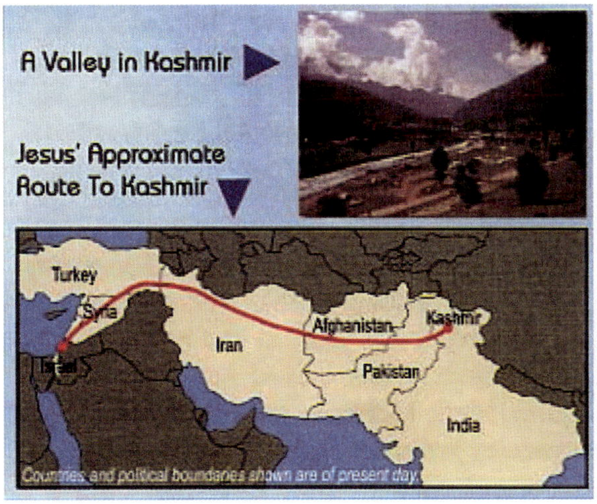

Ao deixar Nisibis, *Jesus* partiu em direção do Noroeste. O apócrifo Atos de Tomás afirma que *Jesus* compareceu inesperadamente aos esposais da filha do rei de Andrapa. Andrapólis ficava na Paflagônia, a Iskilip de nossos dias, no extremo norte d´Anatólia e, desde 7 aC, pertenceu à província romana da Galácia. O apóstolo Tomás e seu Mestre reencontraram-se nessa ocasião.

OBSERVAÇÃO

Em Leh, Holger Kersten, o emérito pesquisador alemão, ouviu inúmeras histórias que contam que *Jesus* após a ressurreição, habitou na região que é hoje a Turquia-oriental. Esse fato, no entanto, nunca despertou muito interesse.

JESUS N´ARÁBIA

Kamal Salibi - autor da obra *JESUS*  *O HERÓI SOLAR*, Barcelona, 1993, ao estudar as ocultas origens de ***Jesus***, situa o nascimento de Cristo na península d´Arábia, na localidade de Hijaz, o qual não deixa de ser plausível, posto que, naquela época, os apelidos se formavam a partir do ofício do pai (Jesus bar Nagara ou ***Jesus*** Filho do Carpinteiro) ou a partir de seu lugar de procedência: ***Jesus*** *de Nazaré*. Porém, Nazaré como localidade não começa a ser conhecida antes do século 7aC, quando a insistência dos peregrinos que visitavam a Terra Santa teve a virtude que s´edificasse uma povoação e lhe desse esse nome. E lá pelos anos de 27 a 30, 1 homem chamado ***Jesus*** abandonou sua cidade natal Hijaz, na região de Wadi Jalil — a Galileia d´Arábia — para dirigir-se à Galileia da Palestina. Naquele tempo, os galileus procedentes d´Arábia eram chamados de nazarenos (grupo social entre o qual ***Jesus*** conseguirá maior proselitismo), voz derivada do termo árabe nasirash. O reino de Judá havia s´extinguido 6 séculos antes, precisamente n´Arábia.

Causa certa surpresa constatar que, em seus 1ºˢ tempos na Palestina, as reivindicações de *Jesus* ao trono de David não foram contestadas pelos judeus, pese a que eles consideravam a *Jesus* não como 1 judeu, senão omo 1 nazareno ou galileu; 2 séculos antes, na Palestina, havia sido instaurado 1 reino que não tinha nada que ver com a casa de David, reino que englobava a região da Galileia ao norte e da Idumeia, ao sul. Em ambas as regiões, o sacerdócio hasmoneano havia imposto o Judaísmo à população local, majoritariamente arameo-arábica. Essa imposição religiosa, politicamente convinha ao rei Herodes — o Grande, filho de família Idumeia. Os descendentes de Herodes, a dinastia herodiana, sempre com o patrocínio de Roma, seguiu governando a Palestina com a obsessão constante d´eliminar aquele misterioso descendente de David, ao qual as profecias assinalavam como herdeiro do trono.

Porém, Herodes seguia uma pista equivocada, pois o *Jesus* bar Nagara, o suposto filho de José, não era o filho de 1 carpinteiro. A confusão vinha precisamente de nagara (carpinteiro) como transliteração fonética de Nujayrah (voz que vocalizada em aramaico soa como nagara), nome do vilarejo vizinho de Hijaz, onde plausivelmente nasce *Jesus*. Em apoio a essa tese, os apelidos dos irmãos de *Jesus* têm uma origem semelhante, pois, assim, João e Santiago, os irmãos que os Evangelhos chamam os filhos de Zebedeo, eram filhos precisamente não do legendário Judas Gamala, senão de 1 homem chamado Zbida, pois procedia de Zubaydah. Mateus, quando se refere à mãe dos filhos de Zebedeo, dá a entender que Maria já era viúva desse 2º marido. Por sua parte, *Jesus* chama num par de ocasiões a seus irmãos filhos do Trono, o que implica não num apelativo chistoso por parte de *Jesus*, senão outro apelido pelo qual se conhecia a Zebedeo, chamado também Bnay Rgas, nome que, por sua vez, em aramaico daria Ra´d (trono) e, portanto, seus filhos.

JESUS N´ASIA

Os asiáticos tiraram Jesus de seu contexto semítico e o colocaram ao lado de Buda, Krishna e Confúcio. Essa percepção alterada, permitindo-lhe coexistir com outros sábios orientais, permitiu que seus pensamentos vivessem e prosperassem neste continente – esclarece o professor RS. Sugirtharajah, autor do livro recém-publicado *JESUS N´ASIA.* Nele ele situa o Jesus histórico além dos limites estreitos d´Ocidente e mostrta que n´Asia em boa parte, Jesus começou a ser proclamado como o *Cristo Cósmico* - aquele que governa e controla o mundo inteiro. Ele foi apresentado como o agente ungido de Deus que exerceu soberania sobre os deuses e deusas indianos. em torno de uma única personalidade. O que o pós-colonialismo faz é retratar Jesus como uma figura complexa e complicada.Os indonésios desenvolveram 1 Jesus javanês baseado numa figura messiânica popular local do fim dos tempos, que por eles já era chamado de *Ratu Adil* (`libertador´ e `harmonizador´ da sociedade´). As culturas asiáticas que têm a influência do Budismo, Confucionismo, Taoísmo e Xamanismo reimaginaram Jesus inclusive como o bodhisattva (`o Caminho´), para eles 1 erudito confucionista e 1 sacerdote xamanista. Mas o que mais impressionou o professor RS Sugirtharajah autor de *JESUS N´ASIA*, foi a interpretação coreana de Jesus como 1 *minjung* (monte de pessoas juntas), resgatando Jesus da narrativa do que o apontava `único salvador´ tornando-o assim uma pessoa coletiva. O que está claro é que essa imagem é irreconhecível pelo Jesus encontrado nos Evangelhos, o que faria a ex Sacrossanta Igreja pegar todos os seus divulgadores e joga-los vivos em suas chamas inquisitoriais se ainda estivéssemos naqueles tristes e imperdoáveis tempos de torturas e assassinatos `em nome de Jesus´.

JESUS N´ASSÍRIA

Fato revelado pelas pesquisas de Harvey Spencer.

Antes de *Jesus* contudo, seu pai Jeová havia mandado para Assíria 1 **anjo** que foi ao acampamento assírio e matou 185.000 soldados deles. Quando os sobreviventes acordaram na manhã seguinte, encontraram cadáveres por toda parte.

JESUS NA BABILÔNIA

Consta na obra *THE OTHER JESUS* que ele também passou por Babilônia antes de ir para Tiro.

JESUS NA BIRMÂNIA

Segundo o mestre espiritual indiano Meher Baba (1894–1969), quando *Jesus* foi crucificado, ele não morreu fisicamente. Mas ele entrou no estado de Nirvikalp Samadhi (o estado *Eu sou Deus* sem consciência corporal). No 3º dia, voltou a tomar consciência de seu corpo e viajou secretamente disfarçado para o leste com alguns apóstolos, mais importante ainda com Bartolomeu e Tadeu, para a Índia. Isso foi chamado de "*ressurreição de Jesus*". Depois de chegar à Índia, *Jesus* viajou mais para o leste, para Rangoon, na Birmânia, onde permaneceu por algum tempo.

Em sua autobiografia que seria depois psicografada, ele conta:: *"Irmãos meus: minha permanência em Jerusalém durante 6 anos consecutivos põe a descoberto os preparativos de minha missão. Aos 29 anos, saí de Jerusalém para tornar me conhecido nas povoações circunvizinhas. Minhas 1ª tentativas em Nazaré não foram coroadas d´exito. Dali, me dirigi a Damasco, onde fui bem acolhido. Parecia-me necessária uma grande distância de Jerusalém para desviar de mim a atenção dos sacerdotes e dos agitadores daquela cidade. Os sacerdotes já tinham principiado a fitar-me demasiadamente; os segundos me conheciam de há muito tempo, e eu tinha que evitar as perseguições nesses momentos e abandonar toda a participação nas turbulências populares. Em Damasco, não tive aborrecimentos por parte das autoridades governativas nem por parte dos elementos de discórdia que se infiltram com frequência no seio das massas e menos ainda pela indiferença de meus ouvintes. Felicitado e temido como 1 profeta, levei daí a lembrança de 1 pouco de bem espalhado em parte com minhas instruções gerais e em parte com os conselhos de aplicação pessoal para as situações de meus consulentes. Abandonei essa cidade na metade do verão e dirigi-me para outro centro de população . Estudei antes de tudo a religião e os costumes dos habitantes e pude convencer-me de que a religião pagã, professada pelo estado, fazia poucos devotos verdadeiros. Os homens, dedicados ao comércio, não eram nada escrupulosos em matéria religiosa. As mulheres, ignorantes e dominadas pelo louco apelo ao corpo, consumiam sua existência na triste e degradante escravidão do luxo e da degradação moral. Os sacerdotes ensinavam o dogma da pluralidade dos deuses. Diversos sábios pregavam sofismas, inculcando a existência de uma Divindade superior que tinha outras inferiores sob sua dependência. Alguns discípulos de Pitágoras humilhavam a natureza humana no porvir, condenando-a a entrar no corpo de 1 animal qualquer. Alguns honravam a terra como o único mundo e outros compreendiam a majestade do Universo povoado de mundos. Havia os que divagavam no campo das suposições e os que ensinavam a moral baseando-se na imortalidade d´alma, cuja origem divina sustentavam. Havia homens condenados fatalmente para o embrutecimento da humanidade, fazendo predições e anunciando oráculos. Havia, enfim, homens que adoravam o Sol como o rei da natureza e benfeitor de tudo o que existe".*

JESUS NO CÉU

Mas como será o céu?

Todas as diferentes doutrinas, que falaram no Céu aantigamente, para onde irão os `bem-aventurados´, se basearam no duplo e grotesca mentira (que a falsa ex *Sacrossanta* ✠ *Igreja* quis impor ao mundo) de que a Terra era o centro do Universo e de que o espaço dos astros era limitado. E colocaram para além deste limite imaginário o Paraíso e lá a permanência de 1 imaginário Todo-Poderoso de cabelo comprido camisolão branco, sentado num trono de ouro dando ordens e cercados de querubins e anjinhos voando ao seu redor como mosquitos tocando harpas e flautas e lhe cantando hosanas ininterruptamente . Superando entretanto essa lamentável fase de idiotices oficializadas e impostas a ferro e fogo, a Ciência que pouco a pouco, felizmente, logrou escapar das chamas e grilhões que a obstruíam, usando todas as tecnologias avançadas com uma inexorável lógica computorizada e, o desvendamento de cada centímetro de nosso céu ao alcance possível dos mais extraordinários aparelhos astronômicos atuais e coletando dados insofismáveis de seus satélites e estações espaciais, mandaria o inventado *'Céu religios'* bem como seu *'Paraíso'* com sua *'Cidade de ouro'* para a cucuia, demostrando a nulidade de todas essas teorias religiosas consultando-se telescópios, sondas espaciais e computadores.

Caiu então a cara de todo *Vaticano*, quando a Astrofísica demonstrou que a nossa Terra não poderia mais ser considerado o centro do Universo; era apenas 1 de seus menores planetinhas pequenos, girando na imensidão!

Então, pergunta-se: por que **Deus** teria feito da Terra o único centro da vida e aqui teria consagrado somente as pessoas que se inclinassem e abaixassem as orelhas e encolhessem o rabo ao seu `Filho´ **Jesus** - o maior exterminador da História? Não eram só os judeus os seus filhos prediletos benvindos ao Céu? Até ele tirou a camisa do Flamengo e vestiu a do Corinthians?

REVELAÇÃO D´ ENOQUE

Enoque foi filho de Jarede e pai de Metusalém (*Gn 5:18,21*). Enoque tinha 1 relacionamento profundo com **Deus**, pois a expressão *"andou com Deus"* é aplicada somente à Enoque e Noé (*Gn 5:24; 6:9*). Enoque viveu **365** anos, antes de ser trasladado corporalmente ao Céu, para estar na presença de **Deus**. Assim, Enoque, juntamente com o profeta Elias, foram os 2 homens do *Antigo Testamento* que não experimentaram a morte (*Gn 5:24; 2Rs 2:1-11*). Isso prova que a imortalidade ou a vida após a morte, foi ensinada no 1° período do *Gênesis*. E o *Livro dos Segredos d´ Enoque*, relata a viagem d´Enoque até o 10° céu, *onde "está* ***Deus***!. A viagem é iniciada após Enoque ser visitado por 2 homens *"extraordinariamente grandes"*, cujas "faces resplandeciam como o sol" e cujos olhos *"eram como chamas"* (2 *En* 1,6). Após despedir-se de sua família, Enoque é inicialmente levado pelos homens ao 1° céu em suas asas, que eram *"mais brilhantes que o ouro"* (2° *En* 3). Cada 1 dos céus possui uma particularidade especial. Seguem abaixo as características principais de cada 1 deles:

1° céu – Enoque vê os anjos que trabalham na ordenação das estrelas, nos depósitos de neve e na tesouraria d´orvalho. O 1º céu é uma espécie de "casa de máquinas" do mundo, cujos trabalhadores são os anjos (cap. 3-6).

2° céu – Neste local ficam aprisionados os anjos infiéis a **Deus**, que são torturados e choram incessantemente. O príncipe desses anjos fica acorrentado no 5º céu (cap. 7).

3° céu – No 3º céu fica o Paraíso. Nele há 1 jardim onde **Deus** descansa, guardado por 300 **anjos** muito brilhantes (cap. 8). O 3º céu é também para onde vão os *"que fazem julgamentos justos, que levam pão aos famintos e que cobrem de vestes os nus"* (cap. 9). O norte deste lugar, escuro e tenebroso, é reservado "

4° céu – No 4º céu Enoque contempla a órbita do sol (que é aceso por 100 **anjos**) e da lua (cap. 11). Enoque também vê *"outros elementos voadores do céu"*, que o acompanham na sua órbita, lhe dando calor e orvalho (cap. 12). Por fim ele fala dos 6 *"postais do sol"*, por onde o grande astro passa ao longo do ano (cap. 13, 14 e 15). O curso da lua, cheio de detalhes numéricos, é descrito nos capítulos 16 e 17.

5° céu – Soldados gigantes e mudos chamados *Grigori* são vistos no 5º céu. Juntamente com seu príncipe, Satanail, rejeitaram o Senhor da Luz tomando por esposas as filhas dos homens

6° céu – Neste céu ficam os anjos responsáveis pelas estações do ano, dos rios, dos mares e dos frutos da terra. Eles também são incumbidos de anotar todos os feitos dos homens diante do Senhor (cap. 19).

7° céu – No 7º céu há uma grande quantidade de arcanjos, querubins, serafins e toda a sorte de ordens angelicais. É lá que fica o trono de **Deus**.

8° céu – O 8º céu é chamado de *Muzaloth*, o que muda as estações, a seca, a umidade e os 12 signos do zodíaco, que estão acima do 7º céu (cap. 21).

9° céu – É chamado de *Kuchavim*, onde estão as casas celestes dos 12 signos do zodíaco (cap. 21).

10° céu – Chamado de *Aravoth*, é lá que a face do Senhor pode ser contemplada, descrita como sendo semelhante ao *"ferro que arde no fogo e que, ao sair, emite faíscas e queima"* (cap. 22).

Nos demais capitulos (23 ao 61), **Deus** conta a Enoque como criou o universo e lhe transmite uma série d´ensinamentos. Enoque retransmite esses ensinamentos aos seus filhos. No último capítulo lemos o seguinte:

"Ele [Enoque] anotou todos esses sinais de toda a criação, criada pelo Senhor e escreveu 366 livros, entregou-os a seus filhos e permaneceu na terra 30 dias, sendo novamente levado para o Céu no 6° dia do mês de Tsivan, no dia e na hora exata em que nascera (En 61,3). A ideia da existência de 10 céus estava profundamente enraizada na cultura judaica. Paulo, por exemplo, diz ter ido ao 3° céu (2 Co 12,2)".

O papa Bento 12 (1334-1342), na sua *ENCÍCLICA BENEDICTUS DEUS* confirmou o Céu como dogma de fé e que lá já estão os santos.

TUDO MUITO BONITO, MAS VAMOS AO FITO:

A MESA QUILOMÉTRICA DIVINA

Levando em conta que quando formos para o céu (se tivermos merecido também desfrutar desta honra superlativa, desde que possamos comprovar também que toda nossa vida fomos também 1 dos únicos e raros **144.000** (apenas) que abnegadamente idolatraram *Jesus* como seus obedientes cordeirinhos (dos **8.5000.000** que não quiseram **submissa e abnegadamente abandonar seus afazeres e responsabilidades , abandonar seu trabalho, abandonar toda sua família, abandonar o sustento de sua casa, abandonar todas as suas contas a pagar, abandonar o carinho pela sua esposa, abandonar o amor pelos seus filhos, abandonar seus pais idosos** como *Jesus* exigiu que fizessem - para então sim, merecedores, poder segui-lo como vagabundos assumidos, descalços sem levar nada (**nem mala, nem mochila, nem dinheiro, nem comida, nem sequer uma cueca para trocar**) , só com uma mão na frente e outra atrás – pois se não assim tivermos feito, iinevitavelmente, não poderemos também desfrutar da extraordinária ventura e privilégio de adentrar em sua maravilhosa *CIDADE CELESTE* (depois de falecidos (*) pois seremos, incontestável e fatalmente atirados nas chamas dos 5os dos infernos, onde virararemos churrasquinhos nas mãos de Satã e seus demônios como castigo eterno!!

MAS EM COMPENSAÇÃO...

Em compensação, Chico Xavier e seus mais destacados colegas espíritas, endossam que todo aquele que lograr chegar lá e entrar, terá o privilégio de poder desfrutar do incomensurável honra de poder sentar-se na mesma mesa com **Jesus** e seu *Pai* e terá inclusive pratos e talheres de ouro à sua disposição!! E **Jesus** (*Isaías 25:6-8*) já havia garantido com destaque que *"será 1 banquete de carnes suculentas e vinhos envelhecidos: carnes suculentas com tutanos e vinhos envelhecidos bem-clarificados". !!*

Maravilhoso !!. Que regalo fantástico!!

Mas mal que perguntemos: onde fica essa tal *`CIDADE CELESTE´*? Narra João em seu *Apocalipse 21:10-27 NVT,* que :

" Ele me levou em espírito até 1 grande e alto monte e me mostrou a cidade santa (a nova Jerusalém), que descia do céu da parte de ***Deus.*** *Brilhava com a glória de* ***Deus*** *e cintilava como uma pedra preciosa, como jaspe, transparente como cristal. O muro da cidade era grande e alto, com 12 portas guardadas por 12 anjos e nelas estavam escritos os nomes das 12 tribos de Israel. Havia 3 portas de cada lado: leste, norte, sul e oeste. O muro da cidade tinha 12 pedras de alicerce, e nelas estavam escritos os nomes dos 12 apóstolos do Cordeiro. O anjo que falava comigo tinha na mão uma vara de ouro para medir a cidade, suas portas e seu muro. A cidade tinha o formato de 1 quadrado, de comprimento e largura iguais. De fato, tinha 2.200 km de comprimento, de largura e de altura. Então ele mediu o muro e descobriu que tinha quase 65 mt d´espessura (de acordo com a medida humana usada pelo anjo). O muro era feito de jaspe e a cidade era de ouro puro, transparente".* Lega!! Mas será que o papa e o staff dele ainda endossariam que tais afirmações ainda devem ser respeitadas e levadas a sério neste século de IA /internet/robótica/cibernética ?

Mas a nossa 1ª dúvida, é que se por acaso também merecermos ser 1 dos raríssimos **144.000** `*caxias*´ privilegiados de toda a humanidade atual (que honrosamente compensados merecerão com toda galhardia ser levado com ele de volta para seu paraíso celestial em sua 2ª vinda) , pela lógica, também não vamos escapar desse seu próximo holocausto programado e nos também seremos 1º fatalmente assassinados por ele antes de nosso espírito acompanha-lo? Pois não?

As ruas de ouro do céu são muitas vezes mencionadas em músicas e poesias, mas mais difíceis de serem encontradas na Bíblia. Na verdade, há uma só passagem das *Escrituras* que fala de ruas de ouro e ela se refere à *Cidade Santa* - a nova Jerusalém: "... *A praça da cidade é de ouro puro, como vidro transparente" (Apocalipse 21: 1, 21).* Sendo assim, esse versículo nos diz que literalmente haverá ruas de ouro no céu? E se assim for, qual é a importância ou significado disso?

Nas 1° partes de *Apocalipse 21*, ele recebe uma vara para medir a cidade (v.15), e descreve especificamente a parede do céu como sendo composta de jaspe e a cidade em si de ouro (v.18). Ele também descreve os fundamentos dos muros da cidade como sendo compostos de muitas pedras e joias preciosas específicas (v.19-20). Assim, com estas especificidades em mente, a descrição de ruas de ouro s' encaixa.

Por que importa se as ruas do céu são feitas de ouro? A justificativa é que em 1° lugar, deve-se observar o estado d´ ouro. Quando o ouro é descoberto na Terra,

Jesus quando ascendeu ao Céu, teria ido diretamente para a *Cidade Santa* – o Paraíso cristão onde **Deus** o esperava (certamente fingindo bem não o ter deixado a carpir pregado num pau , para depois ele ser transpassado e morto, com o fito dele ser, logo após, vorazmente, aboquinhado por aves de rapina/ ratos e ratazanas/vira-latas famintos, que não viam a hora de poder avançar, despedaça-lo e se arregalar com aquele óbolo divino) de braços abertos.

Na verdade, há só uma só passagem das *Escrituras* que fala de *ruas de ouro* , referindo-se à *Cidade Santa* - a *Nova Jerusalém*: *"A praça da cidade é de ouro puro, como vidro transparente" (Apocalipse 21: 1,*

Nas 1° partes de *Apocalipse 21*, João teria recebido uma vara para medir a cidade (v.15) e descreve especificamente a parede do céu como sendo composta de jaspe e a cidade em si de ouro (*v.18*). Ele também descreve os fundamentos dos muros da cidade como sendo compostos de muitas pedras e joias preciosas específicas (*v.19-20*). Assim, após essas especificidades, a descrição de ruas de ouro s´encaixa. E o ouro que João viu no céu era de tal qualidade supremA, que parecia ser transparente a fim de refletir a luz pura da glória resplandecente de **Deus**!.

As ruas da cidade são de ouro e não precisa de sol porque é a própria glória de **Deus** que ilumina a cidade.Não há choro, nem pranto, nem dor .A tristeza foi banida e a morte vencida!

1- **RIQUEZA:** (Apocalipse 21.21) "*As 12 portas são 12 pérolas e cada uma dessas portas, de uma só pérola. A praça da cidade é de ouro puro, como vidro transparente".* Toda cidade tem uma fonte principal de riqueza. Nesta *Cidade Celestial* a riqueza é tanta que pisaremos em ouro nas praças e as portas serão feitas de pérolas. Isso nos ensina que lá o ouro será como pedras do chão nas ruas e não haverá valor para coisas materiais.

2- **TEMPLO:** Apocalipse 21.22 *"Nela, não vi santuário, porque o seu santuário é o Senhor, o Deus Todo-Poderoso e o Cordeiro"* Sempre que chegamos a uma cidade, uma das 1° coisas que vemos é algum templo religioso que é construído estrategicamente para ser destaque. Desde a antiguidade as cidades são construídas ao redor de templos. Nesta *Cidade Celestial* o Templo será o próprio Sr. Jesus. Todos nós habitaremos em sua presença.

3- **ILUMINAÇÃO:** (Apocalipse 21.23 e 22.5) *"A cidade não precisa nem do sol, nem da lua, para lhe darem claridade, pois a glória de Deus a iluminou, e o Cordeiro é a sua lâmpada." "Então, já não haverá noite, nem precisam eles de luz de candeia, nem da luz do sol, porque o Senhor Deus brilhará sobre eles e reinarão pelos séculos dos séculos."*

4- **EDUCAÇÃO:** (Apocalipse 21.24-26) *"As nações andarão* EM *a sua luz e os reis da terra engrandeceram lhe trazem a sua glória.*

As suas portas nunca jamais se fecharão de dia, porque, nela, não haverá noite. E lhe trarão a glória e a honra das nações."

5- **SEGURANÇA**: (Apocalipse 21.12 e 27) "*Tinha grande e alta muralha, 12 portas e, junto às portas, 12 anjos e, sobre elas, nomes inscritos, que são os nomes das 12 tribos dos filhos de Israel." "Nela, nunca jamais penetrará coisa alguma contaminada, nem o que pratica abominação e mentira, mas somente os inscritos NO LIVRO DA VIDA DO CORDEIRO*.A *Cidade Celestial* será segura. Terá *"grande e alta muralha"* e *"junto às portas, 12 anjos", isso garantirá que "Nela, nunca jamais penetrará coisa alguma contaminada".* Seus soldados serão **anjos** de Deus que a guardarão totalmente (*).

6- **ÁGUA:** (Apocalipse 22.1) *"Então, me mostrou o rio d´agua da vida, brilhante como cristal, que sai do trono de Deus e do Cordeiro"* A *Cidade Celestial* terá *1"rio d´agua da vida, brilhante como cristal"*, ou seja, sua água será de tanta qualidade que quem beber terá vida, pois sua nascente é o trono de Jesus.

7- **ABASTECIMENTO:** (Apocalipse 22.2) *"No 1/2 da sua praça, de uma e outra margem do rio, está a árvore da vida, que produz 12 frutos, dando o seu fruto de mês em mês e as folhas da árvore são para a cura dos povos"* Cada cidade tem sua produção de alimentos, uma feira livre onde os produtores rurais vendem legumes, frutas e verduras e também tem mercados para se comprar mantimentos. O que não é produzido no município é trazido de outros lugares. Na *CidadeCelestial* há a *'Arvore da vida'*, q*ue produz 12 frutos, dando o seu fruto de mês em mês* ela fica no 1/2 da praça, ou seja, é pública, para todos e também gratuita. Nunca faltará alimento, pois todo mês há novos frutos e também uma variedade que se renova mensalmente. Esta árvore é a mesma que Adão e Eva não quiseram comer no jardim do Édem, preferindo comer a *'árvore do Conhecimento'* do bem e do mal 'que resultou na morte de todos os seres humanos' (*Gênesis 3.1-12*). Lá no céu poderemos comer desta *'Árvore da Vida'* e viver eternamente.

8- **GOVERNO:** (Apocalipse 22.3) " *Nela, estará o trono de **Deus** e do Cordeiro. Todas as instituições que compõem 1 município serão na Cidade Santa resumidos a esse lugar só ".*

9- **LAZER:** (Apocalipse 22.3) *"Contemplarão a sua face e na sua fronte está o nome dele"* A *Cidade Celestial* terá o maior de todos os prazeres que será ver a face de **Jesus** e ter **Jesus** na mente de cada pessoa. Por isso as pessoas serão alegres e viverão tranquilas.

10- **SAÚDE:** (Apocalipse 21.4 e 22.2c) *"E lhes enxugará dos olhos toda lágrima e a morte já não existirá, já não haverá luto, nem pranto, nem dor, porque as primeiras coisas passaram" "... e as folhas da árvore são para a cura dos povos"* 1 bom hospital, postos de saúde, farmácias, laboratórios e outros estabelecimentos d´area da saúde são muito importantes para os moradores de uma cidade. Na *CidadeCelestial* não precisará de nada disso. Lá não terá hospital nem cemitério por que *"não haverá luto, nem pranto, nem dor"*. E se alguém sentir alguma coisa? Então irá até a *Árvore da vida* que serão para remédio completo, pois *"as folhas da árvore são para a cura dos povos"*.

CONCLUSÃO: (Apocalipse 21.27) *"Nela, nunca jamais penetrará coisa alguma contaminada, nem o que pratica abominação e mentira, mas somente os inscritos no LIVRO DA VIDA DO CORDEIRO* (Pesquisas: *Internet/.Edson Cavalcante / 26/ 3/2018).*

(*) De quem? Será deles, por acaso?

AS PESSOAS DE OUTRAS CRENÇAS SERÃO TODAS ASSASSINADAS POR JESUS E SUAS ALMAS JOGADAS NOS 5os DOS INFERNOS

Todos os judeus

Todos os muçulmanos

Todos os candomblé e ubandistas

Budistas

Xintoista

Hinduistas

O NT é enfático: "Purificará a Terra. Quando ***Jesus*** voltar, virá em poder e grande glória. Nessa ocasião, os iníquos serão destruídos. Todas as coisas corruptas serão queimadas, e a Terra será purificada pelo fogo (D&C 101:24–25).

Quando ***Jesus*** vier de novo, julgará as nações e separará os justos dos iníquos (Mateus 25:31–46); e também no capítulo 46 deste livro). João - o Revelador, escreveu o seguinte sobre o julgamento: *"E vi tronos; e assentaram-se sobre eles, e foi-lhes dado o poder de julgar; e vi as almas daqueles que foram* ***degolados*** *pelo testemunho de* ***Jesus****, e pela palavra de* ***Deus*** *. Os iníquos que ele viu, "não reviveram, até que os 1.000 anos se acabaram"* (Apocalipse 20:4–5;/D&C 88:95–98). *"Ele completará a 1ª Ressurreição: os que tiverem o privilégio de levantar-se na ressurreição dos justos sairão de suas sepulturas e serão arrebatados para encontrar o Salvador quando Ele vier dos céus"* (D&C 88:97–98). *"Os iníquos que estiverem vivos na época da 2ª Vinda do Senhor serão destruídos na carne. Eles, juntamente com os iníquos que morreram, terão que esperar até a última ressurreição e herdarão o reino celeste ou serão lançados nas trevas exteriores com Satanás"* (D&C 76:32–33; 81–112).

Todos os outros mortos se levantarão para s´encontrarem com ***Deus***. Em *1 Tessalonicenses 4:16-17* consta: *"Porque o Senhor mesmo descerá do céu com grande brado, à voz do arcanjo, ao som da trombeta de* ***Deus*** *e os que morreram em* ***Cristo*** *ressuscitarão 1º.. Depois nós, os que ficarmos vivos seremos arrebatados (em carne e osso?) juntamente com eles, nas nuvens, ao encontro do Senhor nos ares e assim estaremos para sempre com o Senhor."*

E daí, lá chegando, esses únicos cordeirinhos-caxiasmerecedores, favorecidos, terão que apresentar algum comprovante assinado por algum padre (mesmo pedófilo) ou todos que lá chegarem terão livre acesso sem mesmo ter que passar por algum aparelho rigoroso barrador de prováveis penetras ?

Se existem mais de **1.000.000** de abatinadas/os vivendo hoje nas masmorras dos conventos e mosteiros só vivendo a rezar e olhar o céu não vendo a hora de ir pra lá também, como ***Jesus*** vai fazer para beneficiar só algumas dezenas deles?

E também por mera curiosidade, quantos km tem essa extraordinária mesa onde os 144.000 recém chegados se assentarão ao lado dos milhões/ milhões/ milhões/milhões de cordeiros-caxias das gerações dos 2 milênios anteriores?

E quanto tempo lá ficará sentado o convidado – se o banquete é eterno? (*Mt. 22:1-14*) afirma que: **Jesus** convidando as pessoas ao seu `banquete de bodas´ significava reunir a todos os seus fiéis-caxias que seriam salvos e teriam a máxima honra de participariam do seu `*banquete de bodas celestial da vida eterna*´. Magnífico.

Deve-se confiar nesse S..Mateus ? Ele foi considerado o principal apóstolo introduzido pelos ghost-writers de Paulo, e uma das partes mais explícitas que inventaram ao seu respeito - conforme exaltada em sua biografia - foi que depois da morte e ressurreição de **Jesus**, os apóstolos espalharam-se pelo mundo e Mateus teria ido para a Arábia e Pérsia para evangelizar aqueles povos. Porém, foi vítima de uma grande perseguição por parte dos sacerdotes locais, que mandaram arrancar-lhe os olhos e o encarceraram para que depois fosse sacrificado aos seus deuses pagãos. Mas **Deus**-pai de **Jesus**, não o abandonou e mandou 1 **anjo** que curou seus olhos e o libertou. Mateus seguiu, então, para a Etiópia, África (a pé, sendo que hoje levaria mais de 11 horas de avião Boing), onde, mais uma vez, foi perseguido por feiticeiros (como os chamou o *ghost-writer* para não mencionar o nome de Alah) que se opunham à evangelização (em que língua?). Porém, o príncipe herdeiro morreu e Mateus foi chamado ao palácio. Por uma `*graça divina*´, fez o filho da rainha Candece **ressuscitar,** causando grande espanto e admiração entre os presentes. Com esse ato, Mateus conseguiu converter grande parte da tivas e florescentes dos tempos apostólicos – mas que, vergonhosamente, se contradizendo, **hoje 2025, se restringe a minguados 0,8% de toda população, enquanto os cristãos protestantes sejam 20% e todos os demais adoradores de Alah..**

AS ANJAS E GARÇONETES DIVINAS

Serão assim as assim as anjas servidoras, ou terão que continuar usando os tradicionais camisolonas para não parecerem impúdicas?

E por acaso também, seria este o anjo-gay que cuida d´arrumação das flores da mesa?

OS ARAUTOS CELESTIAIS NA ENTRADA

A banda musical que anima o banquete?

ANJOS- MÚSICOS QUE ANIMAM O AGAPE

UMA DAS BANDAS CONVIDADAS

Última curiosidade: Se comem, obvio que defecam e fazem xixi, certo? Nesse caso, no salão do banquete, em seus WCs que devem estar lá para atender a todos os ressuscitados-caxias, , já existem os vasos modernos de hoje? E quantos WCs existem nesse salão imenso para atender tantos milhares de `apertados´ ?

DÚVIDAS CORRELATAS

São estes os tipos de vasos sanitários modernos que já proporcionam também lavagem, secamento, aromatizante e boa música (a escolher) ? Se são, qual sua marca?

Os convidados todos devem usar camisolões brancos? Ou poderão entrar também de camiseta/ calção/ bermudas?

As mulheres continuam usando soutiens e calcinhas como costumavam aqui na Terra?

Na saída

O CORAL DE ANJOS QUE FICA NA SAÍDA

E quando os felizardos banqueteiros acabarem seu ágape e se levantarem e sair. eles serão conduzidos ao Paraíso de que jeito? Voando que nem os anjos ou teletransportados que nem o comandante Kirk em *Rumo às estrelas*?

DÚVIDA ATROZ

Nossa pergunta final: Existe uma imagem de *Jesus* já no céu , sem marcas de cravos nas mãos nem nos pés. Por acaso foi 1 *hocus-focus* da parte de se seu Pai onipotente, ou foi 1 cirurgião-caxias que estava no Paraíso celestial quem foi quem fez o desaparecimento das perfurações?

LÓGICA

Já sabemos que das 8.500.000.000 de pessoas que hoje vivem neste planeta, 7.500.000.000 que nunca acreditaram nem poderiam acreditar – pela lógica - num *Jesus* dono de 1 *Canil* *Pedófilo* em pleno funcionamento ainda desgraçando a vida de milhares de crianças e que também já foi dono da malfadada *Churrascaria* *Humana* do passado que queimou sádico e incalculável número de pessoas inocentes (só se limitando hoje a queimar apenas livros como os de Harry Potter por exemplo) e que serão incontestavelmente (sem nenhuma dó, piedade ou misericórdia – alguns de seus atributos que caducaram) fatal e friamente assassinadas por ele e pelos seus anjos alados, salvando e levando com ele de volta para o Céu, apenas 144.000 abnegados seus .

Pois bem, considerando que o universo é 1 tanto grande, estimando-se que, se olharmos em qualquer direção, suas regiões visíveis mais distantes estão a cerca de 46.000.000.000 de anos-luz de distância - isso significa num diâmetro de 540.000.000.000.000.000.000.000 (sextilhões) de milhas (ou seja 54 seguido por 22 zeros). Assim sendo, algum sabichão do Vaticano poderia por gentileza de nos esclarecer, onde fica exatamente o Céu de *Jesus* e, em cima de qual continente, a quantos quilômetros da nossa humilde Terrinha(*) e ainda, qual o idioma que se fala no Céu de *Jesus*, já que aqui embaixo existem 7.100 idiomas oficiais e mais de 20.000 dialetos? Antecipadamente agradecemos e queremos também dar uma sugestão - caso ninguém saiba: perguntem ao papa – ele não é o '*Representante de Deus na Terra*'?

UMA TESTEMUNHA QUE DERRUBA TODAS AS RELIGIÕES, COM TODOS OS SEUS DEUSES, SANTAS. SANTOS, TRINDADES, ANJOS E ARCANJOS – TUDO INEVENCIONICES DEMODÊS - QUE JÁ PODEM SE APOSENTAR.

"Estive no Céu e não vi nenhum Deus !!"

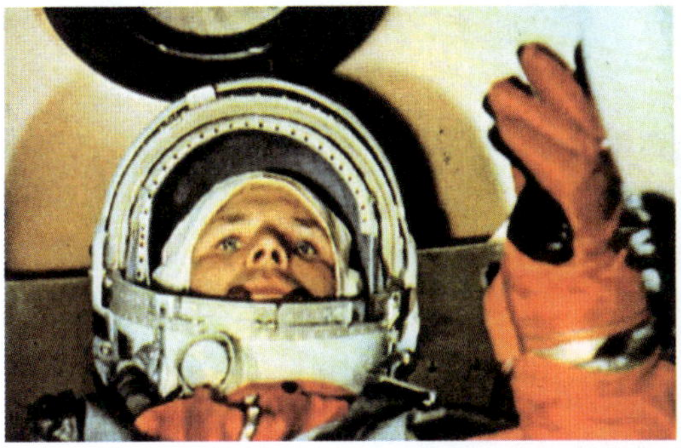

Mas para quem dúvidas ainda:

Existem cerca de **100.000.000** d´estrelas no nosso sistema solar com **17.000.000** de planetas parecidos com a nossa Terra (*). Mas em todo o céu, os computadores registram **70 sextilhões** 10^22. O que os nossos astrônomos conseguiram detectar até hoje, é que tem **2.034** sistemas solares que estão no máximo 325 anos luz de distância que podem também nos ver. Além deles, foi constatado que também existem **5.000** exoplanetas que potencialmente parecem também ser habitáveis – os mais próximos são o Gj 1002 B e C e que ficam apenas a 16 anos luz da terra. Cada ano luz tem 9.460.000.000.0009 km (tri). (*)Há uma boa notícia aos caçadores d' extraterrestres: mais de 300.000.000 de planetas com condições semelhantes às da Terra estão distribuídos por toda a galáxia da Via Láctea. Uma nova análise concluiu que cerca de metade das estrelas semelhantes ao Sol em nossa galáxia hospedam planetas rochosos em zonas habitáveis onde pode haver acúmulos ou escoamentos de água líquida na superfície. *"É 1 resultado científico bastante aguardado"* - afirma Natalie Batalha, astrônoma da *Universidade da Califórnia,* em Santa Cruz,

" O próximo que falar que o Pai & Filho moram no Céu, vou quebrar a cara se não me falarem exatamente aonde !!"

EU TAMBÉM TENHO UMA CURIOSIDADE

Como em seu discurso semanal à multidão na Praça de S. Pedro em 12/12/2014, o papa Francisco falou sobre esse assunto, afirmando que todos os animais vão para o Céu, será que *Jesus* quando foi para lá assim que ressuscitou e ascendeu , encontrou algum? Se por acaso num desses milhões de planetas houver vida, pela nossa lógica, também deve existir o Bem e o Mal. Certo ? E s' existir o Bem e o Mal, será que *Jesus* também esteve lá para resolver a situação? Com suas mesmas ameaças de jogar nas chamas do inferno quem não o aceitasse? E se houve este repeteco, ele nesses outros planetas , também morreu crucificado? E também deixou relíquias provando a sua presença naquele planeta antes de ascender após ressuscitar?

OS BICHINHOS D' ESTIMAÇÃO DE CADA PESSOA

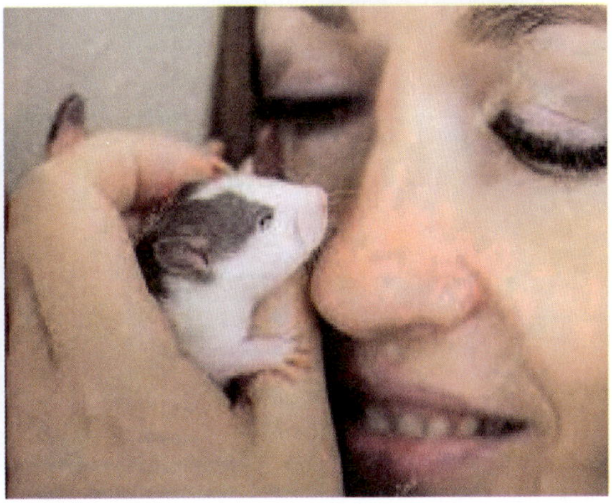

E Jesus também teria os seus bichinhos d´estimação? Quais?

E lá eles terão ?

Currais ? **Estábulos ?** **Granjas ?**

Ninhos ? **Casinhas de cachorro ?** **Árvores e cipós ?**

E por acaso ele também viu quem zelava pela sua alimentação e limpeza de suas toneladas de sua matéria orgânica expelida , eram anjos ou querubins? E essa sujeira toda era jogados em que lixão? Ou eram reciclados? E que tipo de carne os animais carnívoros comiam? Seria interessante se o papa que fez a afirmação, pudesse se informar para nos contar, não acham?

E no Paraíso onde *Jesus* vai ter o prazer de receber a todos os animais que serão bem-vindos, ele também vai oferecer-lhes as mesmas regalias que eles tinham aqui na Terra?

Gato apanhando rato ? Leão comendo presa ? Gavião apanhando peixe?

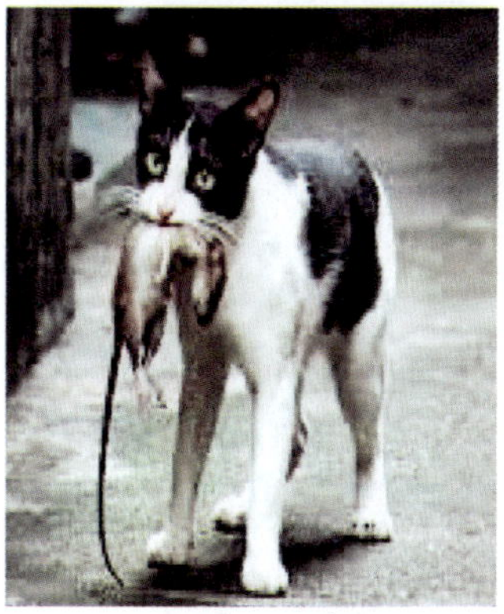

JESUS EM DAMASCO

E Saulo, cogitando ainda matar mais cristãos, muniu-se d´autorização de ir para Damasco, para varrê-los de lá ou conduzi-los presos a Jerusalém. Mas quando ia pelo caminho, aconteceu que, chegando perto de Damasco, subitamente o cercou 1 resplendor de luz do céu. E, caindo do cavalo ,ouviu uma voz de cima que lhe perguntou: *Saulo, Saulo, por que me persegues?* Saulo assustado perguntou: *Quem és, Senhor?* E disse o Senhor: *Eu sou Jesus, a quem tu persegues. Duro é para ti recalcitrar contra os aguilhões*.E ele, tremendo e atônito, perguntou : Senhor, que queres que eu faça? E disse-lhe o S*enhor: Levanta-te, e entra na cidade que lá te será dito o que te convém fazer.* E os homens, que iam com ele, pararam espantados, ouvindo a voz, mas não vendo ninguém. Saulo então levantou-se da terra e, abrindo os olhos, não via a ninguém. Assim foi parar em Damasco onde viraria sua casaca.

JESUS NO EDOM

Antes esse reino era chamado de Idumeia

JESUS NO EGITO

Jesus esteve no Egito quando criança. Ficou lá 4 anos.

JESUS NA FRANÇA

Não há evidências claras, apenas histórias lendárias, boatos e teorias de como *Jesus* viveu com Maria Madalena, Maria Salomé e Maria Jacobi n´area de Rennes Le Bains, na região de Languedoc, no sul da França.

Uma das grandes histórias de mistério da região é a do padre Berenger Saunière, de Rennes Le Chateau. É a história de 1 simples padre de uma aldeia pobre, começando sua carreira numa igreja decadente em Rennes Le Chateau. Ao longo da sua vida transformou a igreja numa das mais belas pequenas capelas de toda a Europa. Esses projetos ainda existem hoje e podem ser vistos na pequena vila, com os moradores ainda se perguntando: *"Como ele conseguiu o dinheiro?"*Segundo uma teoria, Berenger encontrou 1 dos tesouros locais do antigo povo Cathor. É uma possibilidade distante porque surgiu o rastro de moedas antigas de ouro, artefatos que teriam sido usados para pagar por serviços. Teriam reaparecido de alguma forma quando os trabalhadores gastassem os seus ganhos. Daí, Saunière ter chantageado a ex *Sacrossanta* *Igreja* (*) com 1 segredo tão esmagador que eles o pagaram e ele usou o dinheiro para reconstruir Rennes Le Chateau. O segredo tão alarmante para o *Vaticano,* foi que o padre encontrou evidências de que *Jesus* tenha vivido de fato na França. Se sobrevivesse à crucificação e se mudasse com Maria Madalena para a região do sul da França, isso teria abolido o conceito de que *Jesus* morreu na cruz pelos nossos pecados. Esta é uma das principais premissas do Catolicismo e a Igreja teria tido dificuldade em sobreviver à polêmica. Ainda não sabemos o que realmente aconteceu.

(*) Ex porque antes era considerada a Casa de Deus para onde todas as familias católicas iam a cada domingo. Mas ela transformou-se num reduto pedófilo, onde 20% de todos os padres do mundo, abusavam sexualmente das crianças, sodomizando, estuprando, tirando sângue, causando-lhes traumas eternos, roubando e assassinando infâncias sem parar;

Há histórias locais, no sul da França, de que *Jesus* morreu na igreja de St. Salyvre, no Languedoc e mais tarde foi transportado para o Château De Perillos, onde foi enterrado. A história fica melhor porque os homens santos da época não queriam que o túmulo fosse roubado e os restos mortais foram colocados em segredo no centro de Pic De Bugarach. Na montanha Stargate há uma caverna que s´stende até o centro da montanha.

A caverna tem uma variedade de fossos e lugares escondidos onde 1 corpo pode ser guardado secretamente. Além disso, Pic De Bugarach era conhecido como uma `*Montanha Mágica*´ mesmo naquela época, então só faz sentido que 1 ser altamente evoluído como *Jesus* fosse colocado num Stargate de alta energia.

JESUS NA GRÉCIA

Em 1908, Levi H. Dowling publicou o *EVANGELHO AQUARIANO DE JESUS CRISTO*, a partir dos "*registros Akáshicos* como sendo a verdadeira história da vida de *Jesus*, incluindo "*os 18 anos 'perdidos' silenciosos no Novo Testamento*". A narrativa segue o jovem *Jesus* pela Índia, Tibete, Pérsia, Assíria, Grécia e Egito. O trabalho de Dowling foi mais tarde usado por Holger Kersten , que o combinou com elementos derivados de outras fontes, como as crenças *Ahmadiyya*

JESUS NO HIMALAIA

Vishnu: uma divindade bem anterior a *Jesus*, tendo a sua Maria Madalena também lavando-lhe os pés...A lenda que o Catolicismo também plagiou

JESUS CRISTO VIVEU NO TEMPLO TIBETANO DE HIMIS NO ALTO DO HIMALAIA

O multimilenar templo budista tibetano de Himis, situado próximo a Ladak, numa região isolada no alto do Himalaia, no norte da Índia, na fronteira com a China, em cuja uma de suas celas, *Jesus Cristo* — o Nazareno — filho de Maria e José, permaneceu durante sua peregrinação pela Índia dos 13 aos 30 anos de idade e após a sua suposta morte na cruz.

Lembrete

Uma outra prova da presença de *Jesus* no Himalaia é o sepulcro mencionado pelo professor Nicholas Roerich, em sua obra O *CORAÇÃO D´ASIA*, publicada em 1930. Esse sepulcro está ao norte de Ladakh, na vizinha província tibetana de Sinkiang (Xinjian, na China atual), a uns 11 km da cidade de Kashgar e acredita-se pertencer a uma certa Maria que fazia parte da comitiva de *Jesus*. O EVANGELHO APÓCRIFO de Filipe nos fala de 3 mulheres que não abandonaram *Jesus* após a crucificação. As 3 se chamavam Maria: sua mãe, a irmã de sua mãe (a esposa de Cleofas?) e Maria Madalena, *"conhecida como sua companheira"*. Assim, a sepultura de Maria, perto de Kashgar, pode, muito bem, estar relacionada com *Jesus*.

JESUS NA ÍNDIA

As pesquisas de Notovich

Segundo Nicolau Notovich,  esteve também em Djaguernat, na Índia, onde os brâmanes ensinaram-lhe a doutrina dos Vedas e segundo Notovich ele era conhecido sob o nome de *Issa*. Tais provas só estariam guardadas em templos de Lhasa, para onde foi levada cerca de 200 anos após a morte de Jesus e na Biblioteca do *Vaticano*, já que toda a documentação referente foi, em grande parte, queimada na Rússia e em Paris pelo clero interessado em destruí-las.

As pesquisas de Pearson Philips

Em 1978, os *ahmadyys* que cuja seita tem sua matriz no Paquistão alugaram o *Commonwealth Institute*, em Kensington, Londres, Inglaterra, para uma conferência de 3 dias, destinada a apresentar sua teoria sobre Cristo ao estupefato mundo cristão: Jesus fora enterrado no subcontinente indiano e mais exatamente em Caxemira! Reunindo 1 grupo de arqueólogos, teólogos e orientalistas que apoiavam sua teoria, os *ahmadyys* atestaram que Jesus estava vivo quando foi tirado da cruz. Logo depois, teria ido para o Vale de Caxemira, nas montanhas do Himalaia, onde já existia uma comunidade de judeus.

Se esta doutrina for provável e *Jesus* de fato está enterrado numa casa de Srinagar, então não seria verdade que *Jesus* morreu e ressuscitou em Jerusalém... E, se *Jesus* sobreviveu ao suplício da cruz e, como alguns sugerem, ressuscitou antes da morte, temos de aceitar que ele viajou para o Oeste, no rumo do Vale de Caxemira, para morrer ali 3 anos mais tarde...Quando esta notícia estourou como uma bomba nos meios católicos, jornalistas ingleses imediatamente se deslocaram para Srinagar — a cidade santa dos ahmadyys para provar o fato.

As pesquisas de Andrade Faber-Kaiser

Conta a história cristã que o corpo de *Jesus* desapareceu porque subiu ao céu. Mas há uma teoria que tenta provar que *Jesus* não morreu na cruz! Ele sobreviveu, fugiu da Palestina, chegou à Caxemira, já velho. Essa é a tese de Andrade Faber-Kaiser. A história cristã diz que *Jesus* foi crucificado numa 6ª feira, ao 1/2 dia. Antes do cair da noite, já morto, seu corpo foi retirado da cruz e depositado na gruta funerária de José de Arimatéia, cuja entrada foi fechada com uma pedra. No domingo seguinte, o corpo de *Jesus* havia desaparecido inexplicavelmente, fazendo assim cumprir uma profecia bíblica: o filho de Deus ressuscitara dentre os mortos. Depois de 1 breve período na Terra, durante o qual entrou em contato com seus discípulos, *Jesus* subiu ao céu, onde está à direita de **Deus-Pai**. Mas a contrariar este dogma cristão está o túmulo de Srinagar. O famoso pesquisador Andrade Faber-Kaiser apoia-se em 2 pontos principais para tentar provar que *Jesus* não morreu na Palestina, nem na cruz aos 33 anos, e sim na Caxemira, ao norte da Índia, muito tempo depois: as circunstâncias de seu martírio na cruz e as referências de que *Jesus* já vivera na Índia, dos 13 aos 30 anos, período de sua vida do qual a *Bíblia* não fala.

Sobre a crucificação, Andrade Faber-Kaiser considera que ela ocorreu numa 6ª feira, véspera do *shabat* judaico, o que obrigava a baixar o corpo de ***Jesus*** antes do cair da noite. De acordo com o calendário da época, o sábado começava na noite de 6ª e, pelas leis judaicas, era proibido deixar suspenso na cruz 1 supliciado durante o dia sagrado do *shabat*. Faber-Kaiser argumenta que o objetivo da crucificação não era a morte imediata, mas a lenta tortura, suportável por até 4 dias, principalmente por 1 homem jovem é saudável. Então, 1 supliciado que fosse baixado da cruz em tempo teria condições de sobreviver, se devidamente tratado. Para Faber-Kaiser, foi o que aconteceu com ***Jesus*** submetido a apenas algumas horas de tortura, ele foi retirado da cruz ainda vivo e, assistido por seus amigos e discípulos dentro da gruta de José de Arimatéia, recuperou-se e conseguiu fugir.

O autor de *JESUS VIVEU E MORREU NA CAXEMIRA* recorre a vários trechos da história cristã nos quais há indícios de que o martirizado ainda estava vivo ao descer da cruz. *O EVANGELHO SEGUNDO S. MARCOS* diz que Pilatos, conhecedor de que 1 crucificado leva dias para morrer, estranhou quando lhe comunicaram que ***Jesus*** havia morrido. Diz também que Pilatos feriu o corpo de ***Jesus*** com uma lança, para verificar se estava de fato morto e, embora ele não tenha reagido, da ferida jorrou 1 sangue abundante, o que não acontece a 1 corpo sem vida. *O EVANGELHO SEGUNDO S. JOÃO* faz notar que a tumba de José de Arimatéia não foi cheia de terra, como era costume entre os judeus, mas apenas fechada com uma pedra, o que deixava em seu interior espaço suficiente para respirar.

Por último, Andrade Faber-Kaiser afirma que as mais recentes análises científicas realizadas no sudário de Turim — o pano em que o corpo der ***Jesus*** foi envolvido ao ser retirado da cruz — demostram que o sangue nele impregnado era o sangue de uma pessoa ainda viva. As mesmas ideias, a mesma filosofia, o mesmo nome. É muito improvável que ***Jesus*** tenha se radicado em algum determinado lugar da Índia. É mais correto pensar que ele, como 1 pastor, tenha andado de 1 lugar para o outro, sem teto e sem descanso, enquanto a saúde lhe permitiu. Há numerosas indicações de que ele retornou várias vezes à Caxemira.

Numa montanha a uns 60 km a sudeste de Srinagar e somente a 12 de Bijbihara (onde está a *Pedra de Moisés*), existe uma caverna com cerca de 12 mt de comprimento. Na entrada da caverna existe uma construção suntuosa denominada Aish-muquam. É 1 lugar sagrado, onde são conservadas as relíquias de Zainuddin Wali -1 santo islamita que viveu nessa gruta durante o reinado do sultão Zaimul Asbidin Budshah (1408—1461).

Esse santo possuía 1 precioso bastão que tinha recebido do venerável Shaikn Noor Din Wali. Esse bastão, considerado uma relíquia de valor inestimável e vigiado bem de perto pelos guardiães do túmulo, está sempre coberto com 1 pano verde. Quando os fiéis da região enfrentam grandes problemas ou sofrem de alguma moléstia contagiosa, fazem uma peregrinação à Aish-muquam, na esperança de que o bastão miraculoso os ajude. Ele mede 2 mt de comprimento por 2,5 cm de diâmetro. Chamado de Bastão de Moisés ou Bastão de *Jesus*, é feito de oliveira e tem uma cor marrom-escura. Aqueles que veneram essa relíquia acreditam na lenda que diz que esse bastão foi usado por Moisés durante sua viagem para Caxemira e mais tarde por *Jesus* , sendo 1 símbolo de uma tradição mosaica. Conservado em Khangahi Moulla (Srinagar), foi levado mais tarde para o honroso relicário de Aish-muquam. Este nome parece estar diretamente ligado a *Jesus*. Ainda que ninguém pôde provar, pode-se concluir que *Jesus* se retirou para esse lugar onde, por algum tempo, dedicou-se à meditação.

Depoimento de Ahmad

O atual chefe supremo dos *ahmadiyys*, chamado de califa, é o guru Hazrat Mirza Ghulam Ahmad, nascido na Índia em 1835, fundador da seita muçulmana *ahmaddiyys*, acredita que o *Alcorão* está certo quando afirma que *Jesus* foi salvo da morte da cruz, uma morte maldita, indigna dele. O *Evangelho* também confirma a sobrevivência de *Jesus* no trecho em que o próprio *Jesus* estabelece uma comparação entre ele e Jonas, que não pereceu no ventre da baleia que o engoliu. Se *Jesus* tivesse realmente morrido, que sentido teria tal analogia? *"Pois como Jonas esteve no ventre do peixe 3 dias e 3 noites, assim ficará o filho do homem, 3 dias e 3 noites no seio da terra "* (Mateus 12:40).

Em Caxemira

Se, de fato,  viveu na Caxemira por muito tempo, deveríamos encontrar alguns indícios n´antiga literatura indiana. Uma vez que se presume que o Messias tenha morrido com pelo menos 80 anos de idade, deveriam existir vestígios de seus últimos 30 ou 40 anos de vida. Entretanto, os autores indianos d´Antiguidade se opunham a qualquer influência estrangeira sobre sua cultura. Nem mesmo a conquista da Índia por Alexandre — O Grande — é mencionada em qualquer texto. Os hindulogistas são unânimes em concordar que, antes da invasão muçulmana, não existia na Índia uma historiografia sistemática.

As mais antigas narrativas hindus são os Puranas (velho), que foram sendo continuamente suplementadas por outros textos religiosos, datados do século 5 aC, ou mesmo anteriores, chegando até o século 17. A coleção completa soma 18 volumes; o 3º, chamado *BHAVISHYAT MAHA-PURANA*, contém uma história do século 5 que conta como **Jesus** chegou à Índia. A descrição é tão rica em detalhes que não se pode duvidar da identidade da pessoa em questão. Narra que os israelitas s´estabeleceram na Índia e que *"1 dia, Shalivahan, chefe dos sakyas, foi até o Himalaia. Lá, na terra do Hun (= Ladakh, então parte do Império Kushan), o poderoso rei deparou com 1 homem sentado no pé de uma montanha, 1 homem que parecia trazer uma promessa d´esperança.* O rei perguntou ao santo quem ele era. E ele lhe respondeu: *´Sou chamado Filho de* ***Deus****, nascido de uma virgem, pastor dos descrentes, incansável na busca da verdade´.*

Então, o rei lhe perguntou: *'Qual sua religião?'*. E ele lhe respondeu: *'Ó grande rei, venho de 1 país estrangeiro, onde se alastra a mentira e onde o Mal não conhece fronteiras. Nessa terra de incrédulos, fui considerado o Messias..."*

Nessa história, da qual traduzimos literalmente esse trecho, é muito importante saber que o mestre dos incrédulos se autodeterminava Isa-Masih, que significa `Jesus- o Messias´.

A TUMBA DE YUZ ASAF

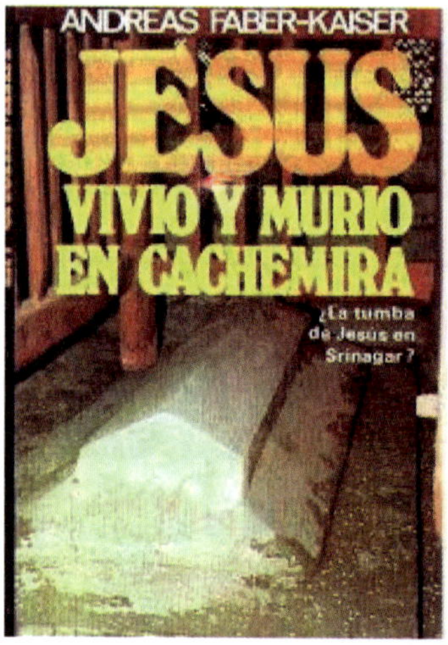

O túmulo de Yuz Asaf (Jesus) em Srinagar

 sobreviveu de fato à crucificação? Conforme crença das populações que vivem na região do lago Nagin, próximo a Srinagar - capital da Caxemira, foi nesse local que ele passou seus últimos dias. Casado e com filhos, morreu muito velho, deixando uma descendência que ali vive até hoje.Uma versão originária das montanhas do norte da Índia afirma que a crucificação não matou e que ele, de fato, viveu até a velhice em Caxemira, chegando a se casar e ter filhos!

A cidade de Srinagar, nessa região indiana, abriga uma das descobertas arqueológicas mais preciosas e controvertidas do mundo. Em frente ao cemitério muçulmano, no centro da cidade, há 1 prédio retangular isolado, que ostenta uma placa com os dizeres: *rauzabal* (túmulo de 1 profeta). Do lado de dentro, numa placa de madeira entalhada, a inscrição TUMBA DE YUZ ASAF indica a câmara que contém uma simples sepultura de pedra, reconhecida como monumento santo por 1 documento público datado de 1766. O texto fornece alguns detalhes sobre o enigmático ocupante da tumba *"No reino do rajá Gopadatta (...) chegou 1 homem chamado Yuz Asaf. Ele era 1 príncipe real e renunciou a todos os direitos mundanos, tornando-se legislador. Passava os dias e as noites rezando a Deus e longos períodos em solitária meditação (...). Pregou a existência de 1 Deus, até que a morte o dominou e ele morreu".*

Parece 1 lacônico epitáfio para alguém que viveu, ensinou e morreu em Caxemira; mas esse santo, de acordo com a tradição local, não é outro senão o próprio (que pertencia à casa e família do rei David e, portanto, de certo modo, era 1 príncipe real). Partindo, então, da hipótese de que Jesus sobreviveu ao martírio da cruz e fugiu da Palestina, Andrade Faber-Kaiser procura os sinais de sua presença na Caxemira. Sua principal fonte é o professor Hassnain — diretor do *Departamento de Arquivos, Bibliotecas e Monumentos do Governo da Caxemira, diretor honorário do Centro de Pesquisas d' Estudos Budistas da Caxemira e secretário do Centro Internacional de Pesquisas d' Estudos Indianos Sharada Peetha.*

O prof. Hassnain colocou à disposição de Andrade Faber-Kaiser numerosos documentos que falam de 1 homem com ideias e filosofia idênticas às de Jesus. Este homem é designado nos documentos pelos nomes de *Yusu, Yusuf, Yusaf, Yus Asaf, Yuz-Asaph, Issa, Issana e Isa*, que são traduções do nome Jesus nas línguas cachemir, árabe e urdu. E é este mesmo homem, segundo trajeto traçado pelos documentos, o que foi enterrado no túmulo Rozabal de Srinagar. Jesus de acordo com as pesquisas de Hassnain, teve filho e ainda hoje vive em Srinagar seu descendente direto, chamado Basharat Saleem. Existem, na Caxemira, inúmeras fontes históricas que confirmam a identidade entre Yuz Asaf e Jesus. 1 antigo manuscrito descreve o monumento como a sepultura de Isa *Rooh-u-llah*. O lugar é visitado anualmente por milhares de peregrinos de todos os credos, não apenas muçulmanos, mas hindus-budistas e cristãos.

OBSERVAÇÃO IMPORTANTE

1 comunicado de imprensa surpreendente, feito por uma organização religiosa secreta, provocou grande agitação em todo o mundo cristão, com a pretensão de identificar **8.978** descendentes vivos de *Jesus Cristo!* O documento é assinado pelo incomum Louis-Édouard du Bellay — o grão-mestre do Principado do Sião — uma organização secreta e sombria que ficou famosa pelo livro de Dan Brown, *O CÓDIGO DA VINCI.* Uma cópia de 54 páginas do comunicado foi enviada para centenas de diferentes meios de comunicação cristão com muitos conceitos que evocam contradizer muitos aspectos fundamentais da fé cristã.

"A Ordem Divina do Priorado do Sião, humildemente pede a ajuda de todos os verdadeiros crentes em proteger os descendentes restantes de Jesus Cristo do Vaticano. Após a morte de muitos membros da nossa organização, a tarefa de proteger todos os membros da linhagem divina agora está além de nossa capacidade e nós precisamos desesperadamente de ajuda na realização de nossa missão milenar" — lê-se no parágrafo introdutor que dá o tom para o texto inteiro. O documento explica em grandes detalhes como a organização secreta sofreu grandes perdas ao longo dos últimos anos e agora é incapaz de cumprir sua missão de proteger a *"linhagem de Cristo"*. Ele notadamente afirma que *"o Opus Dei e seus aliados"* mataram mais de 4.000 descendentes ao longo dos últimos anos, acrescentando que eles vão erradicar completamente a linhagem se eles não tomarem uma providência.

A CONFIRMAÇÃO DE ZAFRULLAH KHAN

Em 1978, o mundo cristão teve a notícia de uma comunicação muito estranha: reunidos em conferência no *Instituto do Commonwealth*, em Londres, representantes da seita *ahmadiyya* garantiram que **Jesus Cristo** foi enterrado no subcontinente indiano, mais exatamente na Caxemira. A seita, sediada no Paquistão, já conta mais de 10 milhões de adeptos. Repórteres ingleses se deslocaram até Srinagar – a cidade santa dos ahmadis — e publicaram o resultado de suas pesquisas.

Se fosse apenas uma lenda local, 1 tanto caótica, poderíamos sorrir. Mas existem cerca de 10.000.000 de pessoas espalhadas pelo mundo que pertencem à seita ahmadiyys e acreditam ser mesmo ali o túmulo de **Jesus**. Para elas, trata-se de 1 artigo de fé e querem que o mundo inteiro acredite nele. Deve-se reconhecer que, quanto mais se ouve falar nisso, menos a coisa começa a parecer extravagante. Os *ahmadyys* alugaram o *Commonwealth Institute*, em Kensington, para uma conferência de 3 dias, destinada a apresentar sua teoria ao incrédulo mundo cristão. Conseguiram reunir 1 grupo de arqueólogos, teólogos e orientalistas, para reportar sua teoria de que **Jesus** estava vivo quando foi tirado da cruz. Logo depois, teria ido para o Vale de Caxemira, nas montanhas do Himalaia, onde já existia uma comunidade de judeus. Para conferir alguma probabilidade à doutrina dos ahmadyys, é necessário antes de mais nada aceitar 2 elementos que, para os cristãos ortodoxos, são pura fantasia ou até mesmo blasfêmia.

Em Srinagar, jornalistas do mundo inteiro entrevistaram o diplomata sir Mohammad Zafrullah Khan, que é uma das figuras mais impressionantes do movimento ahmadiyya. Jurista renomado, especialista em Direito Internacional, sir Zafrullah foi nomeado Ministro de Relações Exteriores, em 1947, pelo fundador do Estado do Paquistão, Jinna - sendo mais tarde designado como chefe de delegação paquistanesa na ONU e depois presidente d´*Assembleia Geral*; em seguida, sir Zafrullah foi transferido para a *Corte Suprema* de Haia e depois promovido a presidente daquela instituição. Em 1978, com 85 anos de idade, abandonou todas as atividades profanas, para se consagrar exclusivamente ao Islam.

Zafrullah sustenta que Jesus só esteve na cruz durante umas 6 horas — o que não deve ter sido suficiente para levar à morte 1 homem de sua idade e forma física. A tese de sir Zafrullah é a seguinte:

"Nenhum dos Evangelhos diz que Jesus morreu. É bem verdade que os tradutores da Nova Bíblia Inglesa usaram esta palavra. Mas isto é 1 exemplo típico da falsidade linguística. Os 4 Evangelhos usam a frase: ´Ele entregou seu espírito´. A palavra grega original equivalente a espírito é pneuma, que indica algo associado à respiração. E a frase evangélica parece indicar que a respiração de Jesus parou. Segundo os 3 Evangelhos, Jesus rendeu seu espírito imediatamente após ter bebido uma mistura de vinagre. Ora, mesmo no caso de uma pessoa em gozo de plena saúde, a introdução de vinagre no canal respiratório pode produzir espasmos muito graves, que acabam causando asfixia. O fenômeno se agrava quando o corpo está cansado e exausto, e quando todos os órgãos direta ou indiretamente associados à respiração se encontram em estado de tensão e contração. "

Foi 1 erro fundamental da pesquisa científica apresentar o oferecimento desse vinagre como 1 ato gratuito e sem consequências, como se tratasse d´água com algumas gotas de vinagre. Ou até mesmo interpretá-lo com 1 ato de bondade... Dar vinagre puro a 1 crucificado foi obviamente uma infâmia perpetrada por algum conselheiro algoz.

Sir Zafrullah sustenta a seguir que o coração de Jesus não parou de bater com este súbito espasmo de asfixia: *"Em muitos casos similares de sufocamento grave, sabe-se que a atividade do coração continua mesmo depois de a respiração ter parado. Graças à atitude compreensiva de Pôncio Pilatos, José de Arimatéia e Nicodemos — que era médico — tomaram conta do corpo. Trabalhando num espaço aberto e fresco — (o sepulcro) — eles puderam restituir a vida de Jesus, utilizando especiarias e poções vegetais".*

Zafrullah levanta, então, algumas questões essenciais, à maneira de 1 advogado que apresenta ao júri uma prova circunstancial importante: *"Se Jesus tivesse vencido a morte, e ressuscitado do túmulo, por que não teria se mostrado publicamente ao povo de Jerusalém? Por que deixaria a cidade com tanta pressa, encontrando seus discípulos em segredo e sempre em lugares fechados, tomando aparentemente todas as precauções para não ser novamente preso pelos judeus? "*

Mesmo se aceitando como corretos esses argumentos, fica uma pergunta: O que teria levado Jesus à Caxemira? Os ahmadyys têm uma resposta: *"Somente duas das 12 tribos de Israel estavam na Judeia, onde Jesus passou a maior parte de sua vida até o acontecimento da crucificação. Ele próprio indicou que tinha de levar sua mensagem às outras tribos de Israel. Onde estavam essas tribos? No noroeste d´Asia, na Síria, no Irã, no Afeganistão e na Caxemira. "*

É bem verdade que uma tribo de pastores da Caxemira, os gujars, até hoje apresenta 1 tipo físico de pessoas aparentemente saídas de uma bíblia ilustrada. Os pesquisadores que lidam com literatura persa e sânscrito antigo pretendem, por outro lado, ter descoberto provas em favor da teoria dos *ahmadyys*. 1 livro sânscrito — *BHARISHYA MAHA PURANA (115 aC)* — foi descoberto na biblioteca do antigo Marajá da Caxemira. Segundo esse livro, em 78 aC, *"1 certo Rajah Shaleahin encontrou uma pessoa nobre de tez pálida, que usava roupas brancas e vivia nas montanhas e dizia:. 'Conheçam-me* — dizia ele. — *Sou o Filho de Deus nascido de uma virgem. ". Esta pessoa apresentava sua doutrina religiosa como sendo: "Amor, verdade e pureza de coração e por isso sou chamado o Messias. "*

Crônicas escritas em persa também falam de *"1 profeta, por nome Yuz Asaph, que chegou da Caxemira vindo de 1 país estrangeiro, pregando a devoção, piedade e retidão. Os especialistas sustentam que o nome ´Yuz Asaph´é o equivalente hebreu de Jesus — o Pastor".* Convém dizer igualmente existirem muitos muçulmanos ortodoxos que negam veementemente qualquer ligação entre Yuz Asaph e o túmulo de Srinagar com Jesus Cristo. Mas, entre eles, Basharat Saleen, poeta hoteleiro que vive em Srinagar, se diz descendente de verdade do profeta Yuz enterrado ali. E Basharat confirma que o *movimento ahmadyy* está transformando o túmulo num gigantesco elemento publicitário.

EVANGELHO AQUARIANO DE JESUS CRISTO
As pesqusisas de Levi H. Dowling

Em 1908, foi publicado nos USA o livro O *EVANGELHO AQUARIANO DE JESUS CRISTO*, de autoria do médico, pastor e pesquisador Levi H. Dowling. Este, depois de 40 anos de pesquisas, relata que o príncipe indiano Ravana de Orissa encontrou e ouviu Jesus aos 12 anos de idade, no templo, e levou-o para a Índia, para que pudesse aprofundar seus estudos na escola do templo de *Jagannath*, aprendendo as leis de *Manu e os Vedas*. Lá, Jesus surpreende seus mestres com sua inteligência e atrai a ira dos brâmanes por sua postura crítica. No livro, há referências da viagem de Jesus pelo Himalaia até chegar ao Tibete, onde estuda os manuscritos dos mestres do templo de Lhasa, retornando posteriormente à região do Sindh e ao Oriente-próximo. Mais tarde, em 1973, o semanário alemão *Der Stern* nº 16 publicou uma reportagem ilustrada com fotografias, na qual o professor afirmava ter descoberto o túmulo de Jesus Cristo em Srinagar — capital da Caxemira. Segundo ele, Jesus teria passado a sua juventude na Índia e, mais tarde, após sobreviver à crucificação, voltara àquele país para viver como guru até a sua morte em idade avançada.

Tomando por base esses indícios, o teólogo alemão Holger Kersten foi para a Índia, em 1979, com o objetivo de estudar os manuscritos encontrados por Nicolau Notovich e localizar o túmulo do profeta Issa. Percorreu ainda o Afeganistão, o Oriente-médio e a Palestina. Sua pesquisa foi comparada com a análise do *Santo Sudário*, resultando no livro *JESUS VIVEU NA ÍNDIA*, publicado n´Alemanha, em 1983.

Segundo Kersten, no período em que estudou na Índia, *Jesus* atingiu o mais alto grau de ascetismo, o que lhe possibilitou a realização de milagres e a levitação. Devido ao controle total que possuía sobre sua mente e seu corpo, foi capaz de sobreviver ao suplício da crucificação e ir para a Índia.

Uma coisa que chamou a atenção e Kersten foi o molde em relevo das pegadas do profeta Issa, encontrado no túmulo localizado no centro da cidade antiga de Srinagar. Nelas, foram esculpidas as marcas da crucificação!

AS PROVAS APRESENTADAS

Nos capítulos 6 e 7 do *Evangelho Aquariano*, Levi Elihu, dirigente de uma escola profética em Zona, Egito, também relata a presença de *Jesus* na Índia. Conta-nos que o nobre príncipe indiano Ravana de Orissa encontrou e ouviu *Jesus* aos 12 anos, no templo, e depois levou-o para a Índia, para que pudesse aprofundar seus estudos. *Jesus* foi colocado na escola do templo de Jagannath, onde estudou seriamente as leis de *Manu* e os *Vedas*. Como nas páginas de Nicolau Notovich, *Jesus* surpreende seus mestres com suas inteligentes e profundas respostas e atrai para si a ira dos brâmanes por causa da postura crítica que o caracterizava. Ele discorre sobre os conceitos de verdade, sabedoria, poder, entendimento, fé e humanidade. Exorta-nos a não nos atermos a ditos ou escritos de outrem, porque não é através de leis e tradições que se adquire o verdadeiro conhecimento. Toda a sabedoria que é expressa nestes textos apresenta-se sob a típica forma das parábolas e com uma força e extensão semelhante àquelas dos *Evangelhos*. O capítulo 7 do EVANGELHO AQUARIANO descreve a viagem de *Jesus* através do imenso Himalaia, até o Tibet, onde ele estuda os antigos manuscritos dos mestres do templo de Lhasa.

Depois disso, volta para a região do Sindh, passando por Lahore e, finalmente, de lá, volta ao Oriente-próximo. Logicamente, o mundo moderno e racional dificilmente se impressiona com 1 texto como este no *Evangelho Aquariano*, por ter sido mediado por uma pessoa de fé. No entanto, os anúncios proféticos dos livros canônicos da *Bíblia* são geralmente aceitos sem discussão, talvez por causa da sua antiguidade. Porém, é interessante frisar que o *Evangelho Aquariano,* em muitos pontos, coincide com os textos descobertos por Notovich.

Se  esteve mesmo na Índia, seremos obrigados a reformular completamente a ideia que fazíamos dele. Diante de 2.000 anos de história eclesiástica e de reflexão teológica, seria normal chegarmos à conclusão de que não existe mais nada a ser dito nesse campo, como se soubéssemos tudo a respeito de **Jesus**. Assim, a vida de **Jesus** na Índia seria somente fruto da fantasia. Não se pode facilmente abalar o que foi aceito por 2.000 anos como verdade absoluta.

Nessas circunstâncias, é de vital importância examinar as pesquisas modernas sobre a historicidade de **Jesus**, para podermos determinar o que, de fato, é incontestável em tudo isso.

As pesquisas de Ahmad e Nadiri

Depois que Kersten escreveu o livro *JESUS VIVEU NA ÍNDIA*, ele dedicara-se a uma intensa investigação, associando e afirmando também que **Jesus** realmente morrera em *Kaschmir*. Certamente, portanto, essa insistente afirmação não é tão nova. O criador da revista *KASCHMIR VIAO*, o escritor Mirza Ghulam Ahmad, fundador da islâmica missão *Ahmadiyys*, no ano de 1889, publicaria seu livro *O MESSIAS NA ÍNDIA.*

Depois de 5 longos anos, apareceria uma obra sobre este mesmo tema: A Lacuna na vida de *Jesus*. O historiador e explorador russo Nicolau Notovich, durante uma expedição em Caxemira, fez com que Ladakh - o velho lama do mosteiro de Hemis da Rússia, no ano de 1887, lesse aquele livro, em versos bastante compreensíveis das escrituras sobre a vida de Isa na Índia (Isa é 1 dos numerosos nomes que os árabes dão a *Jesus*). Notovich assegurava que *Jesus* viveu na Índia dos 12 aos 30 anos, e ele estava convicto disso. Mas também comentava que *Jesus* sobreviveu à crucificação e que voltou para a Índia. Holger Kersten, por sua vez, ousou afirmar que o tecido do sudário estava realmente manchado com sangue, mas que os mortos não sagram...

E ainda temos, no princípio do século 15, a fabulosa história persa *TARIKH-I-KASCHMIR* de Mulla Nadiri — o 1° historiador islamita de Caxemira. Baseado em velhos textos sânscritos, o livro faz, desde o ano de 78, uma cronologia completa sobre Yus Asaf, mostrando que ele viera de Israel e que Yus Asaf revelou-se como profeta em Caxemira, quando apareceu.Os moradores de Caxemira-capital de Srinagar, nada conhecem a respeito de tudo isso. E mesmo que se conserve o esquife de Rozabal fechado, e eles sejam de outra crença, mostraram-se sempre generosos em colaborar com a curiosidade dos turistas que vieram e que continuam vindo para ver o esquife. Entre eles, o famoso historiador muçulmano Ali Mohamed Shah, em sua costumeira visita ao túmulo, e Erich von Daniken — 1 dos maiores pesquisadores dos tempos modernos.

Moeda cunhada com o perfil do rei Salivahana (78-102 dC.), com quem *Jesus* teve 1diálogo,conforme está narrado no Bhavishya Purana

Os *PURANAS* são textos em sânscrito que fazem parte de uma coleção de contos dos tempos antigos da Índia. Estão entre as mais importantes e influentes escrituras do Hinduísmo. Existem 18 e o que existe d´excepcional no purana *Bhavishya* (que trata sobre o futuro) é a referência a *Jesus*, mencionado como Isha Putra (*FILHO DE DEUS*).

O bodhisattva Yuz Asaf

O bodhisattva Yuz Asaf ensinando na Síria.

A etimologia de Yuz Asaf indica claramente que o profeta muçulmano Yuz Asaf era, na realidade, 1 bodhisattva budista que foi, generosamente, acolhido no Islã, devido à estreita correspondência entre seus respectivos princípios (e se o bodhisattva Yuz Asaf era o próprio *Jesus*, então não há dúvida de que os Magos vindos d´Oriente encontraram, de fato, a verdadeira encarnação que procuravam).

JESUS NO INFERNO

Minha prezada leitora e meu querido leitor, sabiam por acaso, que  em suas andanças também já foi parar no Inferno? Verdade. E que o Inferno se localiza no fundo da terra e não no céu? Verdade.

O site na *Internet 'Estilo Adoração'* divulgando *'Estudos bíblicos'* revela que:

 desceu ao Inferno para libertar os santos do *Antigo Testamento*, como Adão, Abel, Noé, Abraão, Moisés, David e tantos outros, que embora santos, não podiam entrar no céu , pois ainda não tinham pago o pecado original nem tido a beneplácita redenção que a morte de ***Jesus Cristo***, na cruz.proporcionaria a todos desde entãoia , conforme atesta a *Monttfort Associação Cultural católica* na Internet.

desceu ao Inferno pregar aos anjos caídos,que foram os anjos que, cobiçando 1 maior poder, se acabaram entregando "*às trevas e ao pecado*", sendo por isso expulsos do Paraíso.

 desceu ao Inferno para tomar as chaves que *Satanás* que tinha as chaves de lá conforme *Apocalipse 4-5; 7:9-17; 14:1-5; 19:11-16.*

desceu ao Inferno para liberta a todos os pecadores que seu Pai havia condeado para sempre, num atitude de desrespeito e desobediencia, contrariando-o negativamente.

desceu para desfazer toda a condenação/castigo/vingança/dor/ martírio/ sofrimento que seu *Pai* Todo Poderoso – comandante geral de todo universo, havia imposto e determinado, menosprezando-o/desfazendo-o/ rebaixando-o como ninguém no mundo jamais se atrevera fazer , libertando a todos esses infelizes/sofridos/ condenados que estavam passando séculos e milênios sendo castigados de todas as maneiras as mais horrorosas - cozidos em óleo fervente, perfurados pelos tridentes satânicos , violentados por demônios, deslassados, assados fritos e farinatos de todas as formas cruéis.

Curiosidade:

Dá para acreditar, que depois de deixar seu único filho morrer nu, chicoteado, torturado, transpassado (pedindo arrego sem lhe dar bola, mas deixando-o a sangrar, a gemer de dor, destinado para que fosse depois estraçalhado pelas garras/bicos/dentes e devorado por aves de rapina, ratos, ratazanas e cães famintos, 3 dias depois, quando seu corpo já começaria a feder apodrecendo, *Deus* voltasse atrás e fizesse seu espírito voltar à Terra?

E sabem como *Jesus* – ironicamente - agradeceu ao seu Pai?

Ele simplesmente desceu ao Inferno, **perdoou e resgatou Adão que já havia morrido há 4.500.000.033 (bi)** de anos antes dele (quando *Deus* fez o mundo) e também resgatou e soltou cerca de **1.000.000.000 (bi)** das pessoas que seu Pai-vingativo havia afogado por desrespeita-lo como seu criador , **passando por cima dele atrevida e ousadamente, desfazendo o que seu Pai** (Todo poderoso/Onipotente/ Onisciente/ Incontestável/ Irredutível /Irreprensível/Único manda-chuva no Universo que Ele mesmo havia engendrado e constituído) **afrontando e anulando toda a sua autoridade e determinação anterior!!**

Gloria, Gloria, .Aleluia !! – Belos exemplos de respeito e de amor paternal e filial.

Observação:

E acreditem se quiser:

Conforme *Mateus 27:52*: *"quando Jesus ressuscitou, o**s sepulcros se abriram e os corpos de muitos santos que tinham morrido foram também ressuscitados.!"***

E aproveitando o passeio, Jesus também fez o mesmo com todos os **30.000.000** daquelas condenados (de todas as idades, até crianças dentro das barrigas de suas mães, mas que tinham sido consideradas culpadas também , sem merecer o perdão nem a badalada misericórdia divina) que não acreditaram em Noé e que Deus num ato vingativo sem precendentes (talvez decepcionado ao máximo e num ligeiro lapso de memória já que ele nunca deixou de ser chamado de o `*Pai da misericórdia*´) num ímpeto `pra lá de Marakesh´- afogou **toda** a humanidade , enfiando **todas** as suas almas também nos 5° dos infernos, de onde só lograriam sair após a chegada de nosso Salvador que as perdoaria em massa... Glória, glória aleluia!!

JESUS NA INGLATERRA

Algumas lendas arturianas afirmam que *Jesus* viajou para a Grã-Bretanha quando menino, viveu em Priddy , em Mendipse construiu a 1ª cabana de vime em Glastonbury. O poema de William Blake do início do século 19 "*E aqueles pés nos tempos antigos* "foi inspirado na história de *Jesus* viajando para a Grã-Bretanha.

Noutra versão, Arimateia era 1 comerciante de metais que tomou ao seus cuidados a ***Jesus*** sob seus cuidados quando sua mãe ***Maria*** ficou viúva ee trouxe-o para a Inglaterra, onde ajudou-o a construir uma capela, que depois seria chamada de *Abadia de S.José em Cornwall.* Ted Harrison faria 1 filme com este enredo (Pesqusias: *Torre de Vigia/ The Everlasting Gospel/ History of the Church of England / The History of Christianity*).

JESUS NO JAPÃO

Em 1935[, Koma Takenouchi, 1 sacerdote xintoísta da província de Ibaraki, afirmou ter descoberto na biblioteca da casa de sua família 1 documento que se acredita ser o´ *TESTAMENTO DE JESUS CRISTO*´. De acordo com este documento] supostamente antigo, ***Jesus Cristo*** de Shingō não apenas habitou em Herai (o antigo nome de Shingō), mas também os 2 túmulos relativos a ele e sua família puderam ser encontrados perto d´ aldeia no cemitério da família Sawaguchi em 10/10/ 1935. Depois que o documento foi traduzido para o japonês moderno, Takenouchi e Toya afirmaram que esses montes correspondiam aos túmulos de *Daitenku Taro Jurai* tendo sobrado também as relíquias de seu irmão *Isuki* ou *Isus Chri*(uma orelha) e de sua mãe, a ***Virgem Maria*** (uma mecha de cabelo de ***Maria***). Enquanta *Bíblia* não faz menção aos anos ocultos da vida de ***Jesus***, o *TESTAMENTO DE KOMA TAKENOUCHI* escreve que ***Jesus*** teria vindo para o Japão, na província d´Etchu, aos 21 anos de idade, sob o reinado do imperador Suinin o 11° imperador do Japão, para estudar a religião japonesa com 1 grande professor do Monte Fuji.

Após concluir seus estudos, Jesus teria voltado para a Judéia aos 33 anos de idade. O testamento dá outro seguimento à história de Jesus do que o usualmente contado — notadamente na *Bíblia* — e declara que, após ser condenado à morte por Pôncio Pilatos, Jesus teria fugido com seus discípulos para a Sibéria, onde permaneceu 4 anos passando por várias provações e grandes sofrimentos. Foi seu irmão Isukiri quem foi crucificado em seu lugar. Jesus Cristo de Shingō teria então partido com seus companheiros para o Alasca antes de pegar o barco para Hachinohe na prefeitura de Aomori no Japão. Ele teria se casado no Japão com uma santa mulher chamada Myuko e teria tido 3 filhas, cujos descendentes fazem parte hoje da ` família de Sanjiro Sawaguchi´. Jesus teria terminado sua vida em Herai aos 106, 109, 114 ou 118 anos sob o nome japonês de *Daitenku Taro Jurai*, sem ter manifestado nenhuma manifestação religiosa particular. Ele teria exercido a atividade de arrozeiro durante sua vida. Esses documentos de Koma Takenouchi foram incorporados aos tesouros`sagrados´ ou `divinos´ da seita xintoísta Kōso Kōtai Jingū Amatsukyō. Junichiro Sawaguchi, neto de Sanjiro Sawaguchi e dono do cemitério onde os 2 túmulos estavam localizados, disse numa transmissão da *BBC* em 9/9/2006 que ele e sua família eram budistas e não cristãos. As reivindicações de uma linhagem de Jesus não estão restritas à Europa. Uma lenda análoga afirma que o lugar de Jesus na crucificação foi ocupado por 1 irmão, enquanto Jesus fugiu fugindo n´Asia e Sibéria , chegou ao Japão , onde se tornou 1 produtor de arroz em Aomori , no norte da ilha de Honshu . Alega-se que ele se casou lá e teve uma família numerosa antes de morrer, aos 114 anos, com descendentes até o presente. O *Túmulo de Jesus , Kirisuto no haka*) atrai turistas. Esta lenda data da década de 1930, quando se alegou que foi descoberto 1 documento escrito em língua hebraica e descrevendo o casamento e a vida posterior de Jesus. Desde então, o documento desapareceu.

JESUS NO LIBANO

(Mc 7: 31): ***Jesus*** *deixou de novo a região de Tiro, passou por Sidônia e continuou até o mar da Galileia, atravessando a região da Decápole.*

A *Bíblia* nos relata o encontro de **Jesus** com uma refugiada síria (*Mc 7.24- 30*). **Jesus** havia ido para as terras de Tiro e Sidom, no país que hoje conhecemos como Líbano. Ali, nas margens do Mar Mediterrâneo, ele é procurado por uma mulher grega de origem síria rogando-lhe que expelisse de sua filha 1 **espírito** que a atormentava. e ele a atende .

JESUS NO PARAÍSO

As ruas do céu são mesmo de ouro?

JESUS NA PÉRSIA

Em 1908, Levi H. Dowling publicou o *EVANGELHO AQUARIANO DE JESUS CRISTO*, que ele alegou canalizado nos *REGISTROS AKÁSHICOS* como sendo a verdadeira história da vida de **Jesus** , incluindo os *18 anos perdidos e silenciosos"* que narra **Jesus** percorrendo a Índia/ Tibet/ Pérsia/ Assíria/ Grécia/ Egito para ensinar o `*Pai-nosso que está no céu* para os papas de lá.

JESUS NO PURGATÓRIO

Segundo a doutrina da ex ***Sacrossanta*** ✠ ***Igreja***, a maioria das almas, se não forem para o Inferno, não estão suficientemente puras para entrar imediatamente no Paraíso e vão purificar-se no Purgatório.

Se 1 fiel pecar mortalmente, não se confessar e morrer, ele vai para o Inferno, mesmo que seja somente 1 pecado mortal. Se 1 fiel pecar mortalmente e se confessar válida e licitamente (ou seja, com verdadeiro arrependimento e intenção de nunca mais pecar) e morrer, ele será salvo, pois teve seu pecado mortal perdoado, porém sofrerá no Purgatório por esse pecado mortal (caso ele não tenha feito penitências ainda em vida para reparar seu erro) para entrar no Paraíso sem manchas. As almas do Purgatório não correm o risco de irem para o Inferno, quase todas vão para o Céu.

SANTOS QUE CONHECERAM O PURGATÓRIO

S.Nicolau Tolentino é considerado protetor das almas do Purgatório segundo a ex *Sacrossanta* *Igreja* .Nesta lista aparecem alguns santos que defendiam, veneravam ou tinham visões das almas do Purgatório segundo a tradição católica:

Bernardo de Claraval **Sta.Brígida da Suécia** **Catarina de Gênova**

Faustina Kowalska

Sta.Isabel da Hungria

Isabel de Portugal

Lidwina de Schiedam

Magdalena de Pazzi

Nicolau Tolentino

Pedro de S.José B.

Padre Pio

Eugênia von der Leyen

Daniel

Sta.Margarida Maria Alacoque

Maria Ana Lindmayr

Sta.Catarina de Gênova

Como é o Purgatório ? É aí que Catarina de Gênova, entra na história, já que ela teve visões do Purgatório para que pudéssemos saber mais a respeito desse misterioso estado em que entram tantas almas. De acordo com ela, o Purgatório é 1 lugar onde há mais alegria e mais sofrimento do que tudo o que conhecemos neste mundo. Essa descrição é incompreensível para nós; nesta terra, é difícil conceber algo que nos cause alegria e sofrimento — talvez o mais próximo disso seja o que a mãe sente durante o nascimento de 1 filho. Normalmente, pensamos na alegria como a ausência de sofrimento, mas no Purgatório os 2 estados estão de algum modo integrados. Essa combinação de alegria e sofrimento revela a essência do Purgatório nas visões de Sta. Catarina de Gênova. As santas almas desejam ardentemente ver a **Deus**. Estão dispostas a suportar qualquer sofrimento necessário para isso. As dores do Purgatório são comparadas ao fogo. Não é, porém, o fogo do inferno; é o '*fogo devorador*' do próprio **Deus** (*Hb 12, 29*). De acordo com Sta Catarina, o fogo devorador refina o interior d´alma no Purgatório, queimando as impurezas que se acumularam ao longo de uma vida de serviço irresoluto a **Deus**. Mas esse mesmo processo traz imensa alegria, pois a alma sabe que está se aproximando da completa união com **Deus**. Como a *Sagrada Escritura*, a razão e Sta. Catarina deixam claro, o Purgatório é 1 grande ato de misericórdia. É o processo pelo qual nos tornamos aquilo que fomos criados para ser: imagens de **Deus** sem qualquer apego ou impureza oriunda do pecado. Não nos esqueçamos dessa imensa misericórdia, rezando pelas almas do Purgatório e começando a tarefa de nos desapegarmos do pecado nesta vida (Pesquisas: *Equipe Christo Nihil Praeponere /Eric Sammons*).

Sta. Catarina Labouré

É significativo que em Novembro a ex Sacrossanta Igreja celebra a *Festa de N.Sra. das Graças, sendo este mês seja dedicado à `oração pelas almas do Purgatório´*. Numa de suas aparições na rue du Bac, em Paris, na França, que aconteceu justamente no dia 27/11/1830,a Virgem teria revelado `a Sta. Catarina Labouré algo muito surpreendente, que ajudou seus crentes a compreender a importância dessa oração:

"Dai-lhes Senhor o descanso eterno. E que a luz perpétua os ilumine. Descansem em paz. Pai Misericordioso eu vos ofereço o sangue precioso de N. Sr. Jesus Cristo para alívio das almas sofredoras que ainda padecem no Purgatório. Amém ".

Sta .Gertrudes

Numa das visões místicas que teve ao longo da vida, Sta. Gertrudes foi instruída por Jesus a fazer a seguinte oração sabendo que, a cada vez que ela a rezasse, Ele poderia libertar **1.000** almas do Purgatório: *"Eterno Pai, ofereço-Vos o preciosíssimo sangue de vosso divino filho Jesus em união com todas as missas que hoje são celebradas em todo o mundo; por todas as santas almas do Purgatório, pelos pecadores de todos os lugares, pelos pecadores de toda a ex Sacrossanta Igreja, pelos de minha casa e de meus vizinhos. Amém".*

S.Tomás de Aquino

Por que Jesus criou o Purgatório?

Purgatório pode ser entendido numa versão atualizada, de 1 menino que quebra a janela de 1 homem velho, lançando uma bola de beisebol com seu taco de beisebol. O rapaz está arrependido e bate na casa do velho e diz que ele está arrependido, mas o velho lhe diz: *"Eu te perdoo, mas você ainda tem que consertar 1º a janela"* Segundo S. Tomás de Aquino, os fogos do Purgatório são tão intensos como o fogo do inferno; 1 minuto no Purgatório é pior do que 1.000 anos de agonia do planeta. Lembre-se que o fogo do Inferno foi substituído pelo fogo sobre a terra, em seguida, o fogo sobre a terra seria como apenas olhando para uma fotografia de fogo. Uma vez que os fogos do Purgatório são tão intensos como o fogo do Inferno, então podemos facilmente concluir, novamente, que 1 minuto no Purgatório é pior do que 1.000 anos de agonia na terra. Purgatório é 1 lugar de misericórdia, pois sem Purgatório praticamente ninguém poderia ser salvo. Purgatório é 1 lugar onde as almas se tornam espiritualmente perfeito e compensar a dívida do pecado que ainda permanece em suas almas. (*S. Mateus 5:26*) *"Em verdade vos digo a ti, tu não sair dali, até que te pagar o último ceitil."* É como ter uma conta de cartão de crédito. Simplificando, você não vai ser sair da dívida até que você paga todo o seu saldo negativo, até pagar o último centavo. Cada pecado que você cometer faz o seu equilíbrio espiritual mais negativo, uma espécie de falar, e em perfeita justiça de **Deus** o seu saldo negativo espiritual deve ser completamente pago, antes d´ entrar no céu. Por **Cristo** redimiu todos os homens, mas que só abriu as portas do céu; Apocalipse 21:27: *"Não s´entra nele (Céu) nada contaminado"* Ninguém pode entrar no céu até que sua alma esteja espiritualmente perfeita e seja purificado por seus sofrimentos na terra que são meritórios ou purificada no Purgatório como o ouro, que é julgado e purificada pelo fogo. Afirma dr. Angélico: *"o sofrimento do Purgatório excede todas as dores que podemos sofrer nesta vida"*

ACREDITE SE QUIZER...

Permitam-me contar-lhes uma famosa aparição de um Papa a uma santa.

O papa Inocêncio 3º morreu no dia 16/7/1216. No mesmo dia, **ele apareceu a Sta. Lutgarda,** no *Monastério de Aywières*, região central da Bélgica. Surpresa por ver 1 espectro envolto em chamas, ela perguntou de quem se tratava e o que queria aquele espectro envolvido em chamas: *"Sou o papa Inocêncio - ele respondeu. "Mas seria possível que o senhor, nosso pai comum, s´ encontrasse num estado assim?"* - ela perguntou. *"Sim, eu de fato m´encontro neste lugar. Estou expiando 3 faltas que teriam causado minha perdição eterna. Graças à bem-aventurada* **Virgem Maria**, *obtive o perdão delas, mas tenho de fazer reparação. Ai de mim! Aqui é terrível e isto durará por séculos, se tu não vieres em meu auxílio···Em nome de Maria, que obteve para mim o favor de recorrer a ti, peço-te, ajuda-me."* Depois de dizer estas palavras, ele desapareceu.

Lutgarda anunciou a morte do papa a suas irmãs, e juntas elas se dedicaram à oração e a obras penitenciais em favor do augusto e venerável pontífice, cujo falecimento só lhes seria comunicado algumas semanas depois (Pesquisa: *Canção Nova/Internet,27/12/2018*).

CURIOSIDADE DE VELHA

Em Roma (Itália), perto do *Vaticano,* está o *Museu das Almas do Purgatório* que fica dentro da *Igreja do Sagrado Coração do Sufrágio.* Foi criado em 1897 e lá 15 testemunhos e objetos, como livros e roupas, comprovam as `visitas´ de almas do Purgatório a santos ou à entes queridos, pedindo-lhes orações para que prontamente pudessem sair de lá. A velha: *"Como 1 papa moderno ainda pode admitir uma vergonha dessas, se não existe vida depois da morte?"*

Pergunta lógica:

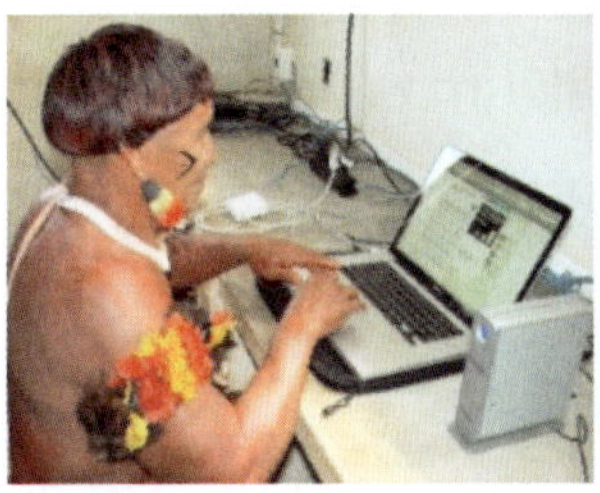

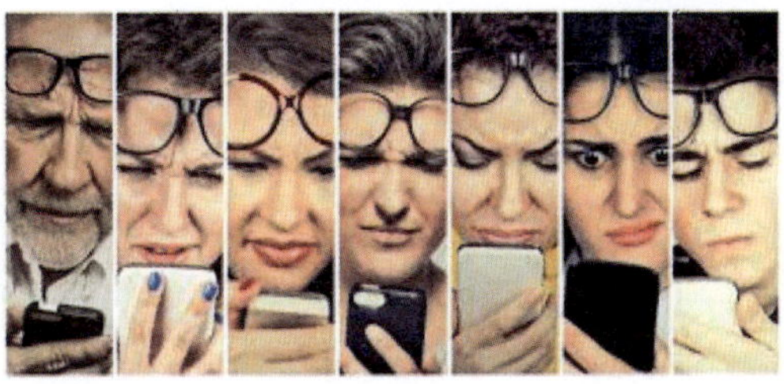

Em vez de abrir instituições luxuosas (como a de cima) para propagar tais pantomimas idiotas/falsas/ilusórias/incoerentes, há muito tempo incompatíveis com o ensino moderno da cibernética/informática/robótica de hoje (que até várias tribos de índios já adotam), não seria melhor que a ex *Sacrossanta* *Igreja* – se dispusesse a começar a financiar algumas creches para crianças pobres das favelas ? Algumas escolas d´esporte/ dança/ música também de graça? Abrigos à tantas vítimas d´enchentes/ terremotos/secas e outras calamidades que seu Salvador *Jesus* (caso existisse) continua permitindo que desgracem nosso mundo?

Abrisse alguns centros de recuperação além de dar 1 acolhimento humano à tantos desgraçados da *Cracolândia* (só em S.Paulo são mais de 3.000 viciados) e aos milhares de moradores de rua sem teto/colchão/banho), uma vez que suas igrejas/abadias/santuários (a maior parte da semana encontram-se vazios com muita espaço disponível) ?

E sem precisar de pompas nem circunstâncias, inaugurasse algumas creches para abrigar as crianças cujas mães precisam trabalhar para sustentar a casa sem pai? Também alguns orfanatos para abrigar os milhares de órfãos de pais que deram no pé? Alguns asilos para abrigar velhinhos abandonados ao dará que não aparece? E que também se dignasse em fomentar 1 pouco mais de inteligência e de instrução de nossos jovens com cursos de informática/artes/ofícios - em vez de continuar insistindo em fazê-los crer **pernosticamente** num **inferno** com seus bicho-papões de rabos, chifres e tridentes? Curto e grosso: que tal se a ex *Sacrossanta* *Igreja* em vez de viver escondendo seus milhares de vira-latas pedófilos assassinos de infânciasde de seu vergonhoso *Canil* *Pedófilo*,, s´empenhasse para que o maior número possível de nossos moças e rapazes comecem a usar PCs, tablets, smartphones e celulares em vez de terços, crucifixos, imagens e medalhas milagrosas para poderem lograr - mais objetiva e rapidamente - o desenvolvimento de sua inteligência e preparo para o futuro?

Bomba !!  Bomba!!

Antes do autor escrever este capítulo - na intenção de só querer se basear em fontes fidedignas e experts no assunto – já que não encontrava nada de nada a respeito nem nas enciclopédias e muito menos na *Internet* – (sendo que seu amigo o cardeal Arns já havia morrido há tempo) , resolveu então entrar em contato com os principais colunistas religiosos, igrejas famosas, abadias, santuários e sites católicos encontrados na *Internet*, bem como com o próprio *Vaticano*, para que algum douto mais elucidado na religião, pudesse informá-lo onde exatamente se localiza o Purgatório, já que 99,99% de todas as pessoas no mundo até hoje pensam que o Paraíso fica lá em cima e só uns 10% que o Inferno fica nas profundezas da terra. Pois pasmem - por incrível que pareça, sem brincadeira - o autor não recebeu **nenhuma** resposta!(*) E pela lógica, **ninguém sabe!** A única localização do Purgatório deve-se a Dante Alighieri que ao menciona em sua *DIVINA COMÉDIA* editada no século 14 !

CNA Catholic News Agency

Eles, lamentavelmente nos decepcionaram e muito, pois não sabendo a resposta, eles simplesmente tiraram o corpo fora, mandando consultar o papa!!... Vejam:

Prof Max Sussol : USP

Em 5ª feira, 13/7/2023 às 13:48:52 BRT, Catholic News Agency <catholicna@catholicna.com> escreveu:

Boa tarde,

Obrigado por seus vários e-mails, mas não temos contato direto com o arcebispo Fernandez. Não tive sucesso em encontrar tais informações online.

Você pode listar suas preocupações e perguntas em uma carta ao papa Francisco no seguinte endereço:

Sua Santidade o Papa Francisco
Casa Santa Marta
00120 Cidade do Vaticano

Lamento não poder ser mais útil com o seu pedido.

Que Deus te abençoe,
Bengala
Equipe editorial
Um serviço de notícias da EWTN

(*) Além das principais fontes católicas na Internet, algumas das principais igrejas famosas como a de *S.Bento* de S.Paulo e *Notre Dame* de Paris, santuários de *Fátima* e *Aparecida do Norte*, a *Abadia de Westminster* de Londres consultamos inclusive a mais importante de todas:

O PURGATÓRIO DE DANT ALIGHIERI

A colocação do Purgatório é antitética à do Inferno. Na fantasia de Dante, o Purgatório é uma montanha, enquanto o Inferno é uma cavidade subterrânea. Ele está localizado numa grande ilha que o contém completamente e tem a forma de 1 cone truncado. Ao pé está o *Antepurgatório*, onde estão as almas daqueles que esperam ser admitidos e que em vida deixaram o arrependimento para o fim. O *Antepurgatório* divide-se em 4 vertentes: na 1ª aguardam-se as almas dos que morreram em estado d´excomunhão, isto é, condenados pela Igreja mas que no final se arrependeram (como *Manfedro*); na 2ª, as almas dos preguiçosos e lentos para se arrepender (como *Belacqua*); na 3ª, os pecadores que morreram de morte violenta (*Pia de Tolomei*); o 4º é 1 vale florido onde os príncipes descuidados esperam. Na sua obra, Dante cai em sono profundo e é transportado por Sta. Lúcia para a porta do Purgatório, diante da qual está o anjo da guarda, que esculpe 7 letras P (os 7 pecados capitais) na testa com a ponta de sua espada, que então vão ser excluídos.

O Purgatório tem 7 cornijas: na 1ª estão os orgulhosos, que carregam grandes pedras; na 2ª, os invejosos, que vestem o cilício e têm os olhos costurados com fio de ferro; na 3ª, os raivosos, submersos na profunda fumaça da noite; na 4ª, os ácidos, que estão sempre correndo; na 5ª, os gananciosos, prostrados no chão e amarrados de pés e mãos; na 6ª, os glutões, emagrecidos até serem apenas pele e ossos; e na 7ª, a lasciva, envolta por 1 mar de fogo.

No Purgatório, diferentemente do Inferno, as penas são duplas: 1º, as almas passam pelo sofrimento e depois devem superar a fase de preparação para o Paraíso.

Vaias

O PURGATÓRIO QUE ASSUSTA AS PESSOAS ATÉ HOJE

Foi Martinho Lutero, no século 16, quem, **não** querendo aceitar o Purgatório, afirmou que o Purgatório não cabia na religião protestante, cuja doutrina não aceita a santidade humana. Para ele, todos os homens são profundamente pecadores e irão entrar no Céu ainda profundamente pecadores, com Deus olhando tão somente para a sua fé. Tal filosofia herética, faria com que a falsa ex *Sacrossanta* ✠ *Igreja* irredutível e contrária - logo o excomungasse .

JESUS NA RÚSSIA

Em 1900, Mikhail Nesterov pintou 1 quadro famoso que s´encontra hoje na *Galeria Russa* em Leningrado. O que ele retrata? **Jesus** visitando a Rússia ou a antiga *Rus*. Quem são os visitantes com aureolas atrás dele? Nestorov não era tolo. Ele colocou os 3 líderes da Igreja ortodoxa de seu tempo na pintura no lugar de Pedro, Tiago e João. Tal encenação ajudou fazer o povo pensar nas palavras de **Cristo** em *João 10:16* – *"Ainda tenho outras ovelhas que não são deste aprisco; também me convém conduzir estas e elas ouvirão a minha voz e haverá 1 rebanho e 1 pastor"* (Pesquisas: *LDSMag /Internet*).

JESUS NA SIBÉRIA

Jesus teria fugido com seus discípulos para a Sibéria, onde permaneceu 4 anos passando por várias provações e grandes sofrimentos. Teria sido seu irmão Isukiri quem foi crucificado em seu lugar.

JESUS NA SÍRIA

Marcos 7:24:

*"Então, partiu **Jesus** daquele lugar e foi para os arredores de Tiro e de Sidom. Entrou numa casa e desejava que ninguém o soubesse; porém, não foi possível manter sua presença em segredo.*

JESUS NA TURQUIA

Imagem do mosaico do **Jesus** Cristo em Hagia Sophia em Istambul, Turquia

Segundo fontes persas, quando  vivia em Damasco, recebeu uma carta do rei de Nisibis, região próxima a Edessa, hoje Nusaybin, no lado turco da fronteira com a Síria, pedindo-lhe que viesse curá-lo de uma doença. **Jesus**, ao que consta, enviou em seu lugar, com a promessa de que não tardaria, 1 discípulo querido, Tomás . Parece que, logo depois, **Jesus**, em companhia de sua mãe, seguiu para lá. No Jamit-ut-Tawarik - o grande erudito persa Faquir Muhammed, relata que, quando **Jesus** chegou com sua comitiva a Nisibis, o rei já havia sido curado por Tomás.

Iman Abu Jafar Muhammed, na sua famosa obra intitulada *Tafsir-Ibn-i-Jarir at-Tabri*, conta que se tornou perigosa a estada do Nazareno em Nisibis pois, expondo-se publicamente, corria perigo de vida (vol.3, pg. 197). E como os judeus da cidade quiseram matar o mentiroso e o sacrílego Jesus (que continuava a se proclamar o *Filho de Deus*), de lá também teve de fugir, ocultando-se sob o nome de Yuz Asaf, que continuaria usando doravante. E nas obras *Farhang-i-Jahang* e *Anjuman-i-Arae-Nasiri* lê-se sobre a fuga. Daí, Jesus foi para Mashaq, onde a de Sem — o filho de Noé — ficava situada. Depois, Jesus atravessaria a região de Aleppo para, então, alcançar Ain-ul-Arus (onde, no século passado, foram encontrados vestígios dos antigos hititas) e onde ficava a tumba de Sem – filho de Noé — que Jesus resolveu visitar.

JESUS NOS USA

Em 1820, Joseph Smith, com 14 anos, leu uma passagem no *Novo Testamento* e foi a 1 bosque que ficava perto de sua casa para orar. Joseph regista que Deus e Jesus lhe apareceram: *"Vi 1 pilar de luz acima de minha cabeça - ele escreveu - mais brilhante que o sol, que descia gradualmente sobre mim".* Cercados pela luz, ele viu 2 personagens — 1 dos quais o chamou pelo nome, apontou para o outro e disse: *"Este é o meu filho amado. Ouve-o!"* Os membros da Igreja mormon chamariam essa experiência da *"A 1ª Visão"*. Ela mudou Joseph Smith para sempre e tornou-se o dogma central da crença dos Santos dos últimos dias. Assim – na opinião deles - começou a obra de restauração da ✝ *Igreja de Jesus Cristo na Terra.*

JESUS DONO DE CIRCO ?

SUA TROUPE DE MALABARISTAS E COMEDIANTES

Seus trapezistas, malabaristas, palhaços, mágicos, acrobatas, engolidores de fogo, domadores, palhaços , pirueteiros, que nunca fizeram rir a ninguém , mas sim chorar milhões e muitos milhões de órfãos, viúvas/as, parentes, que morreram de fome e de sede, dor e sofrimento, pandemias fatais, doenças incuráveis , desconsolo e angústia, acidentes e atropelos, terremotos e tsunamis, deslisamentos de terra, desespero e outras desgraças, `as quais seus integrantes nunca deram bola.

MEU RESPEITÁVEL PÚBLICO!

NOSSO JESUS CIRCENSE

Além de ser o estandarte de 9 cruzadas suicidas que mataram mais de **1.000.000** de seus estimulados (inclusive desencaminhando 1 exército com **20.000** crianças para serem vendidas como escravas e para bordéis), o estandarte das sádicas inquisições(que duraram mais de 400 anos) que torturaram e queimaram vivas mais de **5.000.000** de pessoas que não queriam subordinar-se às loucuras dele de abandonarem lar e família a tudo e rumar com ele rumo ao seu Paraíso nas alturas) ; o porta-bandeiras que incentivou que mais de **4.000.000** d´escravos negros fossem trazidos acorrentados d´Africa; ter sido o baluarte das guerras fraticidas entre católicos protestantes e matado centenas de milhares deles; de ter sido o maior fraticida da História, permitindo que os nazistas jogassem em seus fornos de gás e crematórios de seus campos d´extermínio humano mais de **6.000.000** de seus irmãos judeus; sustentasse mais de **1.5000.000** de parasitas vagabundas que consomem espaço, comida, bebida e nosso oxigênio à toa em masmorras e atrás de grades; e, como se fosse pouco, ainda mantivesse hoje 1 escabroso e nojento canil paradisíaco que abriga mais de **1.000.000** de vira-latas pedófilos de **batina e almas negras** assassinos de infância, que já abusaram/sodomizaram/estupraram mais de **2.500.000** de nossas crianças; ele – que inclusive nenhum papa pôde afirmar se nasceu em Belém ou Nazaré - ainda continua sendo considerado o mais baluarte da ilusão humana".

NB: Só que quase a totalidade dos componentes de seu circo de araque, não deve ser considerada formada de trapezistas , mas sim de vigaristas, bandidos criminosos FP's (*) de batinas e de almas mais negras ainda.

(*) *Fidedignos pastores*

STO. ALEIXO

Era vontade dos pais que Aleixo se casasse com uma donzela, que eles mesmos lhe tinham escolhido. Aleixo, porém, estava bem longe dessas ideias, mas depois de muito rezar, deliberou satisfazer a vontade dos progenitores. O casamento foi celebrado com a maior pompa. Mas no mesmo dia. Sem fazer comunicação a pessoa alguma, abandonou a casa e tomou 1 navio, que estava pronto a partir. O navio tomou ritmo para Laodiceia e Eclésia, na Síria. O desaparecimento de Aleixo causou grande consternação na casa paterna.

O pai, rico senador, mandou emissários percorrerem a cidade e o país todo, para descobrir o paradeiro do filho. Não descobriram vestígio. Abandonar a casa paterna, abandonar seu lar, uma família , as honras e riquezas, para levar uma vida pobre e austera, foi muito feio. Em Edessa, Aleixo encetou uma vida de pobre eremita, com jejuns e penitências. Essa atitude nada elegante, constituiu porém uma graça e 1 aplaudido ' chamado `divino para a ex ***Sacrossanta Igreja*** ,que o consagrou seu novo santo e patrono dos viajantes e peregrinos.

ANTÔNIO DE PÁDUA E LISBOA

Minha prezada leitora e meu estimado leitor, sabem por acaso, por que Sto. Antônio é desses 2 lugares? Não? Pois fiquem sabendo:

O MORTO FALOU EM DEFESA DO PAI DE FREI ANTÔNIO

Certo cidadão de Lisboa que morava numa casa vizinha a da casa de Martinho de Bulhões - pai de Sto. Antônio, foi assassinado. O assassino carregou o corpo para o quintal de Martinho e ali o enterrou, sem ser visto. Mais tarde, quando se deram as investigações, o corpo seria descoberto na casa de Bulhões e este foi acusado pelo crime e permaneceu 15 meses preso , antes de ser julgado e com certeza ser condenado à morte.

Nesse interim, 1 **anjo** apareceu ao frei Antônio em Pádua e avisou-o do perigo que ameaçava seu pai. Sto. Antônio foi imediatamente pedir ao Guardião do convento que o deixasse ausentar-se de Pádua por pouco tempo. Assim que foi autorizado, viu-se transportado pelo anjo pelos ares num instante à Lisboa, indo direto ao tribunal; depois de beijar a mão de seu pai em sinal de respeito, tomou a sua defesa. O juiz e assistentes ficaram impressionados com o aparecimento daquele inesperado advogado e com a segurança com que ele falava, mas não se convenceram da inocência do réu, tantas eram as provas que tinham de sua culpa. Faltando testemunhas de defesa, Sto. Antônio apelou para o depoimento da vítima. O juiz e seus assistentes, surpresos com a estranha proposta, começaram a rir. Mas frei Antônio insistiu e o juiz levado pela curiosidade, consentiu que eles fossem todos juntos ouvir o testemunho do morto como testemunha da defesa.Chegados à sepultura do falecido, o santo ordenou que a abrissem e chamou o frio cadáver em voz alta, ordenando-lhe em nome de *Deus* que saísse e dissesse ao juiz e assistentes a verdade sobre o seu assassinato.

Imediatamente o morto revolvendo a terra, levantou-se como s´estivesse vivo e respondeu com voz sonora que Martinho de Bulhões era inocente e não estava manchado pelo seu sangue, pois ele sempre fora seu vizinho bom da casa à direita da sua; quem o tinha assassinado fora o vizinho mau da casa à esquerda. – *Obrigado* - agradeceu o santo – *pode agora descansar em paz!* – E o morto obedeceu. Obvio que o juiz imediatamente libertou o pai de Antônio, que após dar 1 beijo no pai, retomou a mão do **anjo** que novamente levando-o pelos ares trouxe-o de volta ao mosteiro em Pádua.

O juiz estarrecido acata o pedido – pois trata-se de S.Francisco que já tinha fama de ser milagroso e na companhia do frade e de seu pai, dirigem-se ao cemitério onde jaz o dito cujo. Lá chegando, S.Francisco olha para o chão e pergunta em voz alta: "*Hei você que foi assassinado: venha para fora e me diga se foi meu pai que está aqui do meu lado quem o matou?"* Na hora a terra se revolve e o dito cujo se levantando , esfrega os olhos e responde: *"Ele? Não... Seu pai era meu vizinho bom da casa à direita. Quem me matou foi o vizinho mau da casa à esquerda!" "Ah, bom! Pode voltar a se deitar e repouse em paz!"* – Só restou o juiz liberar o preso e S.Francisco então, deu novamente sua mão ao **anjo**, que contente levou-o de volta para Pádua pelos ares.

OS PÁSSAROS E A PLANTAÇÃO

O pai de Sto Antônio, Martinho de Bulhões, gostava de ir `a uma fazenda que possuía nos arredores de Lisboa. 1 dia, levou o filho com ele. Ocorre que insaciáveis bandos de pássaros desciam continuamente para bicar os grãos de trigo. Era necessário espantá-los para impedir grave dano à colheita.

Martinho encarregou o garoto de manter longe os pequenos ladrões.

O pai se foi e Antônio permaneceu correndo de cá para lá no campo. Em pouco tempo, começou a se aborrecer com aquela ocupação. Não muito longe, uma capelinha rústica o convidava à oração. Mas o pai o mandara enxotar os passarinhos. Gritou então aos pássaros, convidando-os a segui-lo para dentro de uma sala da fazenda. Obedientes os pássaros entraram. Quando todos estavam dentro, Antônio fechou as janelas e as portas e foi tranquilamente fazer sua visita ao Senhor. Retornando o pai veio procurá-lo. Andou pelo campo, chamando-o, mas não o encontrou. Preocupado, dirigiu-se à capela e o descobriu, todo absorto na prece. Antônio tomou o pai pelas mãos e o conduziu ao salão repleto de pássaros voando e cantando; abriu a porta e, a 1 sinal seu, os pássaros, em bando, retornaram os livres caminhos do espaço.

O JUMENTO SE CURVA DIANTE DA EUCARISTIA

Durante uma pregação, cujo tema era a Eucaristia, levantou-se 1 homem dizendo: *"Eu acreditarei que Cristo está realmente presente na Hóstia Consagrada quando vir o meu jumento ajoelhar-se diante da custódia com o Santíssimo. Sacramento".* O santo aceitou o desafio.

Deixaram o pobre jumento 3 dias sem comer. No momento e lugar pré-estabelecido, apresentou-se Antônio com a custódia e o herege com o seu jumento que já não aguentava manter-se em pé devido ao forçado jejum. Mesmo 1/2 morto de fome, deixou de lado a apetitosa pastagem que lhe era oferecida pelo seu dono, para se ajoelhar diante do Santíssimo Sacramento.

No momento e lugar pré-estabelecido, apresentou-se Antônio com a custódia e o herege com o seu jumento que já não aguentava manter-se em pé devido ao forçado jejum. Mesmo 1/2 morto de fome, deixou de lado a apetitosa pastagem que lhe era oferecida pelo seu dono, para se ajoelhar diante do Santíssimo Sacramento.

O LIVRO ROUBADO

Certo dia, o frei descobriu que 1 noviço havia fugido do mosteiro e levado com ele seus comentários sobre o *Livro dos Salmos*. Então, rezou para o retorno de ambos. Em pouco tempo, o jovem arrependido voltou para a vida religiosa, acompanhado, é claro, dos manuscritos.

SERMÃO AOS PEIXES

Sto. Antônio foi pregar na cidade de Rímini, onde dominavam os hereges que resolveram não ouvi-lo em hipótese alguma. Frei Antônio subiu ao púlpito e quase todos se retiraram e fugiram. Não esmoreceu e pregou aos que tinham ficado.

Inflamado pela inspiração divina, falou com tal energia que os hereges presentes, reconheceram seus erros e resolveram mudar de vida. Mas o Santo não estava contente com o resultado parcial Retirou-se para orar em solidão, pedindo ao Altíssimo que toda a cidade se convertesse. Saindo do retiro, foi direto às praias do Mar Adriático e, em altos brados clamou aos peixes que o ouvissem e celebrassem com louvores ao seu supremo Criador, já que os homens ingratos não queriam fazê-lo. Diante daquela voz imperiosa, apareceram logo os incontáveis habitantes das águas, e se distribuíram ordenadamente, cada qual com os de sua espécie e tamanho. Os peixes ergueram suas cabeças d' agua e ficaram longo tempo imóveis, a ouvi-lo.

O PRATO ENVENENADO

Alguns hereges resolveram matar Sto. Antônio, envenenando-o. Convidaram-no para comer com eles, dando como pretexto debater sobre alguns pontos da Fé. Sto. Antônio sempre aceitava comparecer a esses debates e polêmicas. Os hereges puseram diante dele, entre outros pratos, um que continha veneno mortal.

Antes que o tocasse, Deus revelou-lhe a cilada e o Santo, conservando toda a calma, repreendeu os hereges pela traição. Vendo revelado o intento perverso, os hereges não se abalaram e responderam cinicamente: *"É verdade que esse prato tem veneno, mas nós o colocamos aí porque desejamos fazer uma experiência: no Evangelho está escrito que* ***Jesus Cristo*** *disse aos seus discípulos que ainda que tomassem veneno mortal nenhum mal sofreriam e estamos querendo saber se és de fato discípulo de Cristo".* Sto. Antônio fez o sinal-da--cruz sobre aquele prato e o comeu com apetite, saboreando a comida envenenada como se fosse alimento saudável, e nada sofreu, deixando mais uma vez os hereges confusos e assombrados.

O MILAGRE DA BILOCAÇÃO

(estar em 2 lugares ao mesmo tempo)

No domingo de Páscoa enquanto pregava numa catedral, Sto Antônio lembrou-se de que fora designado para entoar a Aleluia na Missa que se celebrava naquele momento na *Igreja do Convento franciscano.* Não querendo faltar com a obediência e não podendo descer do púlpito, parou 1 pouco, calou-se como s´estivesse retomando a respiração e, nesse momento, foi milagrosamente visto no coro de seu convento, entoando a Aleluia. Esse prodigioso milagre de bilocação foi assistido e certificado por muitas testemunhas, espalhando-se a notícia em todos os locais .

CONTROLE SOBRE O TEMPO

Num dia festivo, em Limoges, Sto. Antônio pediu licença para pregar numa igreja paroquial. Como era imensa a sua fama, o povo deslocou-se para o local, mas o recinto era pequeno para acolher toda aquela gente e foi obrigado a pregar em praça pública. Mal havia começado o sermão, o céu escureceu e muitos relâmpagos e trovões anunciavam uma grande tempestade. O povo, atemorizado, começou a murmurar e já se dispunham a sair dali em busca de abrigo.

Mas Sto.Antônio pediu silêncio e, em nome de **Deus**, assegurou que não choveria naquele local, recomendando a todos que ficassem atentos à pregação. Tranquilizados, os fiéis ouviram o sermão até o fim. Quando se retiravam para suas casas, verificaram com muita admiração, que embora estivesse perfeitamente seco o local da pregação, toda a redondeza estava completamente alagada pela chuva da forte tempestade.

STO. ANTÔNIO CURA 1 LOUCO

No 1/2 de 1 sermão de Sto. Antônio, entrou 1 louco e, com voz alterada e gestos desordenados, perturbava os ouvintes que não conseguiam prestar atenção nas palavras do pregador. De repente, o louco disse: *"Não sossegarei enquanto aquele homem* (e apontou para Sto. Antônio) *não me der o cordão que usa na cintura"*. O santo retirou o cordão e com ele envolveu o louco que foi imediatamente curado.

MENINO SALVO PELA FÉ

Sto. Antônio pregava em Briba, quando uma senhora, apressada para assistir seu sermão, deixou sobre o fogo 1 caldeirão com água, sem se lembrar de que seu filho pequeno ficara só em casa. Ao chegar da pregação, viu com horror que o menino havia caído dentro do caldeirão e que a água estava fervendo.

Bem se pode imaginar os gritos de desespero que deu a pobre mãe! Não ousava aproximar-se, certa de que encontraria a inocente vítima horrivelmente queimada e morta. Mas, cheia de fé em Sto. Antônio, invocou-o e quando aproximou-se seu filho estava são e salvo, brincando e pulando n´agua fervente, sem que essa lhe queimasse .

CRIADA CAMINHA SOB FORTE CHUVA SEM MOLHAR AS ROUPAS

Certo dia, faltando alimentos no convento de Briba, frei Antônio mandou que fossem pedir a uma senhora devota, dona de uma grande propriedade, a esmola de algumas verduras. Apesar d´estar chovendo fortemente, a piedosa senhora ordenou a uma criada que fosse apanhar as verduras na horta distante da casa.

A criada obedeceu contrariada pois chovia muito. Foi quando se deu conta de que, apesar da chuva torrencial que caía, não estava molhando nem os pés, nem as roupas que vestia. Chegou à horta, colheu as verduras, foi entregá-las no convento e retornou à casa completamente seca. Tanto ela, quanto sua senhora, ficaram assombradas diante daquele prodígio e não cessaram de contar a todos, os altos merecimentos do santo.

STO. ANTÔNIO RESSUSCITA 1 MORTO

Vinha frei Antônio e 1 companheiro pelo caminho, voltavam de uma aldeia carregando grande peso às costas, quando encontraram 1 carroceiro que carregava 1 homem dormindo. O santo, muito cansado, pediu-lhe por amor de *Deus* que levasse em sua carroça alguns dos víveres que ele e seu companheiro tinham angariado d´esmola para o sustento da comunidade.

O carroceiro respondeu rudemente que não podia fazê-lo porque estava conduzindo 1 defunto. O santo acreditou, rezou pelo descanso eterno d´alma do falecido e continuou seu caminho. Qual não foi o espanto do carroceiro quando, mais tarde, foi acordar o amigo que supunha adormecido e o encontrou realmente morto! Confuso e arrependido, foi em busca de Sto. Antônio e prostrou-se aos seus pés, pedindo-lhe humildemente perdão. Frei Antônio se compadeceu do homem, aproximou-se da carroça e depois de uma curta oração, fez o sinal-da-cruz sobre o cadáver e o ressuscitou.

SALVOU 1 HOMEM DA MORTE POR ESMAGAMENTO

Durante a construção do convento de Leontino, aconteceu o seguinte milagre: Estava sendo transportada uma grande pedra para o portal da igreja numa carroça. Ao ser retirada, caiu sobre o carroceiro esmagando-o, deixando-o quase morto. Frei Antônio, querendo por humildade ocultar seu dom de fazer milagres, disse aos presentes que invocassem o auxílio de S. Francisco. Imediatamente o homem ferido levantou-se perfeitamente são, como se nenhum acidente tivesse ocorrido.

A CURA DE 1 MENINO PARALÍTICO

Aproximou-se de Sto. Antônio uma mulher trazendo nos braços 1 filho paralítico de nascença e rogava em altos brados que o curasse. O santo manifestou certo desagrado por aquela forma ruidosa de pedir, mas a mulher continuou a implorar. Tanto ela pediu e suplicou, que este, afinal, fez sobre o menino paralítico o *sinal-da- cruz*, curando-o imediatamente. Com modéstia, atribuiu o milagre à fé da boa mulher e recomendou-lhe que não contasse o ocorrido à ninguém enquanto ele fosse vivo.

O MENINO JESUS APARECE PARA O SANTO

Certa vez, Sto. Antônio precisou de alojamento em Pádua e 1 senhor nobre, da família dos condes de Camposampiero, teve a honra de o acolher em sua casa.

Uma noite, vendo do lado de fora do quarto de frei Antônio alguns raios de luz, aproximou-se e viu o santo segurando nos braços 1 gracioso Menino que suavemente o acariciava. Ficou cheio d´espanto por tão extraordinária maravilha. Compreendeu que se tratava do Menino **Jesus** que se tornara visível ao santo para recompensá-lo com celestes consolações pelas fadigas sofridas. Enquanto ainda observava, o Menino desapareceu. Saindo do êxtase, frei Antônio deixou o quarto e dirigiu-se ao dono da casa, dizendo que sabia que ele o havia observado durante a aparição. Pediu então com insistência que não revelasse o que tinha visto. De fato ele só revelaria o fato depois da morte do santo. A história o tocara profundamente e todas as vezes que a relatava, não conseguia reter as lágrimas.

RECONSTITUIU 1 PÉ DECEPADO

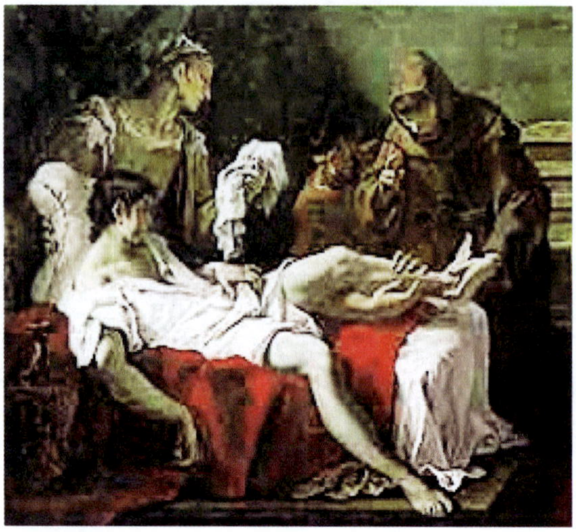

1 jovem chamado Leonardo confessou-se com o santo e contou-lhe que, levado pela cólera, havia dado um pontapé em sua mãe. Frei Antônio, para fazê-lo compreender a gravidade do pecado que cometera, disse-lhe: *"Teu pé bem que merecia ser cortado"*. Essas palavras impressionaram tão fortemente o jovem, que chegando em casa, aterrorizado com o que fizera, cortou fora o pé.

Na hora em que caiu ao chão, fez 1 ruído tão grande que sua mãe correu para ver o que estava acontecendo. Horrorizada com a cena e por saber as razões pelas quais o filho assim procedera, correu em busca de frei Antônio, que foi apressadamente à casa do rapaz. Comovido pelo estado em que o encontrou, quase à beira da morte pelo sangue perdido, animou-o a ter confiança em Deus. O rapaz e o santo pegaram o pé cortado, recolocaram-no e imediatamente foi restaurado. Ficou tão perfeito como se nunca houvesse sido cortado, com apenas pequena cicatriz no lugar do golpe para testemunho do grande milagre realizado.

RECUPERA OS CABELOS ARRANCADOS DE UMA MULHER

Em Arezzo vivia 1 homem nobre, mas tão colérico que quando se irritava parecia perder o juízo. A esposa, senhora de muito siso e prudência, teve 1 dia a infelicidade de proferir umas palavras que irritaram o marido a tal ponto que ele se atirou sobre ela espancando-a cruelmente, chegando a lhe arrancar os cabelos. Com os gritos da infeliz, os vizinhos correram para acudi-la, encontrando-a quase morta na cama.

O marido, depois de serenar, envergonhou-se do que tinha feito e lembrando-se da fama de Sto. Antônio, foi procurá-lo arrependido, pedindo que o ajudasse. O piedoso santo foi logo procurar a senhora, abençoando-a e, fazendo o sinal-da-cruz sobre ela, começou a rezar. Pouco a pouco ela foi recuperando o antigo vigor e, milagrosamente, quando se ajoelhou aos pés do santo, renasceu todo o cabelo

CONSERVA 1 COPO INTACTO E FAZ NASCER UVAS NUMA VIDEIRA SEM FRUTOS

Certo soldado espanhol chamado Aleardino, que havia perdido a fé, chegou à Pádua no dia do enterro de Sto. Antônio. Vangloriando-se de sua incredulidade, segurou 1 grande copo de vidro e disse a muitas pessoas que o censuravam: *"S' este copo ficar inteiro depois que eu o atirar àquelas pedras, acreditarei que esse padre faz milagres".*

E atirou o copo com toda a força, mas ele não se partiu. Renunciou então seus erros publicamente e quis converter a 1 amigo também incrédulo. Chegou, pois, ao amigo e lhe contou todo o acontecido, mostrando-lhe o copo objeto do prodígio. O amigo ouviu-o com risadas e sinais de desprezo e respondeu: *"Não acredito no que dizes. O que estás dizendo é tão impossível como aquela videira sem frutos, de repente, ficar carregada de ramos e cachos e nós, com suas uvas, fazermos vinho para encher teu copo milagroso!"* Mal acabara de falar, a videira s´encheu prodigiosamente de folhas e belos cachos de saborosas uvas, as quais, espremidas por Aleardino, encheram o copo com seu licor maravilhoso. Esse copo ainda hoje se conserva no relicário da *Basílica de Sto. Antônio*, em Pádua.

ANEL DESAPARECIDO DO BISPO DE CÓRDOBA É REENCONTRADO

Muito devoto de Sto. Antônio, o bispo possuía 1 anel d´ estimação. Certo dia notou a falta dele: ou o tinha perdido, ou o tinham furtado. Passou-se muito tempo sem que o anel aparecesse.

1 dia, estava o bispo à mesa com alguns senhores seus parentes, quando casualmente falaram no poder de Sto. Antônio para encontrar bens perdidos. Disse então o bispo: *"Tenho recebido grandes favores do santo, mas ele ainda não ouviu as súplicas que lhe tenho feito para achar 1 anel que perdi"*. Mal tinha acabado de proferir essas palavras quando o anel desaparecido caiu no 1/2 da mesa, à vista de todos, sem que ninguém soubesse explicar de onde veio.

AJUDA 1 BISPO A RECUPERAR PAPÉIS PERDIDOS

O bispo d. frei Ambrósio Catarino, grande escritor, estava saindo de Tolosa e levava na bagagem muitos papéis e apontamentos particulares e também 1 livro intitulado A *GLÓRIA DOS SANTOS*, para discutir com os hereges.

Depois de caminhar muitos quilômetros, percebeu que haviam caído pelo caminho 3 escritos preciosos, frutos de muito trabalho. Com enorme tristeza, refez o caminho para os encontrar. Procurou-os em vão. Lembrou-se então de Sto. Antônio, dirigiu-lhe uma prece fervorosa, prometendo que s´encontrasse os papéis, acrescentaria ao livro A Glória dos Santos a narração daquela graça de Sto. Antônio. Nesse mesmo instante, aproxima-se dele 1 desconhecido que lhe pergunta se não havia perdido uns papéis e, ante a reposta afirmativa do bispo, entrega-lhe os papéis tão desejados!

A MULTIPLICAÇÃO DOS PÃES

A tradição da distribuição de pães de Sto. Antônio após à missa, surgiu a partir da prática do próprio santo padroeiro que alimentava os pobres e os doentes com os pães do convento onde morava e estes, por sua vez, alegavam ficar curados ao comê-los.

Assim, surgiu a tradição de abençoar os pãezinhos durante as missas de Sto. Antônio e distribuí-los ao povo. Conta-se também, que certa vez o santo havia dado os pães do convento aos pobres e na hora de servir aos confrades não tinham pães suficientes, foram a Sto.Antônio que disse para verificarem novamente o cesto e tamanha foi a surpresa dos confrades, que o cesto antes vazio, agora de maneira milagrosa, transbordava de pães (Pesquisas: *Salvatore Cernuzio /Internet)* .

O CASAMENTO DA JOVEM

Conta-se que uma jovem muito linda, mas cansada de esperar por 1 noivo, já desesperada d´encontrar marido, pediu ajuda a Sto. Antônio. Adquiriu uma imagem do santo, benzeu-a e todos os dias enfeitava-a com flores que colhia no jardim. Além disso, orava com regularidade para que Sto Antônio lhe arranjasse 1 noivo. Mas, passou-se muito tempo e o noivo não aparecia. Certa vez, pôs-se a lamentar a ingratidão do santo, chegando mesmo a ser repreendida pela mãe. E, desapontada, pegou a imagem e, no auge do desespero, atirou-a pela janela afora.

Passava na rua, naquele momento, 1 jovem cavaleiro e a imagem o acertou na cabeça. Apanhou-a intacta e subiu a escada para devolvê-la. Quem o recebeu foi a formosa donzela. O cavaleiro apaixonou-se por ela e algum tempo depois casaram-se, naturalmente por milagre do santo.

A LÍNGUA DE STO. ANTÔNIO, EM PÁDUA.

Entre os muitos milagres em vida e em morte, que atestam a favor da santidade do frei Antônio, 1 que representa muito a natureza do seu ministério é que o corpo do santo se deteriorou, mas a sua língua ficou **incorrupta**, intacta até hoje, quase 800 anos depois; uma graça de Deus que transparece na oratória e a pregação dele.

Pergunta cabível

"Se o tão renomado milagroso curou paralíticos e até ressuscitou pessoas, morreu com apenas 36 anos, ele não poderia ter feito 1 hocusfocus ao seu próprio favor e estender 1 pouco mais sua vida tão útil?"

STO.ARNALDO

Viveu em 580 dC n´Austria. Naquela época a água na sua região não era tão potável, deixando muitas pessoas doentes e causando 1 número relevante d´enfermidades. Daí ele ter sido o maior defensor em tomar cerveja o dia inteiro, principalmente pelo fato da mesma saciar a sede e não ser contaminada como a água. Por isso foi canonizado e hoje ele é conhecido como o Santo Padroeiro dos cervejeiros.

STA. BARBARA

Uma vez considerada uma dos `14 santos auxiliares´ (que se acreditava que ajudassem a curar várias doenças), a ex *Sacrossanta* *Igreja* admitiu sua não existência e a removeu do Calendário Romano Geral em 1969. Resumidamente, era-lhe atribuída a seguinte lenda: Sta Bárbara foi uma jovem que se converteu nos 1 os séculos, foi encarcerada por seu pai pagão em seu castelo para forçá-la à apostasia. Vendo que suas tentativas não surtiam efeito, permitiu que a martirizassem cortando-lhe a cabeça com uma espada e ele mesmo morreu fulminado por 1 raio.

Porém, diz a Igreja que ela nasceu na Nicomédia, perto do mar de Mármara, no começo do século 3. Não existem referências à Sta. Bárbara contidas nas 1as autoridades da Igreja, entretanto, a veneração a esta santa era comum desde o século 7. Como a lenda de que seu pai foi fulminado por 1 raio fez com que, provavelmente, fosse considerada pelas pessoas comuns como a santa padroeira em tempos de perigo pelas tempestades e o fogo e, em seguida, por analogia, como protetora dos artilheiros e dos mineiros. O que se sabe é que ela viveu e sofreu durante o reinado do imperador Maximiano (305-311).

Seu pai, 1 pagão de nome Dióscoro era 1 homem rico e ilustre da cidade fenícia de Heliópolis; como ele ficou viúvo muito cedo, voltou toda a sua atenção em devoção a sua filha única. Bárbara tinha uma beleza tão extraordinária que seu pai decidiu criá-la afastada dos olhos de estranhos. Para isso ele construiu uma torre, na qual ela vivia, junto de seus tutores pagãos. Do alto da torre, ela podia vislumbrar a imensidão da criação de **Deus**: durante o dia, ela via colinas cobertas de florestas, rios que cortavam a terra e campinas cobertas por flores de todas as cores do arco-íris; e, a noite, o impressionante espetáculo da harmonia e majestade dos céus estrelados. Logo a jovem donzela passou a se questionar sobre o Criador de 1 mundo tão esplêndido e harmonioso. Aos poucos elas foi se convencendo que os ídolos pagãos eram criação das mãos humanas, e embora seu pai e tutores a ensinavam a adorá-los, os ídolos não se mostravam sábios ou divinos o suficiente para terem criado o mundo. O desejo de Bárbara de conhecer o **Deus** Verdadeiro consumia sua alma de tal maneira que ela decidiu devotar toda a as vida a isto, vivendo em castidade.

Mas a fama de sua beleza espalhou-se pela cidade, e surgiram muitos pretendentes à sua mão. E apesar das súplicas de seu pai, ela recusou, dizendo-lhe que sua persistência poderia separá-los para sempre, tendo 1 final trágico. Dióscoro, então, decidiu que o temperamento de sua filha havia sido afetado por sua vida reclusa – ele, então, permitiu que ela deixasse a torre, concedendo-lhe a liberdade d´escolha de seus amigos e conhecidos. Foi assim que a donzela conheceu na cidade jovens cristãos, que lhe revelaram sobre os ensinamentos de **Deus**, a vida de N. Senhor, a T*rindade e a Sabedoria Divina*. Certo dia, 1 padre de Alexandria, disfarçado como mercador, chegou a Heliópolis, e posteriormente viria a batizar Bárbara. Como ela exagerava na sua noiva crendice religiosa, seu pai não se conformou e cheio de fúria, tomou uma espada para matá-la; a jovem fugiu de casa e seu pai a perseguiu. Quando Sta. Bárbara chegou a uma colina, **nela de repente se abriu uma caverna para escondê-la em seu interior**. Após uma busca longa e sem resultados por sua filha, Dióscoro viu 2 pastores numa colina; 1 deles lhe mostrou a caverna onde a santa havia se escondido e quando a encontrou, Dióscoro lhe deu uma surra terrível, para depois mantê-la em cativeiro, num jejum forçado. Vendo que não conseguia vencer a fé de Sta. Bárbara, ele a levou para Marciano - o governador da cidade. Juntos, eles voltaram a surrá-la e chicoteá-la, salgando suas feridas. À noite, a santa donzela rezou com fé a **Jesus e ele lhe apareceu em pessoa, curando seus ferimentos**. Ela, então, sofreu tormentos mais cruéis ainda.

Próximo ao local de sua tortura, havia uma cristã também de nome Juliana, e seu coração s´encheu de compaixão pelo martírio voluntário da bela e ilustre donzela. Como começou a denunciar os torturadores em voz alta em plena praça, foi presa logo em seguida junto com Barbara. Ambas seriam então torturadas por muito tempo. Sendo depois levadas pelas ruas da cidade, em meio à zombaria e escárnio da multidão. Após tal humilhação, as devotas de Cristo, foram decapitadas, sendo que o próprio Dióscoro executou Sta. Bárbara. Mas a fúria de **Deus** não tardou a punir seus torturadores e executores: imediatamente Dióscoro e Marciano **foram fulminados por raios e relâmpago.**

S. BENEDITO

Ele morreu há mais de 400 anos, mas como alega sua ex *Sacrossanta* *Igreja*(reduto paradisíaco de milhares de bandidos pedófilos abatinados que assassinam infâncias todos os dias) , continua sendo 1 exemplo atual de como viver a santidade, que nunca envelhece! S. Benedito é 1 santo muito conhecido e amado em todo o Brasil, especialmente por sua simplicidade, generosidade e seus muitos milagres.

A prova disso são as numerosas igrejas e capelas dedicadas a ele. Isto não aconteceu por acaso; foi uma vida toda dedicada a **Deus** e aos homens. Morreu para si mesmo para viver para **Deus** e para os irmãos. Ele morreu há mais de 400 anos, em 1589, mas continua sendo 1 exemplo atual de como viver a santidade, que nunca envelhece afirma o eminente prof.Felipe Aquino da *Cleofas.*

Nos rigorosos processos de beatificação e canonização foi atestado com juramento, por inúmeras testemunhas, que Benedito era inculto, analfabeto e filho d´escravos. Mas tinha o dom da ciência infusa. Mesmo sendo analfabeto, ignorante das letras, e filho d´ escravos, aconselhou sabiamente doutores, políticos e autoridades de seu tempo. Poderosos iam até ele pedir suas orações, conselhos e poderosa intercessão diante de **Deus**. Repleto dos dons infusos do Espírito=santo (sabedoria, ciência, inteligência, conselho, fortaleza, piedade e temor de **Deus**), impressionava a todos.

O MILAGRE DOS PEIXES

Entre os muitos milagres de S. Benedito, na cozinha, ficou famoso o milagre dos peixes. Os frades de todos os lugares tinham se reunido no *Convento de Sta. Maria* de *Jesus* para o Capítulo Provincial. Era 1 inverno rigoroso o que os impedia de pedir esmolas na região, e os alimentos que tinham era pouco para tanta gente.

Segundo a tradição, S. Benedito pediu aos irmãos que enchessem as vazias com água e as cobrissem com tábuas. Retirou-se para a sua cela e passou a noite em oração. De manhã mandou que tirassem as tábuas e pegassem os peixes grandes que ali estavam em grande quantidade.

A REFEIÇÃO PREPARADA PELOS ANJOS

Outro milagre aconteceu quando o arcebispo de Palermo, d. Diogo d'Abedo, que anualmente se dirigia ao *Convento de Sta. Maria* para alguns dias de retiro, ali estava. Gostava daquele pedaço silencioso e ameno de sua arquidiocese e muito o encantava a virtude dos frades.

Certa vez, resolveu passar o Natal no Convento. Conhecendo muito bem a pobreza dos frades, levou consigo uma boa provisão de alimentos. Na missa da manhã do dia de Natal, Frei Benedito se aproximou da comunhão com muito fervor. Após a comunhão, se põe a contemplar 1 quadro que ficava ao lado do altar-mor da capela do mosteiro. Era uma imagem do ***Menino Jesus***. E contemplando aquela imagem, permaneceu ali por muito tempo, esquecendo-se dos deveres da cozinha. Estava para começar o almoço do 1/2 dia. O superior dirigiu-se à cozinha. O fogo ainda estava apagado. E ninguém na cozinha! Já era 1/2 dia e todos procuravam Benedito.

A missa já estava terminando e o almoço para a comunidade e o arcebispo não estava pronto. Ficaram todos confusos, ao saber que o fogo nem estava aceso ainda. E ninguém encontrava o frei Benedito no convento. Até que, enfim, foram encontrá-lo no coro da igreja, ao lado do altar, a contemplar o quadro do *Menino Jesus*. 1 frade o chamou ansioso. O santo, como que acordando de 1 êxtase, diz calmo e sorridente: *"Não se aflija, meu Irmão!"*. E permaneceu calado até terminar a missa. Estavam todos revoltados com o descaso do *frade negro*. Que vergonha iria passar o convento! Que desculpas dariam ao arcebispo? O santo cozinheiro, com paciência e doçura, ouviu as injúrias que lhe faziam. Calou-se. Acendeu o fogo e pôs-se de joelhos. E assim o encontrando novamente, disseram: *"Este Irmão cozinheiro ainda a rezar? Que absurdo! Hoje não se almoçará no convento! Que vergonha para a comunidade diante do arcebispo!"* Ordenou frei Benedito: *"Mandem tocar a sineta para o almoço!"*.Na hora exata da refeição a campainha foi tocada. Neste ínterim, alguém viu na cozinha 2 moços belos, com aparência de uns 18 anos, que acabavam de preparar os últimos pratos e os deixaram prontos, cheirosos e apetitosos, para serem servidos. Em pouco tempo, frei Benedito e os 2 **anjos** prepararam miraculosamente o almoço. E o que todos viam, era inacreditável!

O SANGUE DOS POBRES

Quando S. Benedito era cozinheiro do *Convento de Sta. Maria*, trabalhavam com ele alguns Irmãos leigos e clérigos, que desperdiçavam o pão. O santo os advertia, dizendo-lhes que o pão que sobra é dos pobres! "*É sangue dos pobres, ouviram?"*. Mas não adiantava seus pedidos, continuavam a desperdiçar pão. 1 dia, S. Benedito tomou uma esponja com a qual se limpavam os pratos e que estava com migalhas de pão e, diante dos Irmãos, apertou a mão a esponja, e todos viram escorrer muito sangue das migalhas de pão. Os noviços se arrependeram e pediram perdão a **Deus**.

Depois da morte de S. Benedito, o inquisidor-apostólico mandou pintar 1 quadro para representar este fato. Nele está a imagem de S. Benedito com a túnica feita de folhas de palmeiras que usava, espremendo a esponja da qual sai sangue. Este quadro foi para a Espanha. Uma cópia do mesmo s´encontra em Portugal, na *Capela dos Nery*. No processo sobre o culto, várias testemunhas, em 1715, atestaram ter visto **várias cópias** do célebre quadro em várias igrejas d´ América (*Brandão, 1983*)

S. BENEDITO JOSÉ LABRE

É considerado pela o *´padroeiro dos vagabundos e mal-sucedidos´*.Ele nasceu em Amettes, França, em 1748, era o primogênito de uma família camponesa, teve 15 irmãos (pelo jeito o pai dele também não fazia nada além de filhos) e seria chamado de *Vagabundo de Deus ou ainda O Cigano de Jesus.*

Passou a vida entarando e sendo expuilso de todas as igrejas que vivia adentrando a busca de alimento e passar a noite. Morreu em consequência dos maus tratos e da absoluta falta de higiene; o *Mendigo de Deus* morreu ccom apenas 35 anos e embora nunca tenha trabalhado na vida – imitando seu mestre Jesus - foi **canonizado** por Leão 13 em 1883. É tornou-se ambém o ´patrono dos deslocados e das pessoas desadaptadas´.

(*) Samuel Jackson certamente perguntaria:

"Existem milhares e milhares de Madames Curys / Edisons/Freuds/ Sabins/ Flemings/ Newtons/Zerbinis/Hawkins/Teslas/Tim Berners-Lees que passam suas vidas buscando novos remédios para a nossa saúde/ profilaxias para nosso organismo/ métodos para alongar nossas vidas, melhorias tecnológicas / avanços científicos para todas as áreas de nossas atividades humanas/ educacionais, que raríssimamente têm seus nomes destacados ou até mesmo citados em alguma revista que não seja especializada. Não poderia algum papa – digno `Representante de Deus na Terra´, fazer – pelo menos - uma simpática menção , a cada dia 16/4 quando a sua magnânima ex* ***Sacrossanta*** ***Igreja*** *homenageia o padroeiro-mor de todos os vagabundos deste mundo externar pelo menos 1 `salute´, 1 `aplauso´, 1 ` grazie tante´ pelo seu esforço e dedicação objetiva de melhorar nossa vida sobre este planeta, a esses abnegados esforçados e laboriosos `arregaçadores de mangas´ em prol da humanidade que mereceriam uma coroa de louros muito mais do que 1 fedorento patrono dos vagabundos? "

(*) Famoso cineasta dos USA

BEATA BENVINDA BOIANI

Diz-se que a vida da virgem dominicana Benvinda Boiani festejada pela ex ***Sacrossanta Igreja*** em 30/10 foi *"1 poema de louvor à Santíssima Virgem, 1 hino de luz, de pureza e de alegria, cantado, mais do que vivido, em honra de N.Senhora"*. Era o mês de 5/1254, na cidade de Cividale del Friuli, Itália. 1 pai esperava ansioso que a sétima criança a nascer fosse 1 menino, pois já eram seis as filhas que tinha. Mas, diante da chegada de uma 7ª menina, bom católico que era, exclamou: *"Esta também é benvinda!"*. E depois deste ato de fé decidiu que o nome da criança seria Benvinda.

Desde muito pequena se distinguiu pela devoção a ***Maria***; costumava repetir muitas vezes durante o dia a 1ª parte d´ave-maria, como era uso então e acompanhava cada invocação com uma genuflexão profunda, de conformidade com o que tinha visto fazer os dominicanos na igreja. Ainda muito jovem, comunicou a seus pais que queria consagrar a ***Deus*** sua virgindade e fazer-se 3ª de S.Domingos, eles não fizeram nenhuma objeção. Após receber o hábito da *Ordem 3ª da Penitência de S.Domingos,* imitou nas vigílias e nos jejuns os religiosos da Ordem. Guiada somente por seu fervor e pela inexperiência da juventude, entregou-se às penitências extraordinárias. Quando tinha apenas 12 anos, colocou na cintura a *corda de S.Tomás* tão apertada, que esta penetrou na carne provocando 1 sofrimento intolerável. Julgavam que ia ser necessário fazer uma operação cirúrgica para tirá-la, mas 1 dia a corda se desprendeu milagrosamente de seu corpo, enquanto ela rezava. **S. Domingos** lhe apareceu reprovando-a severamente por seus rigores indiscretos e lhe ordenando que se colocasse sob a régia via da obediência. Ele mesmo indicou o santo dominicano sob cuja direção ela deveria passar toda a vida. Durante 5 anos a beata sofreu várias enfermidades. O **demônio** aproveitou esse período para tentá-la violentamente com a desesperação e outras formas, mas seu pior sofrimento era não poder *assistir à missa e às completas*, durante as quais se cantava a *Salve Rainha*.

Deus devolveu a ela sua saúde mediante 1 milagre que tornou-se público no dia da festa d´Anunciação, quando Benvinda se dispôs a fazer uma peregrinação ao santuário de S. Domingos se recuperasse a saúde.

Deus premiou com numerosas graças, visões e êxtases a paciência com que a jovem havia suportado a doença e as tentações; gozou também de aparições de *N. Senhora*, belas e sempre ricas de símbolos. Conta-se que sendo ainda jovem Benvinda foi 1 dia à igreja, pouco depois da morte de sua mãe. Ali encontrou 1 menino a quem disse: *"Tu tens mamãe?"* O menino respondeu que sim. *"Eu já não tenho"* - disse Benvinda. *"Mas como tens a tua, talvez ela tenha te ensinado a rezar a ave -maria".* O menino respondeu: *"Eu a sei de cor. E tu?" "Eu também sei"*-respondeu a jovem. *"Diga para mim"* - rogou o menino. Benvinda começou a rezar a ave-maria em latim. Quando chegou à palavra *Jesus*, o menino disse a ela: *"Eu sou Jesus!"* e desapareceu.

Embora a alegria e a confiança tenham sido as virtudes características da beata, o **demônio** não deixava de induzi-la ao desespero e à infidelidade em seu leito de morte. A beata triunfou dessas tentações e morreu pacificamente em 30/10/1292, na sua cidade natal de Cividale. Foi sepultada na igreja local dos dominicanos e seu corpo não foi encontrado. Logo foi objeto de veneração e de 1 culto popular. O papa Clemente 14 confirmou seu culto e deu-lhe o título de beata em 6//2/1763.

PADRE CÍCERO

Em 1889, Cícero era 1 simples padre de aldeia, rezando missa numa minúscula capelinha do então povoado do Juazeiro, a 600 km de Fortaleza, quando 1 fenômeno misterioso chamou a atenção dos sertanejos, da Igreja e da imprensa. Ao ministrar a comunhão a uma beata - a humilde costureira e doceira Maria de Araújo - a hóstia consagrada teria se transformado em sangue.

"Não posso duvidar, porque vi muitas vezes" - escreveu Cícero a dom Joaquim José Vieira, bispo do Ceará. Os jornais abriram manchetes para noticiar o fenômeno e os sertanejos caíram de joelhos diante do proclamado milagre. A ex **Sacrossanta Igreja** porém , acusou Cícero e a beata de fraude. *"Se Maria de Araújo recebe realmente provas do Céu, que as vá gozando só, sem perturbar a boa ordem da diocese"* - desdenhou o bispo Vieira.

O episódio da hóstia que diziam se transformar em sangue rendeu a Cícero a admiração dos milhares de peregrinos, que desde então não nunca pararam de chegar a Juazeiro para testemunhar a suposta maravilha. Em 2023, foram cerca de 2.500.000 e como de costume, paus-de-arara vem de todo o estado e vizinhanças para homenageá-lo no dia 24/3 . Como a Igreja quis bani-lo da clero, Cícero passou a ocupar a posição de mártir no imaginário coletivo, ao mesmo tempo que começou a desfrutar de uma enorme notoriedade e de 1 imenso poder junto ao povo mais simples do sertão, vítimas históricas da seca e do descaso governamental. Aquela gente, sem perspectivas, sem dinheiro e sem chão, cada vez mais se identificava com o sacerdote que nunca foi propriamente 1 grande orador, mas em compensação sabia falar a mesma língua deles, chamando-os de `amiguinhos´, ouvindo-lhes as queixas, distribuindo prédicas e conselhos.

Numa terra em que imperava a lei do punhal e do bacamarte, seu lema mais famoso conclamaria os pecadores ao arrependimento: *"Quem bebeu não beba mais, quem roubou não roube mais, quem matou não mate mais"*, costumava dizer. Afastado pela igreja, padre Cícero passou a se dedicar à luta pela emancipação política de Juazeiro do Norte, fez amizade com o cangaceiro Lampeão, abençoou a união dele com a Maria Bonita, foi eleito prefeito de Juazeiro em 1911 e vice governador do Ceará em 1913. Era mais amado que **Jesus** ou sua mãe. Como as igrejas católicas não eram visitadas, somente a estátua dele em Juazeiro,. em 2015 o ✝ *Vaticano* achou por bem retirar a sua infamação e repúdio e submissamente pedir arrego e beatificá-lo.

STA.CLARA

Sta. Clara de Assis estava tão doente que não conseguiu acompanhar as irmãs do convento na celebração da missa de Natal. Mas ela não perdeu a missa. 1 milagre fez com que conseguisse acompanhar de seu quarto tudo o que acontecia, projetado na parede e com som. Quando as outras freiras voltaram, ela lhes descreveu tudo em detalhes. No século 20, o papa Pio 12 a nomeou como a *'Padroeira da Televisão*´. Teria sido o 1° tele-milagre inventado pela ex **Sacrossanta** **Igreja.**

S.COSME / DOUM / DAMIÃO

Embora existam hoje muitas igrejas católicas que mantenham imagens de S.Cosme e S.Damião pois embora árabes, foram canonizados no século 6 também haja milhares de templos de Umbanda e terreiros de Candomblé que cultuam os 3, o que estarrece é que Doum por sua vez, **nunca existiu** !!!José Francisco Holwat Gusmão – dono de uma loja de artigos de Umbanda e Candomblé na Ladeira do Faria no Rio de Janeiro, revelou-nos sua verdadeira origem:

"Eu tinha na vitrine na frente da lojja duas imagens de Cosme e Damião, que os cariocas tinham o costume em chamar pelo apelido 2 - 2 por serem gêmeos; 1 garoto que trabalhava para mim na loja, 1 dia espanando as imagens, por descuido deixou cair uma das imagens, que caiu partindo-se pela metade. O garoto assustado, vendo que ninguém olhava, teve a esplêndida ideia em lixar por baixo a imagem afetada voltou ao seu trabalho calmamente. O nome pegou e os fabricantes de imagens começaram a fazer também a imagem-metade chamando--a de Doum e assim nasceu mais 1 santo para ser adorado pelos desajuizados que não faltam neste mundo" (Pesquisa: *OS MAUS COSTUMES NA UMBANDA de Max Sussol*).

S. CRISTÓVÃO

Lobisomem

Incrível! 1 dos principais santos da ex *Sacrossanta* *Igreja* foi lobisomem !

Foi talvez 1 dos antigos *ghost-writers* da Mitologia cristã, que, inspirado em Anubis - deus egípcio com cabeça de chacal, inventou que S.Cristóvão teria vindo de uma tribo de cinocéfalos, isto é, pessoas com cabeça de cachorro que eram frequentemente mencionadas por autores anteriores. De acordo com a tradição oriental, havia 1 homem chamado *Reprebus* capturado em combate contra as tribos no leste do Egito durante o reinado de Décio. Ele era enormemente alto e **tinha cabeça de cachorro** como todos os membros de sua tribo. *Reprebus* teria conhecido 1 eremita que o instruiu na fé cristã. Cristóvão então perguntou-lhe como ele poderia servir a Cristo. O eremita sugeriu que, por causa de seu tamanho e força, Cristóvão podia servir a **Cristo** ajudando as pessoas a atravessar 1 rio perigoso, onde estavam perecendo na tentativa. Depois de Cristóvão ter realizado esse serviço por algum tempo, uma criancinha pediu-lhe para levá-lo através do rio. Durante a travessia, o rio inchava e a criança parecia tão pesada quanto o chumbo, tanto que Cristóvão mal podia carregá-la. A criança respondeu: *"Você tinha em seus ombros não apenas o mundo inteiro, mas também Aquele que o fez."* Então **Jesus** batizou Reprebus no rio e ele recebeu seu novo nome Cristóvão, que significa `aquele que carrega Cristo´. Então o menino **Jesus** disse a Cristóvão para enfiar **1 galho de árvore no chão e ele se tornaria uma árvore frutífera**. Este milagre converteu muitas pessoas à fé. Porém, o governador local não gostou, ficou indignado e jogou Cristóvão na prisão, onde ele foi atormentado até a morte, decapitado.

23/24/25/7

Não só isso. Nos dias acima, em que a ex comemora seu lobisomem , ela logrou criar a moda que todos os anos nessa ocasião, haja 1 desfile de carros e caminhões que assomam tradicionalmente à frente de suas igrejas e paróquias , cujos motoristas tenham o prazer em suja doce ilusão piropatética , de serem brindados com a sua proteção e recebam a graça divina de seu veículo ser aspergido por algumas gotas de água e 1 sonoro *`S.Cristovão que te proteja´* !!

Tyson diria:

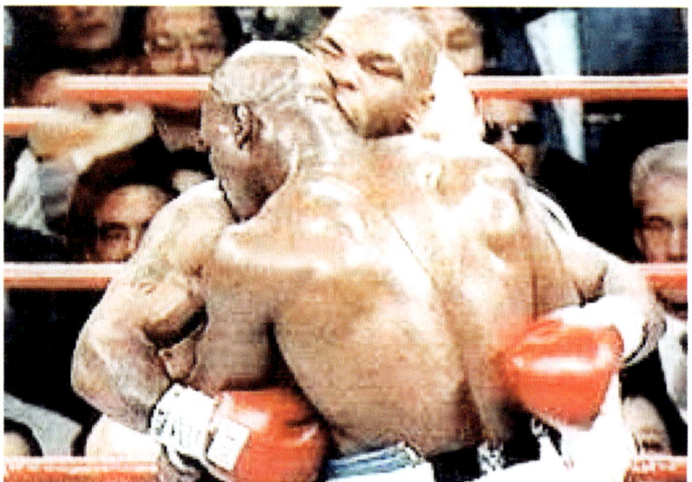

"Para ganhar uma luta, vale tudo !"

Oh diacho !!

*"Mas se tal proteção é tão `poderosa e eficaz´ - como alegam , por que não se divulga também que em contrapartida mais de **1.300.000** de **pessoas morrem no trânsito** em todo o mundo por ano ; no Brasil, cerca de **32 pessoas morrem por dia** em acidentes de trânsito ; registrando-se **72** acidentes por hora no país !"S.Cristovão se aposentou que nem eu??*

Michael Jackson com sua experiência de zumbi, poderia até cogitar também :

*"Vai ver que por castigo – talvez imitando Jesus que durante mais de 400 anos se vingava dos que não acreditavam nele atirando-os vivos nas suas fogueiras, o santo-lo-bisomem , também se vinga não dando sua proteção divina...E não teria logica? O Brasil inclusive tem mais de **1.000.000** de veículos roubados em 3 anos de 2019 a 2021".*

NB: Sem esquecer que no ano de 2016, as lesões de trânsito foram a 8ª principal causa de morte entre pessoas de todas as idades.

AU AU AU !!!

"Quem diria que 1 dia os pets teriam essa glória ?! E finalmente poder apelar, quando tivermos certas necessidades ou vontades? S.Cristóvão seja louvado !"

S.DIMAS

Pelo que de saber, só os criminosos imperdoáveis pelos rígidos tribunos romanos eram condenados à mais dolorosa das condenações: a crucificação. Mas só pelo fato de Dimas - vizinho de Jesus também crucificado ter-lhe dito: "*Jesus, lembra-te de mim quando tiveres entrado no teu Reino!'* - e Jesus responder-lhe: *'Em verdade te digo, hoje estarás comigo no paraíso'"* (Lc 23, 42 – 43), ex Sacrossanta Igreja. resolveu elegê-lo também *'santo emérito',* chamando-o de *'Bom Ladrão'* e festeja-lo todo dia 25/3. Até igrejas lhe foram montadas !

STA.DIMPNA

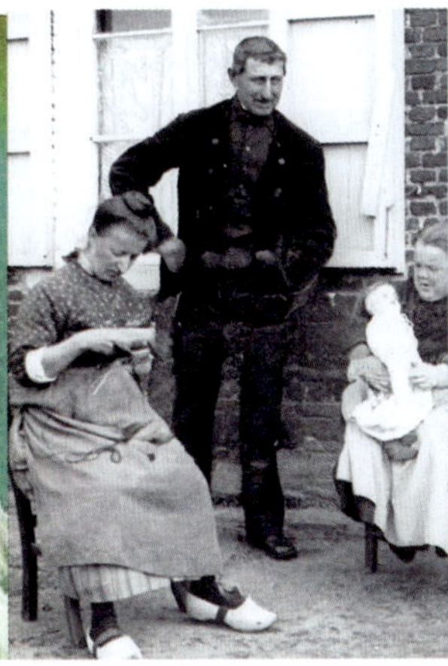

Sta Dimpna era a filha de 1 rei irlandês pagão e de sua esposa cristã no século 7 e que foi assassinada por seu pai. 600 anos depois, baseado num conto lendário, o bispo de Cambrai reuniu os milagres lendários de Dimpna e Resolveu elegê-la mais uma santa com bons requisitos para ser adorada. Dimpna teria nascida em 636, sendo filha de 1 rei pagão da Irlanda, que se batizou cristã secretamente com 14 anos, consagrando- se à Jesus Cristo e , fazendo voto de virgindade . Pouco depois, a mãe de Dimpna morreu consta que a saúde mental dele piorou drasticamente. Por fim, os conselheiros do rei persuadiram-no a se casar novamente; o rei concordou, mas apenas com a condição de que sua noiva fosse tão bonita quanto sua finada esposa.

Depois de procurar em vão, Damon começou a desejar 1 *relacionamento incestuoso* com a sua própria filha devido a forte semelhança física com a mãe. Quando Dimpna soube das intenções de seu pai, ela jurou cumprir seus votos e então fugiu de sua corte junto com seu confessor - o padre Gereberno . Juntos, eles navegaram em direção ao continente europeu, desembarcando em Antuérpia, Bélgica, vindo a se refugiar nas florestas de Geel. Uma vez lá chegando, em vez de uma choperia, fábrica de chocolate ou doceria que sempre faziam sucesso naquele país, resolveram construir 1 hospício para os pobres e doentes da região. No entanto, com muitas moedas de ouro o rei – seu pai, permitiram que ele os rastreasse até a Bélgica. Dirigindo-se até lá, Damon ordenou que seus soldados matassem o padre Gereberno e tentou forçar Dimpna a retornar com ele para a Irlanda, mas ela resistiu fortemente. Furioso, o rei desembainhou a espada e decapitou sua filha. Ela tinha então só **15** anos quando foi martirizada, em 650. 700 anos depois , 1 bispo (não tendo mais nada de útil para fazer além de rezar e coçar seu saco, resolveu construir-lhe uma igreja e dando-lhe seu nome (a cidade já tinha 2,136 habitantes) . Quanto ao hospício, ele foi sendo ampliado , sendo que em 1930 já alojava 4.000.

S. DIONISIO

Sendo 1 dos `*fala alto*' da Cristandade e mal visto pelas autoridades em Paris, ele seria enjaulado e decapitado no século 3. O mais incrível é que, esse bispo depois de decapitado, se abaixou, pegou sua cabeça entre as mãos e saiu de Montmartre (*Monte do mártir*, como ficou conhecido o lugar), **caminhando 6 km, carregando a sua cabeça** que continuava mexendo os lábios e pregando 1 sermão sobre o arrependimento; quando Dionísio parou , disse: *"Quero ser enterrado aqui !"* E assim aconteceu – conforme atesta a maior das religiões engabeladoras.

STA.EUFROSINA

Travesti

Eufrosina era filha única de uma família muito rica, Seu pai, Panfúcio, era 1 dos homens mais ricos da cidade de Alexandria . Aos 12 anos Eufrosina ficou órfã de sua mãe. Aos 18 anos de idade, seu pai quis desposá-la com 1 jovem da alta sociedade. Entretanto, a alma d´Efrosinis já havia compreendido o amor de **Deus** e o casamento seria 1 sério obstáculo para a sua vida espiritual, Por isso, certo dia, repartiu todos os seus bens com os pobres, saiu silenciosamente de sua casa disfarçada de homem e procurou abrigo num monastério,

Ali ela era muito admirada por sua dedicação espiritual e por sua predisposição ao trabalho, Viveu no monastério durante **38** anos e ao final de seus dias se reencontrou com seu pai que, mais tarde, seria também consagrado monge. Afinal – deve ele ter pensado: *"Se a minha filha ficou aqui por tanto tempo, comendo e bebendo do melhor sem precisar pagar alimentação, moradia, roupa, sapatos, lenha de fogueira, água, luz, livros , impostos, taxas, presentes , caixinhas para empregados, Cartão de Saúde, transporte ,passar as férias em Roma ou na praia, assistência dentária, carnê das Casas Bahia ou da e viver sem precisar trabalhar - tudo de graça!! - por que eu também não posso me dara este privilégio? `Valha-me* ***Deus*** *!"*

STO. EXPEDITO

O santo dos problemas urgentes

Ele é 1 dos santos mais famosos do Catolicismo, igrejas dedicadas à sua veneração atraem multidões, fiéis fazem promessas e novenas para ele especialmente quando necessitam resolver alguma causa urgente. Mas o fato é que Sto. Expedito **nunca tenha existido !!**

Segundo a lenda inventada, ele , foi 1 soldado romano que se converteu ao Cristianismo depois de sonhar que 1 corvo, **representando espíritos do mal**, lhe dizia a palavra *"amanhã"*, sendo que em seguida, Expedito o pisoteou dizendo *"hoje"*. Ao acordar se converteu e, mais tarde, se tornou o *santo das causas urgentes*. Está precisando de uma graça? Reze a poderosa oração .

STA. FRANCISCA ROMANA

Foi uma lendária eremita romana, morta aos 18 anos em 324 dC..

No século 15, Francisca era filha de 1 casal cristão. Desde a mais tenra idade, Francisca manifestou aos seus pais e à comunidade o seu amor pelas coisas de **Deus**, imitando a sua mãe nas práticas de piedade e devoção. Fez voto de virgindade a **Jesus** aspirando se tornar uma religiosa.

No entanto, em obediência ao seu confessor e ao seu pai, a jovem é prometida em casamento a Lourenço Ponziani que era de família nobre, bom caráter e grande fortuna. E que concordou ela transformar em oratório 1 salão do palácio onde foi morar e onde ela passava longas horas de vigília noturna, De acordo com a *ENCICLOPÉDIA CATÓLICA*, com o consentimento de seu marido, Sta. Francisca praticou a continência e seguiu uma vida de contemplação. Suas visões geralmente se davam na forma de uma peça teatral apresentada para ele com personagens divinos. Ela tinha o dom dos milagres e êxtase, via o corpo do seu **anjo da guarda**, tinha visões do **Purgatório** e do **Inferno**, além de prever o final do *Cisma d´Ocidente*.

Ela podia ler os segredos da consciência das pessoas e percebia intenções malignas de origem diabólica. Inclusiva, quando ficou doente, por duas vezes apareceu-lhe **Sto. Aleixo**. Na 1ª, perguntou-lhe se queria curar-se(*) e na 2ª comunicou-lhe que *"Deus queria que permanecesse neste mundo para glorificar seu nome"* Colocando então seu manto dourado sobre ela, restituiu-lhe a saúde !! Numa época *Deus* enviou-lhe 1 **anjo especial** para guiá-la na via da purificação. Ela não o via, mas ele estava constantemente a seu lado e se manifestava por meio de sinais claros. Além de amigo e conselheiro, era vigilante admoestador, que a castigava quando ela cometia qualquer pequena falta... Seu **anjo** ajudou-a sempre em tudo. Mesmo assim ela perdeu seus 2 filhos para a peste negra (ele estaria de mau com ela? .Consta inclusive, que certa vez esse seu anjo com uma lanterna na mão, tenha iluminado uma estrada por onde ela passava, , mantendo-a a salvo dos perigos !!...

Nosso bichano pergunta:

*"Consta que seu **anjo** ajudou-a a levar sua vida matrimonial com amor e dedicação, tanto para o esposo quanto para os filhos. Se ela tinha ao seu lado 1 anjo enviado por Deus ,por que ele permitiu que ela perdesse seus 2 filhos para a peste negra? Será porque o Pai divino preferiu eles sentados à sua mesa de ouro na Cidade Celestial em vez de proporcionar-lhes a satisfação deles se sentarem nas suas próprias mesas aqui na terra e felizes junto com suas famílias poderem desfrutar deste prazer insuperável de poder todos os dias, durante muito tempo desfrutar o sorriso , a beleza e a felicidade de uma família bem constituída? "*

(*) Devia estar distraído limpando suas asas talvez...

S.GERASIMO

Foi 1 santo que ficou com pena de 1 leão mancando, chamou-o e tirou o espinho do pé dele. Deve ter sido 1 *ghost-writer* que talvez não soubesse que 1 colega seu já havia concebido S.Jerônimo e resolveu introduzir a mesma lenda devendo tê-la achado sensacional como prova divina de santidade

S.GUINEFORT

Até 1 cachorro foi consagrado santo para ser adorado nos altares da ex *Sacrossanta* ✠ *Igreja. !!*

Numa pequena cidade da França, 1 homem precisava ir caçar e decidiu deixar seu filho pequeno dormindo em casa. Ele confiava que seu cachorro guardião chamado *Guinefort* cuidaria dele. Ao voltar da caça, o homem se preocupou ao encontrar a casa completamente bagunçada e vazia.

Seu filho havia desaparecido! Seu desespero aumentou quando, ao revistar a casa, encontrou seu cachorro com manchas de sangue. Enfurecido com o animal ao pensar que ele tinha matado a criança a mordidas, tomou a espada e o matou por vingança. No entanto, alguns minutos depois o homem escutou o choro do seu filho. Estava vivo e a salvo debaixo da sua cama e ao seu lado, uma cobra morta o acompanhava. Agora tudo fazia sentido! Seu fiel cão *Guinefort* na realidade havia salvado a vida do seu filho atacando a serpente. Ao se dar conta do seu erro, o homem pegou o corpo do animal e o enterrou num poço próximo e construiu 1 santuário para venerar o mascote. Shame!

Essa veneração s´espalhou rapidamente e algumas pessoas que viviam perto atribuíram milagres ao *S.Guinefort. "Os camponeses da região··· começaram a visitar o lugar e honrar o cachorro como 1 mártir"* - escreveu Esteban de Borbón, 1 inquisidor dominicano do século 13. Depois, o santuário de S. Guinefort erguido em sua homenagem, ficou cada vez mais popular e as peregrinações a seu sepulcro converteram-se em algo habitual entre a população dos arredores. Mas apesar de que teriam aceito algum dos atos milagrosos relacionados a Guinefort, a Igreja nunca reconheceu oficialmente seu culto. Com a chegada da Inquisição, os restos de Guinefort foram exumados, queimados e seu culto considerado heresia, isto é, quem se arriscasse a cultuar o cão santo poderia virar churrasquinho. Mesmo assim, a adoração a S. Guinefort perdurou durante alguns anos mais e perdurou até meados do século passado.

Oração a S.Guinefort:

"S. Guinefort: proteja-nos dos idiotas e das serpentes malvadas".

Até teólogos não se conformaram

Mas no entendimento de teólogos, havia algo errado. Venerar 1 animal parecia mais idolatria do que Cristianismo. *"A Igreja, de fato, condena a prática da veneração a animais, porque a tradição católica entende que a santidade é uma dádiva concedida por* **Deus** *especificamente ao ser humano, que foi criado à sua imagem e semelhança"* - explicou o estudioso de hagiologias Thiago Maerki - pesquisador da *Universidade Federal de S. Paulo (Unifesp) e associado da Hagiography Society*, dos USA. E para o historiador, filósofo e teólogo Gerson Leite de Moraes, professor na *Universidade Presbiteriana Mackenzie*, o ponto-chave é entender que, para o Cristianismo, *"o ser humano é a joia da criação de* **Deus**". *"Este é o elemento fundamental da concepção judaico-cristã:* **Deus** *cria absolutamente tudo, mas é ao ser humano dotado de razão que ele acaba, de alguma forma, fazendo transparecer sua imagem e semelhança* - aponta - *Nesse sentido, a tradição eclesiástica entende que esse privilégio dos seres humanos nos colocam num patamar acima dos animais. Os animais também representam a criação de* **Deus**, *mas os seres humanos são racionais, carregando a ideia e o conceito de serem imagem e semelhança do próprio* **Deus** " - acrescenta ele. Nesse sentido, o teólogo lembra que `a veneração de animais´ acaba sendo vista como `algo que poderia se configurar uma idolatria. *"E a Inquisição acabou agindo de maneira truculenta, violenta até, em defesa dessa concepção teológica, para evitar que 1 animal fosse adorado"* - contextualiza Moraes.

Coube ao religioso dominicano Estevão de Bourbon (1180-1261) dar 1 basta a essa história. Considerado 1 dos 1os inquisidores da ex *Sacrossanta* *Igreja*, ele dedicou-se a enumerar e escrever sobre o que ele considerava como sendo os bons e os maus exemplos daquele tempo. E condenou veementemente a devoção ao santo canino. E, segundo consta, mandou exumar os restos mortais do bicho e determinou que tudo fosse queimado, para que o local deixasse de ser ponto de peregrinação.

Entretanto, a veneração [a Guinefort] continuou. Porque existe o poder da voz popular e o culto ao cão se difundiu. Shame!!

S.JERÔNIMO

Jerônimo é geralmente representado na companhia de 1 leão, que 1 dia viu mancando, ficou com pena da dor que ele deveria estar sentindo, chamou-o e tirou o espinho do pé dele. Ficaram então *amigos para siempre* !! – como diria.

Plácido Domingos.

STA.JOANA D´ARC

Joana d'Arc foi uma camponesa .Quando ela tinha por volta dos 17 anos, Alegando ter ouvido santos lhe pedirem para salvar a França de seus invasores, fugiu então de casa e se ofereceu ao rei Carlos 7º para liderar o exército e recuperar terras ocupadas pelos ingleses. Rindo por dentro, mas cansado de uma terra que não acabava nunca, o rei concordou que ela cavalgasse à frente de 1 exército , tenho ela a sorte em conquistar algumas poucas vitórias para a França, quebrando 1 ciclo de derrotas desse país.

Mas capturada pelos ingleses, a ex *Sacrossanta* *Igreja*, logo tratou em condená-la por usar roupas masculinas e por bruxaria, sob a alegação de que as vozes que ela ouvia eram demoníacas. Assim, foi condenada à morte na fogueira – uma condenação comum que era dada aos pobres coitados que caiam nas mãos dos sádicos e impiedosos abatinados de uma igreja que torturou e assassinou mais de **5.000.000** de pessoas durante mais de **400** anos em suas ignóbeis e sádicas Inquisições. Mas, como se tratava de uma pessoa simples, Joana inclusive foi tachada de `louca´.. Em 30/5/1431, foi levada para a fogueira em praça pública. Enquanto o fogo s´espalhava por seu corpo e a plateia a chamava de *`bruxa´*, *`mentirosa´* e *`blasfema´*, enquanto ela pronunciava suas últimas palavras, ***"Jesus! Jesus! Jesus"***, até não conseguir dizer nada mais.

S.JORGE

S Jorge é 1 dos santos mais conhecidos da ex *Sacrossanta* ✠ *Igreja,* mas você sabe como foi a história da vida dele? A verdade é que pouco pode ser comprovado realmente sobre ele — o que existem são lendas, incluindo a fama de matador de dragões.

S.Jorge embora vários historiadores famosos aleguem ele nunca ter existido, a fsalsas Igreja tornou-o padroeiro da Inglaterra, além de ser festejá-lo na Espanha (sobretudo na região da Catalunha), em Portugal, no Canadá, na Lituânia, na Rússia, na Bulgária, entre outros países.

S. Jorge, inclusive, é 1 dos poucos santos venerados pela pela ✝ *Igreja Ortodoxa.*

No Brasil, além de ser 1 dos santos mais rogados em todas as igrejas católicas que ostentam sua imagem, ele, sincretizado com o orixá africano Ogum, encontra-se no altar de todos os templos de Umbanda e terreiros de Candomblé, que são centenas de milhares em todos os estados do país.

Mas por que esta veneração? Quase ninguém sabe que ele nada tem a haver com a África, e que talvez tenha nascido na Grécia, sendo que a sua fama se baseou inicialmente no século 5,quando ele passou por tormentos horríveis por ter-se declarado cristão perante o imperador dos persas – como justifica a ex *Sacrossanta* ✠ *Igreja* quem o pôs sobre seus milhares de altares em todo mundo.

Mas por que esta veneração? Quase ninguém sabe que ele nada tem a haver com a África, e que talvez tenha nascido na Grécia, sendo que a sua fama se baseou inicialmente no século 5,quando ele passou por tormentos horríveis por ter-se declarado cristão perante o imperador dos persas – como justifica a ex *Sacrossanta* *Igreja* quem o pôs sobre seus milhares de altares em todo mundo. Segundo a lenda, por recusar-se a oferecer sacrifícios aos ídolos pagãos, S.Jorge teria sido torturado com marteladas na cabeça. Para conforta-lo, ***Jesus*** **teria lhe aparecido, revelando-lhe que ele teria que morrer e reviver 3 vezes antes de falecer realmente.** O mártir então suportou calçados com pregos pontiagudos, os talhos de uma roda com gládios e a voracidade (*) de aves de rapina, exatamente como Prometeu acorrentado na mitologia grega. Entre uma ressurreição e outra, S.Jorge restituiu a saúde de 1 animal de tração de 1 lavrador, intercedeu por uma viúva aflita curando seu filho doente e batizou **400** mortos **após ressuscitá-los!** Também consta que ele saiu ileso de uma fossa de cal e que não se queimou ao andar sobre o fogo. Os soldados do imperador maravilhados com o poder desse mártir e a própria imperatriz Alexandra,' logo aderiram à fé cristã, sendo que Diocleciano, inconformado, mandou decapitá-lo Apesar de tantos milagres e indefinição e a imprecisão das circunstâncias de seu martírio, dificultaram reconhecimento d´autenticidade dessa lenda peço *Concílio de Niceia* sendo considerada apócrifa e ela não passou. Mas aumentando a crença no poder de suas relíquias e a construção de vários santuários em seu louvor, entretanto falaram mais alto, sendo seu culto enraizado nas cidades mediterrâneas e nas vilas do norte europeu, estimularia a produção de 1 novo relato capaz da justificação de sua devoção.

MAS SUA MAIOR FAMA, FOI TER MATADO 1 DRAGÃO !!

A ex *Sacrossanta* *Igreja* inventaria que, depois de sangrentas batalhas, ele teria ido para uma cidade da Líbia, que era atormentada por 1 terrível dragão. Em algumas versões, esse **dragão** exigia donzelas como sacrifício, noutras, o bicho começou exigindo ovelhas e, quando as ovelhas acabaram, ele partiu para as crianças. De todo modo, no dia em que Jorge chegou à cidade, o pessoal estava preparando a filha do rei para sacrificá-la ao **dragão.**

Mas S. Jorge (como se tivesse sido alertado, ou mandado pelo Céu) foi lá e matou o bicho, casando-se com a princesa depois disso.

S.KIERAN

Foi 1 abade e bispo irlandês que viveu no século 6. Seu dia de festa é 5/3. Diz-se que ele foi o 1° santo nativo da Irlanda.Ele havia s´estabelecido em Saighir como eremita, num deserto perto da cordilheira Slieve Bloom e usava peles de animais; 1 dia, ele notou 1 javali de aparência feroz perto dele. S. Kieran falou gentilmente com o javali chamando-o de `*Irmão Javali*´. Kieran amava os animais e eles confiavam nele. **O javali percebeu que Kieran era 1 amigo e daí o ajudou a construir sua cabana, derrubando galhos fortes com seus dentes e presas e levando-os para Kieran! Logo, outros animais se juntaram a eles, incluindo 1 lobo, raposa, texugo, veado e muitos pássaros.** Kieran os chamou de seus `irmãos monges´.Quando uma raposa roubou os sapatos de Kieran, o texugo foi atrás da raposa . Kieran realizou seu 1° milagre quando menino. Uma pipa voou sobre ele e agarrou 1 passarinho que estava sentado em seu ninho. **Kieran exigiu que a pipa soltasse o passarinho.** A pipa voltou e soltou o pássaro, mas ele estava ferido e 1/2 morto. Ao comando de Kieran, o passarinho **voltou à vida** e voltou a sentar em seu ninho. Noutra história maravilhosa, S. Kieran abençoou 1 poço e desde então ele *"tinha gosto de vinho ou mel - pois todos que bebiam dele ficavam bêbados e satisfeitos"*. O poço seria considerado sagrado e motivo de outros supostos milagres

S.LÁZARO

Na Umbanda e na ex *Sacrossanta Igreja*

É o padroeiro dos leprosos. A razão? Como os vira-latas vinham lamber-lhe as feridas, algum gaiato-humorista do *Vaticano*, deve ter achado aquela alegria canina ser 1 `*sinal do amor divino*´ e daí torna-lo 1 santo também ! Por que não? No norte do Brasil, no *Dia de S.Lázaro*, têm fiéis deles que fazem banquete para os cães e tem quem coma no mesmo prato do seu amigo d´estimação. No *Banquete para os animais-tradição em cidades do Tocantins,* no cardápio tem galinha caipira, carne de porco, carneiro e churrasco. A prioridade é dos animais. Eles são servidos em pratos, em cima de uma toalha branca. Só depois os donos entram na fila. *"Estamos na sua área agora. 1º foi a vez dos cachorros, agora nós vamos comer 1 pouquinho também porque somos filhos de Deus. E viva os cachorros"* - disse Jailson de Sousa Martins.

Lembrete: Nesse banquete anual, antes da comida tem uma missa em homenagem a S. Lázaro. A 17/12 no Pará, Brasil, *A Procissão de S. Lázaro* acontece por uma semana, finalizando com a festividade do santo. Nesse dia, há o levantamento do mastro, com frutas e brinquedos. As pessoas dão marteladas no mastro até que ele caia no chão. Nesse instante, adultos e crianças correm em direção a ele para pegar os brindes.

Também há o momento das ladainhas, onde foliões e devotos cantam em direção a imagem do santo. Depois disso, é ofertado o mesmo tipo de alimento aos cachorros e às crianças, comendo, todos juntos, sobre uma toalha. Posteriormente, todos os participantes são convidados a almoçar.

Tumba de S.Lazaro em Jerusalém

Uma das igrejas que leva o seu nome

MERA CURIOSIDADE DA MACACADA: POR QUÊ, PRA QUÊ?

"Alguém da *Biblioteca do Vaticano* poderia nos dizer por acaso (para esclarecer mais 1 pouco a nossa parca compreensão referente à uma promoção tão nobre e exemplar, tão útil e benéfica à nossa cultura e educação) por que o papa d´então, tornou esse vagabundo leproso que andava pelas ruas da cidade caindo aos pedaços, com as suas feridas pusilânimes / asquerosas/ sangrentas/mal cheirosas só arregalando os vira-latas que acorriam efusivos para lamber as suas feridas abertas:, - 1 santo até hoje venerado por muitas igrejas com seu nome em todo o mundo?"

STA. MÔNICA

Em suas *CONFISSÕES*, Sto. Agostinho conta que sua mãe Mônica, aos 15 anos de idade (346 dC), muito antes de dá-lo à luz, tinha desenvolvido o hábito de beber vinho. Como ela estava sempre bêbada, 1 dia sua empregada a chamou de *"uma garrafinha suja de puro vinho"*. Humilhada, Sta. Mônica tomou consciência de seu comportamento vergonhoso. Orando ao Senhor e fortalecendo sua vontade, ela encontrou forças para corrigir seu vício em álcool de uma vez por todas.

STA. MUIRGEN - SEREIA

Você sabia minha prezada leitora e meu estimado leitor que a ex *Sacrossanta Igreja* tem em seus arquivos secretos 1 santa **sereia** canonizada? O livro *MARTYROLOGIUM DUNGALLENSE* ou `MARTIROLÓGIO DE DONEGAL - 1 calendário dos santos da Irlanda preparado por Mícheál Ó Cléirigh no início do século 17 afirma o seguinte:

"Dos vários anais da Irlanda, incluindo os Anais de Ulster e os Anais dos 4 Mestres, vêm relatos da captura de sereias nos anos 558, 571, 887 e 1118. Destes, o conto mais famoso é o de Liban - filha de Eochaidh, que foi poupada quando a inundação de Lough Neagh afogou sua família por volta de 90 dC. A sereia Liban, que foi capturada em 558 Dc e reivindicou 1 passado incomum. Ela viveu por 1 ano sob as ondas com seu cachorrinho. Sentindo-se solitária , orou a Deus para que pudesse ser transformada num salmão e nadar com os seus cardumes. Deus concedeu sua oração para dar-lhe a cauda de 1 salmão, mas do umbigo para cima ela manteve a forma de uma mulher. Seu cachorro se transformou numa lontra e os 2 nadaram juntos por mais de 300 anos. Durante esse tempo, a Irlanda tornou-se cristã."

A *Lenda de Muirgen* também é encontrada no *LEBOR NA H-UIDRI* que narra que 300 anos depois, ela seria pega numa rede de 1 barco de pesca conduzido por monges, no qual casualmente, estava S. Comhgaall , que após ouvir sua história, concordou em batizá-la com o nome de *Muirgen* , que significa `Nascida do Mar´; ela aceitou , mas morreria logo em seguida, seguindo para o céu. Seu dia é 27/2.

Que Tal?

Verde porque nossa importanterrima santa-sereia/católica/apostólica/romana é do mar...

Já que pega mal nosso papa, digno *Representante de **Deus** na Terra* ´não ter acabado com as guerras na Europa e n´Oriente-médio, pedisse, que todos os 2.000.000.000 de cristãos que existem no mundo, que se as guerras ainda não tenham acabado que no dia 27/02 acendessem uma vela verde em suas casas para Sta. Muirgen se dignar a voltar novamente para cá, dar uma sacudida com seu rabo de peixe e pronto – colocasse 1 fim a todo esse derramamento inócuo de sangue?

STA.OLGA

A SANTA VIKING VINGADORA

Olga se destaca por ser uma santa venerada pelos ortodoxos de rito grego e russo. Ocorre no ano de 903, quando ela é trazida de Pskov para desposar Igor , governante de Kiev . Nas entradas de 945 Igor indo cobrar à tribo dos *derevlianos* 1 tributo, é morto .Ela então se transforma em regente de Kiev, pois seu filho Sviatoslav Igorevitch ainda era menor de idade. O chefe dos *derevlianos* faz-lhe então uma proposta de casamento e Olga a princípio aceita a oferta mas pede aos seus emissários que retornem no dia seguinte. Na mesma noite, porém, Olga ordenou que 1 buraco fosse cavado em seu palácio e quando os legados retornaram, a viúva comandou que fossem atirados no fosso e enterrados vivos e que tomassem 1 banho, jantassem e que passassem a noite numa cabana anexa ao seu palácio. Ordenou também a morte de vários chefes inimigos e mandou incendiar algumas aldeias inimigas. Depois disso, impôs altos impostos aos sobreviventes. Seu próximo passo da regente foi visitar Iskoroste- a capital dos derevlianos onde seu marido fora assassinado , ordenando 1 ataque feroz que tirou a vida de **5.000** *derevlianos*. Como pretenso sinal de paz, Olga em seguida mandou trazer 3 pombos ou de 3 pássaros de cada casa. Novamente, os derevlianos caíram na armadilha da regente. Olga, então, deu a cada 1 de seus soldados 1 pombo ou 1 pardal e ordenou que a cada ave fosse atada uma mecha atada a cada 1 deles. Quando anoiteceu, os soldados soltaram as aves com suas respectivas emechas acesas. Voltando aos seus ninhos ou pombais eles começaram a arder , bem como os celeiros, os paióis , estendendo-se por quase todas as casas da cidade . O povo começou a fugir da cidade mas Olga ordenou a seus soldados que os apanhassem e trouxessem de volta. Deixando os anciãos vivos, aprisionou e entregou as moças aos seus homens para que as estuprassem e servissem depois como escravas , matando todas as demais pessoas que ainda sobreviviam. E apropriou-se de todo o território ao oeste .

Pois bem, como uma governante assassina se torna uma santa? Conta a PVL que, no ano de 955 quando Olga visitou Constantinopla. o Imperador Constantino 7º ficou encantado com a beleza dela, pediu-a em casamento e após batizá-la fez dela imperatriz .Obvio que depois que Olga morreu, ela ornamentaria bem todos os altares depois, começando a ser venerada durante o governo de Vladimir - seu neto no ano 996, transferiu as - relíquias da avó para uma bela igreja construída para recebê-las. O culto a Sta. Olga seria instituído oficialmente pelo *Concílio Russo* de 1574. E sua festa litúrgica mantida no mesmo dia em que ela faleceu, 11/7.

Linda santa assassina

Sua estátuaem Kiev

A vingança de Sta.Olga

Sua catedral na Ucrânia

PASTORINHOS FÁTIMA

16 anos depois de chocar o mundo católico com sua desmascaradora obra *FÁTIMA NUNCA MAIS*, o padre Mário de Oliveira regressou à temática das aparições com o seu não menos polêmico *FÁTIMA S.A* atual.

Todos os abatinados da ex *Sacrossanta* *Igreja*, o bispo de Fátima e principalmente o papa e todo o seu *staff* ficaram chocadíssimos e abalados, quando esteve corajoso padre veio à tona e minuciosamente desmascara o falso mito dos 3 pastorzinhos, revelando que tudo fôra inventado e que as famosas aparições **nunca** haviam acontecido!! Tudo fôra engendrado para atrair mais gente e seus obolos!!

Do Deus de Fátima, livra-nos, Senhor!

"Duas crianças que morrem e uma 3ª que sobrevive, mas é retirada da sua terra e para sempre impedida de levar uma vida em tudo semelhante à das outras pessoas (1º, internaram-na, secretamente, no Asilo de Vilar, no Porto, e, depois, mandaram-na para Espanha e fizeram dela freira de clausura para o resto da vida, situação que, 76 anos após os acontecimentos de 1917, ainda se mantém!), eis o principal balanço das chamadas falsas 'Aparições de Fátima'. Provavelmente, nunca ninguém da Sacrossanta Igreja ousou olhar as aparições sob este ângulo. Jornal FRATERNIZAR, porém, embora corra o risco de perder alguns dos seus assinantes, não pode deixar de o fazer, nesta edição de 5/1993. Não pensem que o fazemos, para alinhar com os chamados 'inimigos' de Fátima.

O que nos move é a fidelidade ao Evangelho e ao ***Deus*** *de* ***Jesus*** *que Maria de Nazaré, melhor do que ninguém cantou, como libertador e salvador da Humanidade, particularmente, dos pobres e excluídos. A leitura que fizemos do livro mais importante sobre Fátima, MEMÓRIAS DA IRMÃ LÚCIA, a isso nos obriga. É que o* ***Deus*** *que aí é anunciado e revelado, não tem nada a ver com o* ***Deus*** *revelado em* ***Jesus*** *de Nazaré. Tem tudo a ver com 1* ***Deus*** *sanguinário, que se compraz no sofrimento de inocentes, 1* ***Deus*** *criador de infernos para castigar aqueles que deixam de ir à missa aos domingos, ou dizem palavras feias, 1* ***Deus*** *ainda pior do que algumas das suas criaturas. Aos leitores e leitoras, pedimos que, em vez de s' escandalizarem, experimentem ler também o livro da irmã Lúcia. Porque, se o fizerem, mas à luz do Evangelho de* ***Jesus****, acabarão, provavelmente, a rezar também conosco, "Do* ***Deus*** *de Fátima, livra-nos, Senhor!".*

Ambiente de terror

"O livro de Lúcia faz-nos recuar no tempo e mergulhar no ambiente religioso e eclesiástico em que também as crianças de Fátima tiveram de viver, por volta de 1917. Eram os tempos da 1ª Grande- guerra. Mas o terror que se respirava, nomeadamente, nos meios populares e rurais, não vinha apenas daí.

A catequese familiar e paroquial, mais as pregações dominicais e outras, então, muito requentes, constituíam 1 género de terror não menos intenso e, também, não menos nefasto e assassino. Porque incidia sobre a consciência das pessoas, especialmente, das crianças, pequeninos seres indefesos e carregados de sensibilidade, prontos a acreditar em tudo quanto lhes dissessem os adultos, pais e mães e ainda mais, bispos e párocos, cuja palavra era, miticamente, escutada e seguida, como se fosse a própria vontade de **Deus**, *presente no 1/2 do povo. (O livro de Lúcia mostra, à saciedade, que ela própria, ainda hoje, tantos anos depois, se mantém nesta visão mítica da realidade, também da realidade eclesial, embora uma tal visão seja completamente estranha à libertadora mensagem do Evangelho). Jacinta/Francisco/Lúcia, respiram 1 ambiente assim. O livro não deixa dúvidas a quem o souber ler nas entrelinhas, criticamente, sem se deixar envolver no misticismo religioso, quase doentio, em que ele nos aparece escrito. Percebe-se bem que o terror é uma constante nas vidas destas 3 crianças. Vivem apavoradas com o pecado, com o inferno e com os pecadores que vão, aos magotes, para o inferno. Tudo para elas é pecado. Até dar 1 beijo a outra criança, no jogo das prendinhas! Dar 1 beijo, para a Jacinta, por exemplo, só se for a* **N. Senhor**, *na imagem do crucificado. Como se uma outra criança, companheira de brincadeira, não fosse muito mais imagem dele, mas apenas e só ocasião de pecado. (Quem despertou uma visão tão moralista, na pequenina e angelical Jacinta? Que satânica catequese lhe distorceu tão gravemente o olhar? Quem lhe tirou, tão precocemente, a naturalidade?). Depois, tudo pode levar ao inferno.* **Deus**, *aos olhos destas crianças, está já tão cansado com os pecados das suas humanas criaturas, que a sua ira está a ponto de atingir os limites. E só não o fará, se elas aceitarem sofrer-sofrer-sofrer, fazer toda a espécie de sacrifícios por amor dele e pela conversão dos pecadores e, ao mesmo tempo, rezarem muitos terços. Ora, como não podia deixar de ser, as crianças que recebem toda esta informação - sensíveis e indefesas como só elas são - sofrem, choram, têm pena de N.Senhor. E começam a pensar em assumir-se como vítimas, até à morte, para desagravarem a* **Deus** *e, de alguma maneira, forçarem-no a perdoar aos pecadores. Ficam completamente possuídas por uma mística da morte, uma mística sacrificial, que diz bem com 1* **Deus** *que se alimenta de gente, em vez de uma mística de vida, a única que o* **Deus** *de* **Jesus** *pode inspirar aos seus filhos e filhas, já que Ele próprio é 1* **Deus** *que trabalha continuamente para que todos tenhamos vida e vida em abundância".*

Verdadeira tortura

*"Viver, num clima de religiosidade assim, tornou-se uma verdadeira tortura. Pelo menos, para estas 3 crianças aterrorizadas, que sempre levam tudo tão a sério. Tornou-se também 1 terrível risco. O risco de vir a ser condenado ao **inferno**. Bastava fazer algum pecado. E o pecado, para elas, era, por exemplo, dizer palavras feias, ou cometer pequenas traquinices. O bastante para poder ser condenado ao **inferno**, descrito por elas próprias em imagens, as mais terríficas. Nunca mais, então, estas crianças puderam sentir vontade e disposição de fazer sacrifícios pelos pecadores.*

*O **inferno** era, afinal, a grande ameaça para todos. E o que, com mais probabilidade, poderia acontecer a qualquer 1. E, para os pecadores, mais do que ameaça, era já uma certeza. Num clima assim, de religiosidade verdadeiramente esvaziada d´Evangelho, pior, contra o Evangelho, não é d´estranhar que o desejo maior destas 3 crianças fosse ir para o céu. Porque essa seria a única maneira de não chegarem a cair no **inferno**, onde quem lá caísse ficaria, para sempre, a arder na imensa fornalha de fogo que ele era, e na companhia de animais, os mais asquerosos e horrendos ! Pelo que conta Lúcia, neste seu livro, os 2 irmãos, Jacinta e Francisco, viviam aterrorizados com o **inferno**. Outra coisa nem era d´ esperar. A mãe, nas frequentes catequeses familiares que lhes ministrava, carregava bem nas cores do terror. E os pregadores de missões paroquiais que seguiam, com fidelidade, o livro MISSÃO ABREVIADA, não lhe ficavam atrás. Por isso é que, num ambiente assim, de verdadeiro terror teológico, o que mais espanta e escandaliza a quem, hoje, procura ser discípulo de **Jesus** e deixar-se fazer pelos valores do seu Evangelho libertador, é que aquela 5 que as crianças dizem ver e ouvir, aos dias 13 dos meses de 5 a 10/1917, apesar de se dizer vinda do céu, isto é, de **Deus**, não tenha aparecido para as libertar do medo e convidá-las à alegria de viver. Pelo contrário, começa por lhes anunciar, às duas mais novinhas e também mais aterrorizadas, que brevemente as vai levar para o céu, maneira eufemista de dizer que elas vão morrer antes do tempo !..."*

Catequese terrorista

"Em lugar da boa notícia libertadora de que ***Deus*** *quer que elas vivam e vivam em abundância, anuncia-lhes que vão morrer brevemente! No fundo, limita-se a reproduzir e a autenticar a catequese terrorista e negadora do Evangelho que as crianças constantemente ouviam em casa e no templo paroquial. Mas o mais chocante estava ainda para acontecer. É a própria aparição que, em Julho, durante a conversa que mantém com elas, mostra às 3 crianças o* ***inferno****. E a impressão que lhes causa é tal, sobretudo, à Jacinta e ao Francisco, que bem se pode dizer que os 2 irmãozinhos, de tenra idade e de saúde manifestamente debilitada, nunca mais se recompuseram desta visão terrífica e acabam por morrer de susto.*

Também da fraqueza que, entretanto, se apoderou irreversivelmente dos seus corpos, uma vez que tanto ela como ele, desde então, nunca mais conseguiram ser crianças como as outras, nunca mais conseguiram brincaram descontraídas, nunca mais conseguiram encarar a vida como crianças saudáveis (o Francisco, por exemplo, até deixou de ir à escola; em vez disso, preferia esconder-se na igreja, a rezar pelos pecadores (!) e nunca mais se alimentaram convenientemente. Em todos os momentos, a partir daquele dia, a visão do ***inferno*** *persegue as duas crianças, aterroriza-as, obriga-as a rezar pelos pecadores, e força-as a fazer sacrifícios pela conversão dos pecadores. O livro das MEMÓRIAS de Lúcia testemunha que os 2 irmãozinhos eram capazes de passar dias inteiros sem comer, davam a merenda às ovelhas, não bebiam ponta de água, mesmo em pleno mês de Agosto, andavam todo o dia, e mesmo durante o sono da noite, com uma corda permanentemente amarrada à cinta, até fazerem sangue".*

Masoquismo religioso

*"Com estas atitudes, carregadas de masoquismo religioso e sacrificial, pretendiam, numa ingenuidade e inocência que confrange e de que, pessoalmente, não são responsáveis mas vítimas, consolar **N.Senhor** e o papa (as preocupações pelo papa surgem, depois que em certa ocasião, 1 sacerdote lhes terá falado dele e informado de que ele estava a ser muito perseguido pelos 'inimigos' da Igreja').*

*Chegou-se, assim, à total inversão da Boa Notícia que é a Revelação de Deus na História da Humanidade e que culminou em **Jesus** de Nazaré, a maior e mais libertadora Boa Notícia que os empobrecidos do mundo e todos os que, oficialmente, são tidos como pecadores, alguma vez puderam ouvir. Neste caso de Fátima, em vez de **Deus** ser aquele que vem, como companheiro e pai com coração de mãe, consolar as crianças e libertá-las do terror e do sofrimento em que uma catequese sacrificial e sádica as condenou a viver, são as crianças que O consolam a Ele e se imolam para conseguir que Ele, à vista do sofrimento delas, vítimas inocentes, contenha a sua ira e desista de dar cabo das humanas e pecadoras criaturas! Ou seja, reduzem-se, para que Ele cresça. Numa liturgia tipicamente sacrificial, mas também verdadeiramente repugnante que, quando acontece, é sempre 1 insulto ao **Deus** de **Jesus** e, simultaneamente, uma das principais causas que explicam o desenvolvimento do ateísmo no mundo".*

Urge evangelizar Fátima

*“Pode, pois, dizer-se que o livro AS MEMÓRIAS DA IRMÃ LÚCIA, onde ela escreve tudo o que recorda dos seus tempos de criança, em Fátima e o faz por obediência a alguns homens da Igreja que, estranhamente, se arrogam de uma tal autoridade sobre ela, até lhe darem ordens dessas irrecusáveis, contém e veicula uma teologia (reflexão sobre **Deus**) nos antípodas da teologia cristã. Trata-se de uma teologia sobre 1 **Deus** que ainda continua aí como o **Deus** de muita gente, mas que tem tudo a ver com 1 ídolo devorador de pobres, bem pior do que algumas das suas criaturas, 1 **Deus** à imagem e semelhança dos verdugos que só sossega a sua ira castigadora e destruidora, diante do sangue, muito sangue, de vítimas inocentes, 1 **Deus** justiceiro, verdugo, sanguinário, 1 **Deus** contra o homem/mulher e sem entranhas de misericórdia, tirano e déspota, 1 **Deus** intrinsecamente perverso, a quem é preciso apaziguar e cujo braço justiceiro está aí pronto a cair sobre a Humanidade, o que só não aconteceu ainda, porque, felizmente, temos junto dele uma criatura, a mais santa de todas e, ao que parece, mais misericordiosa do que Ele, a **Sra. do Rosário**, de seu nome, que tem conseguido sustê-lo. Mas ela própria está a ponto de não poder aguentar mais a fúria e o ódio dEle contra a Humanidade pecadora e, por isso, decidiu sair do céu até á terra, mais concretamente, a Portugal, onde alguns anos antes, por coincidência, se instaurou uma República maçônica e ateia, para pedir a 3 inocentes crianças que a ajudem nesta ingente tarefa.*

. *__`Quereis - disse-lhes, logo na 1ª aparição que lhes fez - oferecer-vos a Deus, para suportar todos os sofrimentos que Ele quiser enviar-vos, em ato de reparação pelos pecados com que Ele é ofendido e de súplica pela conversão dos pecadores?"__*

As crianças, educadas numa catequese sacrificial e terrorista, disseram que sim. E, como elas, ainda hoje muita gente continua a dizer o mesmo a 1 Deus assim. Só quem não queira ver, é que pode ignorar que, em Fátima, o Deus que mais é procurado pelas pessoas que sofrem doenças e aflições de toda a ordem, é 1 Deus assim. 1 Deus que nos apavora, nos inspira medo, nos castiga, nos dá e tira a vida, conforme o humor de momento. 1 Deus que exige sacrifícios humanos, que todo se compraz em ver os pobres autoflagelarem-se, numa imolação que pode ir até o limite das forças e da vida! 1 Deus à revelia do *Evangelho*, com mais de **demônio** do que de Deus, que, desde os alvores da Humanidade, tem habitado o nosso inconsciente coletivo e onde, manifestamente, ainda não chegou a boa nova libertadora de todo o medo, que é o *Evangelho* de Jesus. A Sacrossanta Igreja que, desde a 1ª hora, tem gerido Fátima, ainda não foi capaz d' evangelizar Fátima. A valer. Pelo contrário, tem parecido mais interessada em aproveitar-se de forma sacrílega do fenômeno. Talvez porque ele, como diz a publicidade do totoloto, é fácil, é barato, dá milhões. E garante elevadas estatísticas, na hora de contabilizar os católicos portugueses, o que dá muito mais poder reivindicativo à respectiva hierarquia, frente ao poder instituído.

Entendemos que é chegada a hora de mudar. Desde raiz. É arriscado? Sem dúvida. Mas é também imperioso e urgente. Está em causa o nome de Deus, do Deus revelado em Jesus de Nazaré. Está em causa a Fé cristã. E, sobretudo, está em causa a Humanidade, particularmente, a maioria empobrecida e oprimida, também em nome de 1 certo Deus que, em Fátima, continua a ditar, impunemente, a sua sacrificial lei. É que Deus, o Deus de Jesus, em vez de criar infernos para os pecadores (e quem não o é?), acolhe-os e come com eles. Por pura graça. Em vez de fazer vítimas, tira-as da cruz. E está empenhado, como criador que é, em fazer desta terra, ainda com muito de inferno, uma nova terra, onde Ele viva conosco e entre nós, para sempre, como Emanuel. E Maria - a mãe de Jesus, longe de andar por aí a pedir sacrifícios e a reza de muitos terços pela conversão dos pecadores, é a maior poeta deste Deus totalmente ocupado na libertação e salvação da Humanidade e apostado em levar ao seu termo a criação do mundo, iniciada há muitos milhões de anos.

O MILAGRE DE FÁTIMA

Uma criação demorada, porque Ele não a quer fazer sem nós, mas conosco. E também porque respeita infinitamente a nossa liberdade. Sem jamais perder a paciência, apesar dos inúmeros disparates que cometemos contra nós próprios, contra os outros e contra a Natureza que nos serve de berço. E isto, porque nos ama infinitamente. Pois nem pode fazer outra coisa".

O livro, que resulta de uma longa investigação feita pelo presbítero-jornalista, demonstra, segundo o autor, que **"o Santuário de Fátima é uma máfia poderosa"**. Frontal e polêmico, como é seu timbre, o popular padre Mário da Lixa, como também é conhecido, acusa a ***Sacrossanta*** ***Igreja*** de ter cometido em Fátima 1 **"crime lesa-humanidade"** ao criar uma **"encenação-ostentação"**, repleta de **"vergonha, mentira e crime"**.

Bomba!!! Bomba!!!

PADRE DESMASCARA FÁTIMA (novamente)E CONFIRMA QUE O SANTUÁRIO DE FÁTIMA É UMA MÁFIA PODEROSA ! Ganância e mentiras, são alguns dos fatores que afastam pessoas das igrejas. *FÁTIMA NUNCA MAIS* é 1 deles!.

Acusa inclusive a *Sacrossanta Igreja* **de ter cometido em Fátima 1 "crime lesa-humanidade" ao criar uma *"encenação-ostentação"***

Em entrevista ao *JN em 30/9/2019*, o padre desmascarador , chocou a todos as milhões de crentes que acorrem anualmente ao Santuário de Fátima, confessando que **todas as aparições divulgadas em sua fajuta lenda irreal e enganadora, só têm servido para ludibriar as pobres coitadas desamparadas que continuam indo na onda da ex** *Sacrossanta Igreja* **da qual ele mesmo fez parte durante anos.**

VERGONHA, MENTIRA E CRIME !!

JN - O título de sua obra arrancadora de máscaras, remete para o livro VATICANO S.A. de Gianluigi Nuzzi. Entre Fátima e o *Vaticano*, que diferenças estabelece?

Padre Mario - *"O título revela os malabarismos do clero de Ourém, perfidamente orientados pelo cônego Formigão - o grande inventor das* ***infames falsas `aparições" de Fátima´****, à imagem e semelhança das `aparições´ de Lourdes´ em França. Com isso, o papa fez silenciar para sempre os teólogos católicos, o que perfaz* ***1 crime de lesa-inteligência e de lesa-humanidade****, a juntar a tantos outros cometidos, ao longo dos séculos, pela Cúria romana. O que moveu o cônego Formigão foi a restauração da diocese de Leiria e, simultaneamente, a recuperação do poder da ex* Sacrossanta Igreja *no país, manifestamente diminuído com a implantação da República de 1910. A qual não hesitou e bem, em nacionalizar a maior parte do seu escandaloso patrimônio imobiliário espalhado por todo o país. E a prova do seu êxito é que, 100 anos depois, o Santuário de Fátima é hoje a* ***poderosa máfia*** *que se vê e que conta com a famigerada bênção da máfia-mãe de todas as máfias, a Cúria romana ".*

JN - O papa Francisco propôs-se moralizar as finanças do Vaticano. Tem esperança que suceda o mesmo em Fátima?

Padre Mario - *"Não duvido dos bons propósitos e das boas intenções de Jorge Bergoglio, mesmo depois que aceitou ser eleito papa, com o nome de Francisco. O papa Francisco bem pode correr e saltar, surpreender as populações com comportamentos insólitos, mas tudo isso só serve para entreter os grandes media e desviar as atenções de tudo o que de sinistro a Cúria romana continua a fazer. Porque não é o papa que manda na Cúria romana, é a Cúria romana que o elege que manda no papa".*

JN - O que mais o surpreendeu na investigação? .

Padre Mario: *"As* ***aberrações teológicas são tantas e é tão medonha e criminosa a manipulação****, 1º, das 3 crianças, e depois, após a morte dos 2 irmãos – Jacinta, 7 anos, e Francisco, 8 anos – da única sobrevivente Lúcia, 10 anos, ao longo de toda a sua vida histórica, por parte do clero de Ourém, que é preciso ler para crer. Salta depressa à vista que, até a imediata restauração da diocese de Leiria e a rápida nomeação do seu 1º bispo residencial são feitas à medida, para, com elas, impor como dignas de fé, as supostas seis encenações teatrais, de 5 a 10/1917.*

Porém, bastou a imprevista intervenção do governador do concelho de Ourém, Artur de Oliveira Santos - o único homem honesto no 1/2 de toda aquela ***cretinice clerical****, decidir levar para sua casa em Ourém, no dia 13//8/ desse ano, as 3 crianças, Jacinta, Francisco e Lúcia, para que* ***`a Senhora que vinha do céu´ faltasse à palavra dada no dia 13/5.*** *Nunca, até hoje, o clero de Ourém e a generalidade da hierarquia da Igreja-católica, lhe perdoaram esta mais do que oportuna intromissão no seu teatrinho das* ***`aparições´****. E, para que as 6* ***`aparições´*** *iniciadas em Maio e terminadas em Outubro, sempre no mesmo dia, à mesma hora e no mesmo local, não ficassem reduzidas apenas a 5, o cônego Formigão, faz escrever 1 pequeno relato para memória futura, a dizer que a `aparição´ referente a 13 /8 veio a acontecer no dia 19, numa outra hora e num outro local. Caricato demais, para merecer qualquer credibilidade por parte de alguém com o mínimo de bom senso e de honestidade intelectual".*

VP -Encontrou algum condicionamento durante essa pesquisa?

Padre Mario – *"Objetivamente, não. Interiormente, sim. Sou presbítero-jornalista, formado-formatado durante 12 anos pelo seminário do Porto, filho do Concílio de Trento, como todos os demais seminários diocesanos e trago comigo as marcas degenerativas do fator religioso, que essa formação-formatação impunha, impõe. A luta interior que tive de travar para expulsar da minha mente--consciência todas essas crenças* ***infantilizadoras,*** *foi e continua a ser titânica. Só a minha libertação interior me habilitou a mergulhar em todo o tenebroso labirinto que são os documentos que integram os volumes da DCF, e ver o humilhante e o inumano que tudo aquilo é".*

VP - Foi há 16 anos que escreveu *FÁTIMA NUNCA MAIS*. **Lamenta que o livro não tenha provocado mudanças na gestão do Santuário?**

Padre Mario –"Obviamente que lamento. Não tanto por mim. Sim, pela instituição ex Sacrossanta Igreja - romana. A sua teimosia em fazer de conta que esse livro não existe só contribui para o acelerado processo da sua **descredibilização, fruto da sua cegueira**. Nem sequer a ex Sacrossanta Igreja se dá conta de que, com as sucessivas peregrinações a Fátima, como expressão suprassumo da fé católica, está hoje a ser a mais eficiente fábrica de produção de Ateísmo e de ateus, mulheres e homens. Para sua vergonha. E para acelerada corrupção da sociedade. Consequentemente, não é d´estranhar que esteja a ser lançada fora pelas gerações mais jovens ".

VP - Como s' explica que, perante as denúncias feitas, os donativos ao Santuário continuem a bater recordes?

Padre Mario – *"É a velha 'estória' da pescadinha de rabo na boca. As populações, milenarmente subjugadas, humilhadas, desamparadas, são criminosamente levadas a pensar-acreditar que, por si próprias, não podem fazer nada e que o alívio para os seus quotidianos de dores só pode vir de fora delas. As populações deixam-se arrastar para aqueles locais e aquelas instituições que lhes são criminosamente apresentados como `libertadores´. O desastre humano é total. Se repetido, ano após ano, geração após geração, o estado de degradação e desamparo agrava-se e as populações acabam por morrer no seu inferno de dores".*

VP - Mesmo perante as provas mais irrefutáveis, julga que a atitude dos crentes face às aparições não se alteraria?

Padre Mario – *"Enquanto não desaparecerem as causas que produzem multidões e multidões de vítimas, de desempregados, d' escravizados, de migrantes-refugiados, de assalariados, de analfabetos políticos, culturais, artísticos, as provas mais irrefutáveis apenas servem para radicalizar ainda mais os fanatismos religiosos, fruto de ancestrais e inconscientes medos que elas trazem nos genes, como outros tantos* ***demônios*** *mudos, que lhes roubam continuadamente a voz e a vez. A própria Ciência, se não é humilde e intrinsecamente cordial, acaba por se tornar perversa. Agride ainda mais as multidões condenadas pelo sistema de poder a terem de viver em labirintos sem saída".*

VP - Acredita que, desta vez, foi muito mais longe na desmistificação das aparições?

Padre Mario – *"É, agora, sobejamente claro que Fátima e a sua senhora não têm nada a ver com Maria - a mãe de* Jesus*. Que tudo aquilo é negócio, pura idolatria. Se FÁTIMA, NUNCA MAIS `**matou**´ Fátima, `FÁTIMA S/A´ faz a `autópsia´ ao cadáver. Com 1 pormenor nada despiciendo. Neste meu novo livro, tudo é devidamente fundamentado na DCF, disponibilizada e publicada pelo próprio Santuário, inclusive, com transcrições de partes significativas desses documentos".*

VP -Mesmo para 1 cético, como é o seu caso, não acha que Fátima desempenha 1 papel fulcral na sociedade portuguesa?

Padre Mario – *"Quem o não reconhece? A questão que nos havemos de colocar é o tipo de "papel fulcral na sociedade portuguesa" que Fátima representa. E aqui tenho de dizer, sem que a voz me trema, que no que respeita à* Sacrossanta Igreja, *Fátima é a vergonha das vergonhas. E se a fé católica romana é assim tão rasca, como a dos fatimistas, então, é muito mais digno ser-se agnóstico ou ateu. É por isso que, para as agências de turismo religioso do Mercado financeiro, Fátima é o local ideal para manter populações deprimidas, tristes, alienadas, humilhadas, autoflageladas, geração após geração. O que não deixa de constituir* ***1 crime de lesa-humanidade*** *que polícia alguma do mundo investiga, tão pouco, desaconselha. Até estimula e protege".*

VP - Sem Fátima, a orfandade ou o desamparo espiritual não seriam ainda maiores?

Padre Mario – *"Pelo contrário. Tudo em Fátima é altamente deprimente. Orfandade. Desamparo espiritual. Só gente deprimida, órfã, desamparada espiritualmente, é capaz de dizer que se sente lá bem. Como o dependente da droga se sente bem em locais fechados onde todos os que os frequentam são outros tantos consumidores compulsivos. Como o dependente do futebol dos milhões, se sente bem, sentado ou de pé, nas bancadas de luxuosas e grandiosas catedrais das respetivas máfias do dito, disfarçadas de clubes de futebol. Fátima é a negação de todos estes valores humanos. Em Fátima, o sofrimento é rei. A depressão é regra.* ***O viver de joelhos é o objetivo último. Uma vergonha, uma degradação humana a céu aberto!"***

VP - Após este livro sente que pouco mais ficou por dizer sobre Fátima?

Padre Mario – *"As `aparições´ só têm servido para* ***ludibriar as populações mais desamparadas****. São erradamente levadas a pensar que a solução para os seus graves e dolorosos problemas se resolvem com peregrinações a pé ou de carro para lá. Fátima não faz parte da fé católica, pelo que nenhum católico deixa de o ser, por não acreditar em Fátima. Vou ainda mais longe e afirmo, também sem que a voz me trema:* ***1 bom católico não deve acreditar em Fátima****. Aqueles católicos, que acreditam e correm para Fátima, não passam de católicos medíocres..".* (Pesquisas: *Visão, Juras, 30/9/2019*).

Adendo

Minha prezada leitora e meu estimado leitor, sabiam que os *Pastorzinhos* antes de serem canonizados, foram ironica paradoxalmente consideradas *"loucas"possuídas pelo diabo, presas e quase queimadas vivas?"*

S. ROQUE

PADROEIRO DOS LEPROSOS

Roque nasceu no ano de 1295, na França, numa família rica, nobre. Ficou órfão n´ adolescência e vendeu toda a herança, distribuindo o que arrecadou entre os pobres. Depois disto, viveu como peregrino andante. Percorreu a França com destino à Roma.

No caminho, Roque deparou com regiões infestadas pela chamada peste negra. Era comum, ver à beira das estradas, pequenos povoados só de doentes que foram isolados do convívio das cidades, para evitar o contágio do restante da população ainda sã. Enxergando nas pobres criaturas o verdadeiro rosto de Cristo, Roque se atirou de corpo e alma na missão de tratá-los.

(**NB**: Não é pose sexy)

Seu zelo pelos doentes era tanto que ele descuidou-se de si próprio. Certo dia percebeu uma ferida na perna e viu que fora contaminado pela peste. Assim, decidiu se refugiar sozinho em um bosque, onde foi amparado por Deus.

Roque foi encontrado por 1 cão. **Este animal passou a levar-lhe algum alimento todos os dias**, até que o dono dele, curioso, 1 dia o seguiu. Comovido, constatou que era seu cão que socorria o pobre doente. Este homem auxiliou Roque na sua recuperação.

Já com a saúde em dia, Roque voltou para sua cidade, mas foi preso, considerado como 1 espião. No cárcere continuou praticando a caridade e pregando a palavra de Cristo, convertendo muitos prisioneiros e aliviando suas aflições, até morrer.

Hoje as relíquias de S. Roque são veneradas na belíssima basílica dedicada à ele em Veneza, Itália, sendo considerado o \`Santo protetor contra as pestes´.

S.SEBASTIÃO

Padroeiro oficial dos gays

Em 20/1/ 256 dC, nascia S. Sebastião. Seu passado é desconhecido. Não se sabe seu sobrenome, se ele nasceu na França ou na Itália, se foi no ano 250 e se seu pai foi 1 militar a serviço do Império--romano. O que é certo é que ele cresceu em Milão e que sua educação foi cristã. Dizem que, ainda jovem, partiu para Roma e foi soldado como o pai. Corajoso, logo conquistou a admiração dos colegas e do próprio imperador. Chegou a ocupar o invejado posto de capitão da guarda pretoriana, em que era incumbido de zelar pela segurança da família do temido Diocleciano. Mas sua vontade de servir o exército diminuía a cada dia ao ver as atrocidades que os militares cometiam contra os cristãos a mando do governante.

O guarda imperial tinha contato diário com prisioneiros condenados à morte e ficava cada vez mais comovido com a situação deles. Sebastião aproveitou seu acesso irrestrito aos cárceres e começou a frequentá-los escondido dos superiores. Para tentar amenizar suas dores, ele oferecia palavras d' esperança e conforto. Muitos acabaram se convertendo ao Cristianismo ao descobrir o **Deus** de Sebastião. Soldados também começaram a se interessar pelas conversas do colega e decidiram abraçar a sua fé para se sentirem mais aliviados. Isso tudo acontecia durante o século 3, quando era proibido seguir os ensinamentos de **Jesus Cristo**. Não demorou para Sebastião ganhar fama e seus atos chegarem aos ouvidos do prefeito de Roma, Cromácio que após ouvi-lo, também resolveu virar cristão. . Mas Diocleciano descobriu que ela 1 traidor de seu império, chamou-o , tentou fazer Sebastião se arrepender; ofereceu-lhe presentes e fez ameaças se ele não desistisse de sua fé. Como de nada adiantou, mandou matá-lo. O soldado foi despido, amarrado a uma árvore e alvejado por muitas flechas.

Depois d'esperarem o sofrimento do mártir terminar, os algozes ouviram o que parecia ser o último suspiro do condenado e foram embora. Nesse mesmo instante (por uma coincidência bem oportuna), uma viúva que passava pelo local, chamada Irene, o socorreu. Mesmo sem conhecê-lo, ela levou Sebastião para sua casa e cuidou de cada 1 de seus ferimentos (pode- se dizer que foi muita *bundade?*). Anos mais tarde,em 304 dC, a mulher seria condenada por ser cristã e morreu queimada. Irene virou Sta. Irene e sua festa é comemorada em 3 /4.

Recuperado do ataque dos arqueiros, Sebastião procurou o imperador e pediu o fim às perseguições aos cristãos. Diocleciano não acreditava no que via e, como castigo por tal petulância, mandou açoitá-lo com paus e bolas de ferro. O soldado morreu em 20/1/288 e seu martírio foi assistido em Roma por uma multidão.

O imperador mandou que seu corpo fosse jogado nos esgotos de Roma para que o militar não fosse venerado pela população. Porém, de nada adiantou.

Seus restos mortais foram recuperados por seguidores e guardados nas catacumbas da cidade, ao lado das relíquias de S. Pedro e S. Paulo. A veneração aconteceu ali mesmo.Sebastião foi canonizado por aclamação popular e ganhou do papa Caio o título de *'Defensor Glorioso da Igreja de Cristo'*. Ele virou 1 exemplo de coragem e amor ao próximo e foi aí que centenas de milagres seriam atribuídos a ele, bastando rezar e pedir a sua intervenção.

E quem não sabe, o Rio quando foi fundado, chamou-se inicialmente *Cidade de S.Sebastião* do Rio de Janeiro. Até a cidade do Rio de Janeiro em homenagem ao santo que morreu duas vezes.

STA. TECLA

Esclarece a arquidocese de S.Paulo, que 1 bom número de santas que *"chamadas à castidade"* ou a 1 relacionamento com Cristo em vez de 1 casamento/lar/família. Sta. tecla - evangelista, foi uma dessas abnegadas convertidas por isso em `santa'. .Ela certo dia, ouviu S.Paulo pregando na rua sob sua janela e como resultado, ela anunciou sua intenção de romper o noivado e abraçar uma vida de castidade. Sua família ficou escandalizada, denunciaram-na ao governador que a mandou prender e condenar à morte.

Tecla foi amarrada nua a uma estaca, mas uma tempestade milagrosa apagou as chamas. ela estava salva! Uma vez em casa novamente, Tecla se disfarça de jovem e foge para se reunir com S.Paulo e viajar para a Antióquia. Lá 1 nobre chamado Alexandre violenta Tecla e ela. lutando com ele, agride-o, o que a leva a julgamento por agredir 1 nobre. Novamente condenada à morte, desta vez às feras; mas implorando a **Deus** por sua vida, ela tem permissão de sair d´arena **montada numa leoa** (que lambe seus pés) e retornar desfilando pela cidade. na manhã seguinte !

Porém, Alexander vem buscá-la e a acompanha até a arena para que ela morra sem escapar dessa vez. Lá ela é despida e jogada às feras novamente. Uma leoa (presumivelmente aquela que lambeu seus pés) se **acerca dela e a protege dos ataques dos outros leões, touros e ursos**. Tecla reza e se joga numa vala de água cheia de focas ferozes e famintas e se batiza. **Uma nuvem de fogo cobre sua nudez e mata as focas cruéis.** As mulheres nas arquibancadas d´arena lançam então nardo perfumado e bálsamo n´arena, o que teve 1 efeito pacificador sobre os animais selvagens. O estupefato governador liberta Tecla e ela retorna ao palácio da rainha Trifena. Recusando todas as súplicas para ficar com a rainha , Tecla se veste com roupas masculinas e sai em busca de S.Paulo, a quem encontra e diz que se batizou e foi comissionada por Cristo para batizar e pregar também em seu nome. S.Paulo a reconhece como uma companheira apóstola e a encoraja a pregar o *Evangelho*. Desde então, onde quer que ela fosse, ***"uma nuvem brilhante a conduzia em sua jornada"***. Tecla encoraja as mulheres **a não transar, nem com seus maridos**, viver uma vida de castidade e seguir a palavra de **Deus**. Quando ela volta para casa, descobre que as finanças haviam acabado e que sua mãe é indiferente à sua pregação. Ela então parte e vai morar numa caverna rochosa nas montanhas perto da cidade de Ma'aloula (Síria).o resto de sua vida .Por **72** anos. ela se tornou uma curandeira e realizou muitos milagres. Outra historia anexa que ela continuou sendo perseguida e os homens ainda conspiravam para estuprá-la e matá-la, mas quando ela estava prestes a ser agarrada, Tecla clamou a **Deus** por ajuda; uma fissura então se abriu nas paredes de pedra de sua caverna e ela **desapareceu**. Diz-se que ela foi à Roma e se deitou ao lado do túmulo de S.Paulo...Por esse magnífico acontecimento, sua caverna se tornou 1 importante local de peregrinação no Cristianismo primitivo e medieval. Hoje, os visitantes ainda podem ver a caverna de Tecla e a fonte que fornecia água para ela!! Que legal !!

Também consta em sua história, ela ter formado uma comunidade monástica de mulheres que se adequassem `sua forma de vida de não querer nada com homens *"conforme os oráculos de* **Deus**".

SANTAS E SANTOS QUE PRODUZIRAM ÁGUA MILAGROSA

STA. BARBARA

Na cidade S. Félix na Bahia , BR, existe uma fonte de água que muitos afirmam ser sagrada, localizada na *Ladeira do Milagre*. O local faz referência a Sta. Bárbara – protetora dos raios e trovões . Mas curioso é que nenhum padre nem bispo sabem explicar o porquê !!

S. FRANCISCO

Enquanto estava numa cidade italiana, S. Francisco de Assis foi capaz de fazer com que uma fonte de água sequiosa se transformasse em água limpa e potável.

STA RITA DE CÁSSIA

Mesmo aceita, a vocação da Sta. Rita ainda causava dúvida entre as freiras. Isso permaneceu até acontecer 1 milagre. Ela foi destinada a regar uma planta seca que estava no jardim do convento. Rita obedeceu à ordem e, depois de 1 ano, a planta transformou-se numa videira que dá frutos até hoje...Conhecem a Igreja que só conta a verdade?

Aproveitandoi a deixa, outro caso de milagre foi orando aos pés de 1 crucifixo.

Foi quando Sta Rita pediu que sentisse 1 pouco da dor que *Jesus* sentiu na crucificação. Então, 1 espinho da coroa cravou-se na cabeça da santa e transformou-se numa grande ferida. Por isso, Rita teve que ficar isolada das irmãs. A ferida continuou até sua morte, em 22/5/1427. Nesse dia, a ferida cicatrizou e seu corpo começou a soltar 1 perfume de rosas que surpreendeu as irmãs. Segundo relatos, uma freira teve seu braço curado ao abraçar o corpo da santa. Já a ferida virou uma mancha vermelha que continuiou soltando perfume. O fenômeno atraiu toda a cidade, que apareceu para vê-la. Dizem que até hoje o corpo solta 1 perfume !!!!!!!!!!!!!!!!!!

Atualmente seu corpo está exposto para visitação na cidade de Cássia na Itália, intacto. Apenas suas roupas são trocadas, a medida em que se deterioram.

✡ Querem saber como a água pode se transformar em milagrosa de fato? Anotem:

Certa vez, uma senhora me procurou para me pedir ajuda. O problema dela eram as brigas com o marido. Era só ele chegar em casa, pronto, começavam as brigas. Ela não conseguia controlar-se.

Eu ouviu-a com atenção, depois lhe disse: "A senhora espere 1 pouco aqui, que eu tenho uma solução para esse caso".

Foi lá dentro, enchi uma garrafa de água potável, trouxe e lhe dei, dizendo: 'Esta água é milagrosa. Ela cura mesmo. Mas a senhora tem de usá-la da maneira correta.

É assim: Quando o seu marido fizer alguma coisa errada e a senhora tiver vontade de brigar, 1° ponha 1 bom gole desta água na boca e não engula, mas fique segurando a água na boca até se acalmar. Depois pode jogar fora a água'. *A senhora agradeceu e levou a água para casa. Lá, usou a água milagrosa da forma indicada.Dias depois, ela voltou para agradecer. Eu sorri e lhe disse:* 'Filha, aquela água não é milagrosa coisa nenhuma. O que a senhora fez foi usar o dom do discernimento. Para usar esse dom, precisamos ter calma, paciência e não agir precipitadamente'.

Muitas pessoas são precipitadas e tomam atitudes que só depois param para pensar. É o caso de usar a técnica de contar até 20. Antes de tomarmos qualquer atitude repentina, parar e contar mentalmente até 20, pois quando terminamos de contar, a nossa reação será outra.

SANTOS X DEMÔNIOS

STO.ANTÃO

Este santo viveu durante os séculos 3 e 4. Foi 1 dos 1º monges a retirar-se ao deserto para viver entregue ao jejum e à oração. Numa certa ocasião, aos seus 35 anos, Sto. Antão decidiu passar a noite sozinho numa tumba abandonada. Então apareceu ali 1 grupo de **demônios** e o feriram.

Os arranhões dos demônios lhe impediram de levantar-se do chão. O ermitão comentava que a dor causada por essa tortura demoníaca não podia ser comparada com nenhuma ferida causada pelo homem. No dia seguinte, 1 amigo seu o encontrou e o levou ao povoado mais próximo para curá-lo. Entretanto, quando o santo recuperou os sentidos pediu ao seu amigo que o levasse de volta à tumba. Ao deixá-lo, Sto. Antão gritou: *"Sou Antão e aqui estou. Não fugirei de suas chicotadas e nenhuma dor ou tortura me separará do amor de* ***Cristo****".* Sto. Atanásio relata que os **demônios** retornaram e ocorreu o seguinte: Escutou-se uma trovoada, parecia o barulho de 1 terremoto, que sacudiu o lugar inteiro e os demônios saíram das 4 paredes em formas monstruosas de animais e répteis. O lugar desta maneira ficou cheio de leões, ursos, leopardos, touros, serpentes, víboras, escorpiões e lobos. O leão rugia, querendo atacar; o touro se preparava para atacar com seus chifres; a serpente se arrastava procurando 1 lugar de ataque e o lobo rosnava ao redor dele. Todos estes sons eram assustadores. Embora Sto. Antão arquejasse de dor, enfrentou os dizendo: *"se vocês tivessem algum poder, bastava que somente 1 de vocês viesse, mas como* ***Deus*** *os criou fracos, vocês querem me assustar com a quantidade de demônios: e o que comprova a sua debilidade é que adotaram a forma de animais irracionais". "Se forem capazes e se tiverem recebido um poder de ir contra mim, ataquem-me de uma vez. Mas se não são capazes, por que me perturbam em vão? Porque minha fé em* ***Deus*** *é meu refúgio e a muralha que me salva de vocês".* De repente, o teto do lugar foi aberto e uma luz brilhante iluminou a tumba. Os demônios desapareceram e as dores pararam. Quando percebeu que **Deus** o salvou, ele rezou: *"Onde estavas? Por que não apareceste desde o começo e me liberaste das dores?".*

Deus respondeu-lhe: *"Antão, eu estava ali, mas esperei para ver-te brigar. Vi como perseveraste na luta e não caíste, sempre estarei disposto socorrer-te e o teu nome será conhecido em todas partes".* Depois d´escutar as palavras de **Jesus**, o monge se levantou e orou. Então recebeu tanta força que sentiu que no seu corpo tinha mais poder do que antes.

Ao viajar pelo deserto, Sto. Antão encontrou 1 centauro, *"uma criatura de forma mesclada, 1/2* cavalo *e 1/2 homem",* a quem perguntou sobre as direções. A criatura tentou falar num idioma ininteligível, mas finalmente apontou com a mão o caminho desejado e depois fugiu e desapareceu de vista. Foi interpretado como **1 demônio** tentando aterrorizá-lo, Sto Antão encontrou em seguida o sátiro, *"1 anão com focinho de gancho, testa com chifres e extremidades como pés de cabra".* Esta criatura estava em paz e ofereceu-lhe frutos, e quando Sto. Antão perguntou quem ele era, o sátiro respondeu: *"Eu sou 1 ser mortal e 1 daqueles habitantes do deserto a quem os gentios iludiam por várias formas de adoração por erro sob os nomes faunos, sátiros e incubos".*

Certa vez, Sto Antão tentou s´esconder numa caverna para escapar dos **demônios** que o atormentavam. Havia tantos pequenos demônios na caverna que o servo de Sto, Antão teve que carregá-lo porque o espancaram até à morte.

Quando os eremitas foram reunidos no cadáver de Sto. Antão para lamentar sua morte, Sto Antão foi revivido. Ele exigiu que seus servos o levassem de volta para a caverna onde os **demônios** o espancaram. Quando ele chegou lá, chamou os demônios, e eles voltaram como bestas selvagens para rasgá-lo em pedaços. De repente, uma luz brilhou e os demônios fugiram. Sto Antão sabia que a luz devia ter vindo de **Deus**, e ele perguntou a **Deus** onde ele estava antes quando os **demônios** o atacaram. **Deus** respondeu: *"Eu estava aqui, mas gostaria de ver e permanecer para ver a tua batalha, e porque tu principalmente lutaste e mantiveste bem a tua batalha, farei com o que o teu nome seja espalhado por todo o mundo"* (Pesquisas: *Acidigital/ Internet*).

STO. ANTÔNIO ABADE

Sto. Antônio exortava seus irmãos a preocupar-se o menos possível com seu corpo, mas se guardava bem de confundir a perfeição, que consiste no amor de Deus, com a mortificação. Aconselhava seus monges a pensar a cada manhã que talvez não viverão até o final do dia e que executassem cada ato, como se fosse a última vez de sua vida. "*O **demônio** -dizia- teme o jejum, a oração, a humildade e as boas obras e fica reduzido à impotência diante do sinal da cruz".*

BEATA BENVINDA BOIANI

Ainda muito jovem, comunicou a seus pais que queria consagrar a Deus sua virgindade e fazer-se 3ª de S.Domingos, eles não fizeram nenhuma objeção. Após receber o hábito da *Ordem 3ª da Penitência de S.Domingos*, imitou nas vigílias e nos jejuns os religiosos da Ordem. Guiada somente por seu fervor e pela inexperiência da juventude, entregou-se às penitências mais extraordinárias.

Já aos 12 anos, colocou na cintura a corda de S.Tomás tão apertada, que esta penetrou na carne provocando 1 sofrimento intolerável. Julgavam que ia ser necessário fazer uma operação cirúrgica para tirá-la, mas 1 dia a corda **se desprendeu milagrosamente de seu corpo**, enquanto ela rezava. **S. Domingos** lhe apareceu reprovando-a severamente por seus rigores indiscretos e lhe ordenando que se colocasse sob a régia via da obediência. Ele mesmo indicou o santo dominicano sob cuja direção ela deveria passar toda a vida. Durante 5 anos a beata sofreu várias enfermidades.

O **demônio** aproveitou esse período para tentá-la violentamente com a desesperação e outras formas, mas seu pior sofrimento era não poder assistir à *missa e às completas*, durante as quais se cantava a Salve Rainha. Mas **Deus** devolveu a ela sua saúde num dia da *Festa d´Anunciação*, quando Benvinda se dispôs a fazer uma peregrinação ao santuário de S. Domingos

Conta-se que sendo ainda jovem Benvinda foi 1 dia à igreja, pouco depois da morte de sua mãe. Ali encontrou 1 menino a quem disse: *"Tu tens mamãe?"* O menino respondeu que sim. *"Eu já não tenho"* - disse Benvinda. *"Mas como tens a tua, talvez ela tenha te ensinado a rezar a ave - maria".* O menino respondeu: *"Eu a sei de cor. E tu?" "Eu também sei"*-respondeu a jovem. *"Diga para mim"* - rogou o menino. Benvinda começou a rezar a ave-maria em latim. Quando chegou à palavra **Jesus**, o menino disse a ela: *"Eu sou **Jesus**!"* e desapareceu.

Embora a alegria e a confiança tenham sido as virtudes características da beata, o demônio não deixava de induzi-la ao desespero e à infidelidade em seu leito de morte. A beata triunfou dessas tentações e morreu pacificamente em 30/10/1292, na sua cidade natal de Cividale. Foi sepultada na igreja local dos dominicanos e seu corpo não foi encontrado. Logo foi objeto de veneração e de 1 culto popular. O papa Clemente 14 confirmou seu culto e deu-lhe o título de beata em 6//2/1763.

S. BENTO

S. Bento também era 1 jovem rico que largou os prazeres da vida para viver a austeridade religiosa. Bento retirou-se de Roma para uma caverna isolada. Mas o **Diabo** não se contentou em deixar o religioso escapar de suas garras.

A 1ª tentativa foi visitar Bento **na forma de 1 pássaro**, que bicou seu rosto diversas vezes. Bento simplesmente o benzeu e se livrou do bicho. A próxima tentativa do **Diabo** foi mais carnal. *Ele tomou a forma de uma bela dama* a quem Bento havia se interessado. A visão era tão sedutora que o religioso quase saiu de sua caverna para se render às delícias e prazeres da carne.

No entanto, ele salvou sua alma quando se atirou num arbusto espinhoso e rolou para mortificar a carne; 1 banho gelado no rio talvez tivesse 1 efeito calmante menos doloroso, não?

STA.CATARINA DE SIENA

Sta. Catarina é reconhecida pelos católicos como uma das santas importantes para a formação da teologia doutrinária da ex- Igreja-católica-apostólica-romana depois transformada na ex *Sacrossanta* ✠ *Igreja* de *Jesus*.

Mas para alcançar essa posição, ela 1° teve que se unir a *Jesus* e batalhar contra o que não permitiu que Catarina realizasse uma jornada fácil para a sua santidade. Ele a subjugou com imagens repugnantes e alucinações que duraram dias. Durante esse tempo, ela não conseguia se comunicar com *Deus*. Por fim, as visões foram dissipadas pelas orações que fazia.Disse-lhe *Jesus*: *" Filha, a tua linguagem é incapaz de descrever os sofrimentos desses infelizes... No Inferno, os pecadores padecem 4 tormentos principais: 1° tormento: é a ausência da Minha visão; 1 sofrimento tão grande, que os condenados, se fosse possível, prefeririam sofrer o fogo, vendo-me, do que ficarem fora dele sem Me verem. 2° tormento, como consequência, é o remorso que corrói interiormente o pecador, privado de mim, longe da conversação dos **anjos**, a conviver com os **demônios.** Aliás, a visão do **Diabo** constitui o 3° tormento. Ao vê-lo, duplica-se o sofrer...Os infelizes danados veem crescer os seus padecimentos ao verem os demônios. Nestes, eles conhecem-se melhor, entendendo que pela própria culpa mereceram o castigo. Assim, o remorso martiriza-os e jamais cessará o ardor da consciência. Muito grande é este tormento, porque o **Diabo** é visto no seu próprio ser; tão horrível é a sua fealdade, que a mente humana não consegue imaginar...Segundo a Justiça divina, ele é visto mais ou menos horrível pelos condenados, conforme a gravidade das suas culpas. O 4° tormento é o fogo; 1. fogo que arde sem consumir, sem destruir o ser humano. É algo imaterial, que não destrói a alma incorpórea. Na Minha Justiça, permito que tal fogo queime, faça padecer, aflija; mas não destrua. É ardente e fere de modo crudelíssimo e de muitas maneiras. A uns mais, a outros menos, segundo a gravidade dos seus pecados. " (* Pesquisas: *Sta. Catarina de Sena, 'O logo', 14.3.2*)

S. DOMINGOS DE GUSMÃO

Conta S. Luís Maria Grignion de Montfort, em seu livro *O SEGREDO ADMIRÁVEL DO SANTÍSSIMO ROSÁRIO* que numa ocasião, S. Domingos de Gusmão estava pregando e levaram a ele 1 herege albigense possuído por demônios, a quem exorcizou na presença de uma grande multidão.

O santo fez aos malignos várias perguntas e ele, por obrigação, disseram-lhe que eram 15.000 os que estavam no corpo desse homem, porque este tinha atacado os 15 mistérios do rosário (os mistérios luminosos, que os aumentam para 20, foram introduzidos em 2012 por S. João Paulo 2º. Durante o exorcismo, os **demônios** disseram ao santo que com o rosário que pregava, levava o terror e o espanto a todo o inferno e que ele era o homem que mais odiavam no mundo por causa das almas que lhes tirava com esta devoção. S. Domingos lançou seu Rosário ao pescoço do homem e perguntou-lhes qual dos santos do céu temiam mais e qual devia ser o mais amado e honrado pelos homens. Os inimigos, diante dessas perguntas, deram gritos tão espantosos que muitos dos que estavam ali presentes caíram em terra pelo susto. Os **malignos**, para não responder, choravam, lamentavam-se e pediam pela boca do homem a S. Domingos que tivesse piedade deles. O santo, sem se alterar, disse que não pararia de atormentá-los até que respondessem o que lhes tinha perguntado. Então, eles disseram que o diriam, mas em segredo, ao ouvido e não diante de todos. O santo, ao contrário, ordenou-lhes que falassem alto, mas os diabos não quiseram dizer nenhuma palavra. Então, pe. Domingos, de joelhos, fez a seguinte oração: *"Oh excelentíssima Virgem Maria, pela virtude de teu saltério e Rosário, ordena a estes inimigos do gênero humano que respondam a pergunta".* Em seguida, uma chama ardente saiu das orelhas, nariz e boca do homem possuído. Os **demônios** rogaram a S. Domingos que, pela paixão de **Jesus Cristo** e pelos mistérios de sua Santa Mãe e de todos os santos, os permitisse sair desse corpo sem dizer nada, porque os **anjos** o revelariam em qualquer momento que quisesse.

Mais tarde, o santo voltou a se ajoelhar e elevou outra prece: *"Oh digníssima Mãe de Sabedoria, sobre cuja saudação, de que forma se deve rezar, este povo já está instruído, peço-vos para a saúde dos fiéis aqui presentes, que obrigueis a esses vossos inimigos a abertamente confessar aqui a verdade completa e honesta".* Apenas terminou de pronunciar estas palavras, o santo viu perto dele uma multidão de **anjos** e a **Virgem Maria** que golpeava o **demônio** com uma vareta de ouro, enquanto lhe dizia: *"Responda a pergunta de meu servidor Domingos".* Deve-se levar em consideração que o povo não via, nem ouvia a **Virgem**, somente S. Domingos. Os **demônios** começaram a gritar: *"Oh! inimiga nossa! Oh! ruína e confusão nossa! Por que viestes do céu para atormentar-nos de forma tão cruel? Será preciso que por vós, oh advogada dos pecadores, a quem livrais do inferno; oh caminho seguro do céu, sejamos abrigados – para nosso pesar – a confessar diante de todos o que é causa de nossa humilhação e ruína? Ai de nós! Maldição a nossos príncipes das trevas!". "Ouçam, pois, cristãos! Esta* Mãe de Deus *é onipotente e pode impedir que seus servos caiam no inferno. Ela, como 1 sol, dissipa as trevas de nossas astutas maquinações. Descobre nossas intrigas, rompe nossas redes e reduz à inutilidade todas nossas tentações. Vemo-nos obrigados a confessar que ninguém que persevere em seu serviço se condena com nós; 1 só suspiro que ela apresente à Santíssima Trindade vale mais que todas as orações, votos e desejos de todos os santos. Temos mais medo dela do que de todos os bem-aventurados juntos e nada podemos contra seus fiéis seguidores".*

Do mesmo modo, os **malignos** confessaram que muitos cristãos que a invocam ao morrer e que deveria ser condenados, segundo as leis ordinárias, se salvam graças à sua intercessão: *"Ah, se esta Mariazinha* – assim a chamaram em sua fúria – *não houvesse oposto aos nossos desígnios e esforços, há tempos teríamos derrubado e destruído a Igreja e levado ao erro e à infidelidade toda sua hierarquia!".* Em seguida, acrescentaram que *"ninguém que persevere na reza do Rosário se condenará. Por que ela obtém para seus fiéis devotos a verdadeira contrição dos pecados, para que os confessem e alcancem o seu perdão".* Foi então que S.Domingos fez todo o povo rezar o Rosário muito lenta e devotamente e, a cada ave-maria que rezavam, saíam do corpo do homem possuído uma grande multidão de **demônios** em forma de carvões incendiados.

Quando todos os inimigos saíram e o herege ficou livre, a ***Virgem Maria***, de maneira invisível, deu sua bênção a todo o povo, que experimentou grande alegria. *"Este milagre foi causa da conversão de grande número de hereges, que, aliás, se inscreveram na Confraria do Santo Rosário"* - concluiu S. Luís Maria Grignion de Montfort.

S.DUNSTAN

S. Dunstan era conselheiro de 1 dos reis da Inglaterra, mas foi acusado de bruxaria e banido da corte. Ele levou a vida santa de 1 eremita, tocando harpa e trabalhando como ferreiro. Como sempre, o **Diabo** não permitiria que alguém S vivesse uma vida simples e sagrada; daí , 1 dia, enquanto Dunstan trabalhava em sua ferraria, o capeta assumiu a forma de uma jovem mulher que dançou para tentar convencê-lo a pecar.

Mas o rapaz ignorou a dançarina e continuou seu trabalho. A dança tornou-se mais selvagem e suas saias s´ergueram enquanto ela girava, revelando suas partes íntimas. Dunstan agarrou o nariz do **Diabo** com as tenazes de brasa de sua forja e o expulsou. Forçando o **Diabo** a prometer nunca mais incomodá-lo, ele martelou ferraduras em seu casco. Acredita-se que a água vermelha e sulfurosa da nascente de Tunbridge Wells tenha sido estragada pelo Diabo quando ele tentou curar seu nariz queimado.

STA.FAUSTINA

Sta. Faustina, uma freira polonesa que viveu no início do século 20 frequentemente recebia revelações particulares de ***Jesus***, instruindo-a a espalhar a mensagem da *Divina Misericórdia* pelo mundo. Esta mensagem se concentrava no amor e misericórdia sem limites de ***Deus***, que está pronto para aceitar até os pecadores mais endurecidos de volta ao seu rebanho.

Satanás não estava feliz e enviou uma série de **demônios** para amedrontá-la, esperando que ela desistisse da missão que **Deus** lhe confiara. Ela escreve sobre isso em seu *DIÁRIO*:

*"Depois de dar alguns passos, uma grande multidão de **demônios** bloqueou meu caminho. Eles me ameaçaram com terríveis torturas e ouviam-se vozes: 'Ela roubou tudo o que trabalhamos [para conseguir] há tantos anos!'. Quando perguntei a eles:* 'De onde vocês veem em tão grande número?', *as formas perversas responderam:* 'Saia dos corações humanos; pare de nos atormentar!'" Sta. Faustina não recuou, mas pediu ajuda ao seu **anjo da guarda**: *"Vendo seu grande ódio por mim, imediatamente pedi ajuda ao meu anjo da guarda e imediatamente sua figura radiante apareceu e me disse*: 'Não tema, esposa do meu Senhor; sem a permissão dele, esses espíritos não farão mal a você'. *Imediatamente os maus **espíritos** desapareceram e o fiel anjo da guarda me acompanhou, de maneira visível, até a minha casa. Seu olhar era modesto e pacífico e uma chama de fogo brilhava em sua testa."*

Este não foi o último encontro com demônios que Sta. Faustina teve e toda vez que isso acontecia, ela rezava para seu anjo da guarda, que posteriormente os afugentava.

STA.FRANCISCA ROMANA

O **demônio** empreendia todo tipo d´esforços para perturbar sua vida e, sobretudo, impedir a santificação de Francisca. Como a santa sempre triunfava de suas tentações, ele recorria com frequência a ataques diretos. Assim, em certa ocasião ela e Rosa Vanozza retornavam da *Basílica de S. Pedro* e decidiram tomar 1 atalho pois já era tarde. Chegando à margem do Tibre, inclinaram-se para tomar 1 pouco de água.

Empurrada por uma força invisível, Francisca caiu no rio. Rosa Vanozza lançou-se para salvá-la e foi também arrastada pela correnteza. Sentindo em perigo suas vidas, recorreram a Deus e no mesmo instante se viram de novo na margem, sãs e salvas.

Como ela viu o **Inferno,** testemunharia mais tarde: Existem 3 principais **demônios** que seguem as ordens de **Lúcifer.** O 1º é **Asmodeu**, que representa o vício da carne; o 2º é **Mamon**, chefe do vício d´ avareza, e depois **Belzebu** - chefe de toda a idolatria e obras ocultas.

S. FRANCISCO

As tentações de S.Francisco e a sua vitória contra o **demônio** pode ser encontrado em diferentes livros de gravuras produzidos na Era moderna. Famosa é a que diz: *"Tentado pelo **demônio** da luxúria, S. Francisco se lança, nu, sobre uma moita d´espinhos e s´enche de chagas"*.

STA. GEMA GALGANI

Por que contam que Sta. Gemma Galgani riu na cara do **diabo?**

Sta. Gemma Galgani era uma jovem santa e devota que teve visões extraordinárias de Deus e recebeu os estigmas, sinais visíveis das chagas de Cristo, em seu corpo. Consta que sua vida espiritual sobrenatural atraiu muita atenção, inclusive espíritos demoníacos que tentavam afastá-la de Deus. Mas ela foi avisada com antecedência por Deus, que lhe disse: *"Com minha permissão, os* ***demônios*** *tentarão continuamente desencorajar sua alma".*

DIÁRIO: *"Hoje eu pensei que ficaria completamente livre daquele animal nauseante e, em vez disso, me atingiu com força. Eu tinha ido para a cama com toda a intenção de dormir, mas acabou sendo o contrário. Ele começou a me bater com tantos golpes que tive medo de morrer. Ele tinha a forma de 1 grande cachorro preto e colocou suas 'patas' em meus ombros, me machucando muito. Senti tanto em todos os meus ossos que pensei que estivessem quebrados. Além disso, quando eu estava bebendo água benta, ele torceu meu braço com tanta violência que caí no chão de dor. O osso foi deslocado, mas voltou ao seu lugar porque Jesus o tocou e tudo foi remediado. No entanto, mesmo em meio a tais ataques, ela tinha senso de humor e apelidou o* ***diabo*** *de Chiappino , que é 1 apelido para `ladrão´. Ela também escreveu numa carta a 1 padre: "Se você o tivesse visto, padre, quando ele fugiu fazendo caretas, você teria rido alto! Ele é tão feio! ··· Mas Jesus me disse para não ter medo dele».*

STA. INÊS

Virgem, abadessa e mística (1268–317), Italiana, filha de uma rica família chamada Segni, aos 4 anos já sabia rezar as orações do pai-nosso e ave-maria. Desde os 6 anos, disse aos pais que queria se tornar freira, eles porém, não aceitavam. Daí em diante, Sta Inês viveu experiências místicas e de forte combate espiritual. Uma delas foi quando sofreu 1 ataque por **demônios** que assumiram a forma de corvos e feriram sua cabeça com as garras e bicos.

Por essas e por outras, seus pais ficaram muito preocupados com o que aconteceu e mesmo a contragosto, permitiram a entrada tão cedo, aos 9 anos, no *Convento das freiras de S. Domingos*. Aos 15 anos, foi eleita superiora devido à grande percepção da realidade, sua maturidade.

JESUS

A tentação de Jesus

E **Jesus**, cheio do Espírito-santo, voltou do Jordão e foi levado pelo Espírito ao deserto. 2 E 40 dias foi tentado pelo **diabo**, e, naqueles dias, **não comeu coisa alguma**(*) e, terminados eles, teve fome. E disse-lhe o **Diabo:** *'Se tu és o Filho de* ***Deus****, dize a esta pedra que se transforme em pão'.*

(*) Mentira que alguém de carne e osso passe de uma semana sem beber nem comer.

E ***Jesus*** lhe respondeu, dizendo: *"Escrito está que nem só de pão viverá o homem, mas de toda palavra de* ***Deus****"*. E o **Diabo**, levando-o a 1 alto monte, mostrou-lhe, num momento de tempo, todos os reinos do mundo. E disse-lhe o **Diabo**: *"Dar-te-ei a ti todo este poder e a sua glória, porque a mim me foi entregue e dou-o a quem quero. Portanto, se tu me adorares, tudo será teu".* E ***Jesus,*** respondendo, disse-lhe: "Vai-te, **Satanás**, porque está escrito: Adorarás o Senhor, teu ***Deus***, e só a ele servirás". Levou-o também a Jerusalém(*) e pô- -lo sobre o pináculo do templo e disse-lhe: *"Se tu és o Filho de* ***Deus****, lança-te daqui abaixo, porque está escrito: Mandará aos seus anjos, acerca de ti, que te guardem 11 e que te sustenham nas mãos, para que nunca tropeces com o teu pé em alguma pedra".* E ***Jesus***, respondendo, disse-lhe: *"Dito está: Não tentarás ao Senhor, teu* ***Deus****"*. 13 E, acabando o **Diabo** toda a tentação, ausentou-se dele por algum tempo.

Como essa Igreja mentiu descaradamente !

"Antes do ser humano existir, no Céu existia 1 anjo chamado ***Lúcifer*** *o qual* ***Deus*** *colocou numa posição de querubim da guarda, uma cargo de destaque em relação às demais criaturas celestes (Ez 28:14). Lúcifer era perfeito, sábio, belo e formoso!! de vívido resplendor e reluzente (Ez 28:15, Ez 28:17).Era o mais lindo que havia no céu !! Que despudor colocar-lhe rabo e chifres!! Pode?"*

(*) 232 km sem aero-moça, nem água. nem lanchinho e sem chapéu !!

"Concordo e dou todo meu apoio!!

S.JOÃO BOSCO

S. João Bosco era muito perseguido pelo **demônio**, que lhe aparecia em forma de animais monstruosos e não lhe deixava dormir. Num dia de Fevereiro ele foi a Ivrea (região do Piemonte, província de Turim, Itália),junto com o bispo d.Moreno, para ver se mudando de casa, aquela tortura parava. Essa luta contra o **espírito das trevas** , duraria até 1864,com algumas interrupções.

S. JOÃO MARIA BATISTA VIANNEY:

O santo padre de Ars nasceu na França no ano 1786. Foi 1 grande pregador, fazia muitas mortificações, foi 1 homem de oração e caridade. Tinha 1 dom especial para a confissão. Por isso, vinham pessoas de diferentes lugares para confessar-se com ele e escutar seus santos conselhos.

Devido a seu frutífero trabalho pastoral foi nomeado padroeiro dos sacerdotes. Também combateu contra o maligno em várias ocasiões. Uma vez, sua irmã passou a noite na sua casa, localizada ao lado da igreja. Durante a noite ela escutou raspões na parede. Foi ver o seu irmão Vianney, que estava confessando, e lhe explicou: *"Minha filha, não temas: é o resmungão. Ele não pode machucar-te. Ele me procura da maneira mais atormentadora possível. As vezes agarra os meus pés e me arrasta pelo quarto. Ele faz isto, porque eu converto muitas almas para o bom Deus".*

O **demônio** fazia ruídos durante horas, parecidos aos cristais, assobios e relinchos. Inclusive ficava sob a janela do santo de Ars e gritava. Seu propósito era não deixar que o sacerdote dormisse, para ficar cansado e não ficar horas no confessionário, onde salvava muitas almas das garras do maligno.

† Noutra ocasião, enquanto o sacerdote de Ars se preparava para celebrar a missa, 1 homem lhe disse que seu dormitório estava pegando fogo. Qual foi sua resposta? *"O Resmungão está furioso. Quando não consegue pegar o pássaro, ele queima a sua gaiola".* Entregou a chave para aqueles que iam ajudar a apagar o fogo. Sabia que Satanás queria impedir a missa e não o permitiu.

† Deus premiou sua perseverança diante das provações com 1 poder extraordinário que lhe permitia expulsar **demônios** das pessoas possuídas.

STA. MARGARIDA D´ANTIÓQUIA

Padroeira das gestantes.

Sta. Margarida despertou o libido do governador Olybrus, que propôs-lhe casamento. Ele talvez fosse até 1 bom partido, mas impôs a condição de que ela devia renunciar ao Cristianismo. Margarida não aceitou e foi presa, torturada, queimada e fervida viva, sem morrer. Em 1/2 a isso, o próprio **Satã** tentou ajudar os romanos, transformando-se num dragão e devorando-a inteira. A santa conseguiu escapar após rasgar a barriga do animal com seu crucifixo. Por causa disso, ainda que tenha morrido virgem ,

STA. MARIA MADALENA

Foi outra puta que se arrependeu de ganhar a vida só transando, ao conhecer *Jesus* e entrando para seu time, conseguiu vomitar pra fora 9 **demônios** , tornar-se apóstola , esposa do Salvador, mãe de seu 2 filhos e ter hoje igrejas pelo mundo afora e ser a inspiradora de best-seller e filmes que marcaram época.

Pastorinhos

Os 3 pastorinhos de Fátima, Sta. Jacinta Marto, S. Francisco Marto e Irmã Lúcia, foram pobres crianças/coiados/vítimas de uma Igreja, mentirosa que inventou uma história pantomimica que encenou em Fátima Portugal para atrair mais doadores de óbolos vendendo ilusões de cura e felicidade,. Em 1917, Lúcia foi induzida a contar ter tido numerosas visões de N.Senhora e que inclusive lhe houvesse lhes mostrado uma visão do **inferno** que ela descreveu da seguinte forma em suas *MEMÓRIAS:*

"N. Senhora mostrou-nos 1 grande mar de fogo que parecia estar debaixo da terra. Mergulhados nesse fogo, os ***demônios*** *e as almas, como se fossem brasas transparentes e negras ou bronzeadas, com forma humana, que flutuavam no incêndio, levadas pelas chamas que delas mesmas saíam juntamente a nuvens de fumo, caindo para todos os lados, semelhante ao cair das fagúlhas nos grandes incêndios, sem peso nem equilíbrio, entre gritos e gemidos de dor e desespero, que horrorizava e fazia estremecer de pavor." "Os* ***demônios*** *distinguiam-se por formas horríveis e asquerosas de animais espantosos e desconhecidos, mas transparentes e negros !"*

Isso teria acontecido em 13 /7/1917 e cuja inescrupulosidade a falsa *Igreja* ✝ *Pedófila* mantém até hoje , sendo que cerca de **4.400.000** de peregrinos estiveram em Fátima, entre 5 e 10/2023 na sua doce ilusão de obter graças/curas/ favorecimentos/ milagres de sua estátua de barro.

Lembrete

Quando o principal bispo Sérgio Von Helder, da ✝ *Igreja Universal* em S.Paulo, no programa *O Despertar da Fé, exibido na madrugada de 12/10/1995 chutou a imagem de N. Sra .Aparecida*, teve a coragem em declarar para todos os telespectadores do Brasil ver e ouvirem:

" Nós estamos mostrando às pessoas que isso aqui não funciona, isso aqui não é santo coisa nenhuma ..Cr$ 500 - 5 salários mínimos - custa no supermercado essa imagem e tem gente que compra!! Agora se você quiser uma santa mais barata, você encontra até por Cr$ 100 ! Será que ***Deus*** *- o Criador do universo, pode ser comparado a 1 boneco desse, tão feio, tão horrível, tão desgraçado!?*

A reação foi grande , causou 1 impacto enorme, mas deve ter-lhe dado a satisfação inesquecivel de haver pronunciado a única verdade em toda a sua carreira de pastor.

PADRE PIO

Pe. Pio de Pietrelcina é 1 dos exemplos mais notórios da luta física contra o **Diabo** que lhe aparecia das mais diversas formas, como animais repugnantes e 1 gato negro selvagem, a fim de atacá-lo. Além do mais, **Satanás** também chegava a aparecer na forma de jovens moças nuas que dançavam tentando-o contra sua castidade.

O **Diabo** era tão astuto que chegou a assumir forma semelhante até mesmo a **Jesus** a fim de confundir o padre. Porém, a sensação vinda através da visão diabólica imitando **Jesus** era de 1 desconforto e tristeza, sensações estas que não são próprias da vinda de **Jesus** até nós. Diria S. Pio depois: *"Esses* ***demônios*** *nunca deixam de atacar-me, inclusive fazem com que eu caia da cama. Também rasgam minhas vestimentas para açoitar-me! Mas já não me assustam porque* ***Jesus*** *me ama e ele sempre me levanta e me coloca novamente na minha cama"...*

STA.ROSA DE LIMA

Usava coroa d ´espinhos, praticava jejuns, dormia em cama coberta de cacos de vidro e cerâmica. Vivendo em comunhão espiritual saiu da clausura (1615) e morreu tísica com apenas 30 anos de idade, na mesma cidade onde nasceu, no Peru . Sua fama de santidade s´espalhou, foi beatificada pelo papa Clemente 9º (1668) e canonizada pelo papa Clemente 10º (1671). É festejada no dia 23/8.

STA.TERESA DE JESUS

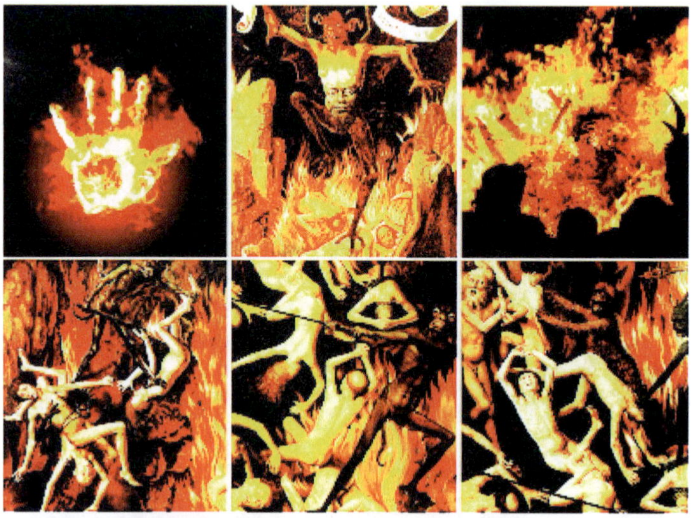

"Havia muito tempo que o Senhor me fazia muitas graças já referidas e outras ainda maiores, quando 1 dia, estando em oração, achei-me subitamente, ao que me parecia, metida corpo e alma no inferno. Entendi que o Senhor queria fazer-me ver o lugar que os demônios aí me haviam preparado, e eu merecera por meus pecados.

Durou brevíssimo tempo. Contudo ainda que vivesse muitos anos, acho impossível esquecê-lo.

A entrada pareceu-me 1 túnel longo e estreito, semelhante a 1 forno muito baixo, escuro e apertado. O chão tinha aparência de uma água, ou antes, de 1 lodo sujíssimo e de odor pestilencial, cheio de répteis venenosos. No fundo havia uma concavidade aberta numa parede, como 1 armário, onde me vi, encerrada de maneira muito apertada".

Em lugar tão pestilencial, sem esperar consolo, é impossível sentar-se, ou deitar-se, nem há espaço para tal. Puseram-me numa espécie de fenda cavada na muralha. As próprias paredes, espantosas à vista, oprimem, e tudo ali sufoca. Por toda parte trevas escuríssimas. Não há luz.. "Noutra visão, vi coisas horripilantes acerca do castigo de alguns vícios".

† 1 dia *"viu com os olhos d' alma 2* ***diabos*** *que tinham seus chifres ao redor do pescoço do sacerdote enquanto celebrava missa".*Inclusive para ela, estas visões eram estranhas. *"Poucas vezes vi o* ***demônio*** *em forma corporal, frequentemente não vejo sua aparência física, mas sei que está presente".* Quais eram suas armas contra as forças do mal? A oração, a humildade e a água bendita. Sta. Teresa dizia que esta última era uma arma eficaz.

Esta religiosa mística, considerada doutora da ex **Sacrossanta Igreja**, teve muitas `visões espirituais´ (A maioria dos psiquiatras atuais, principalmente aqueles que trabalham em manicômios, certamente lhe dariam outra denominação mais condizente) . Durante suas orações e meditações, o **demônio** lhe aparecia. *"Uma forma abominável* – escreveu - *sua boca era horrorosa. Não tinha sombra, mas estava coberto pelas chamas de fogo".*

O **demônio** lhe causava também fortes dores corporais. Numa ocasião a atormentou durante 5 horas enquanto estava em oração com suas irmãs. A santa permaneceu firme para não assustá-las; 1 dia *"viu com os olhos d´alma 2 diabos que tinham seus chifres ao redor do pescoço do sacerdote enquanto celebrava missa". "Uma vez estava num oratório e o* ***demônio*** *apareceu ao meu lado esquerdo. Ele me disse que agora me livrei das suas mãos, mas que ele me capturaria novamente".* Ela se assustou e se benzeu. Entretanto, **Satanás** continuou perturbando-a e Teresa tomou 1 frasco de água benta e derramou a água sobre ele. Depois desse dia ele nunca mais voltou.

S. WOLFGANG

S. Wolfgang decidiu construir uma igreja. Para determinar onde erguê-la, ele subiu uma montanha, jogou 1 machado pro ar e observou o local do pouso. Chegando ao local onde o machado caiu, decidiu que precisava de uma pequena ajuda com a construção. O **Diabo** apareceu a St. Wolfgang e ofereceu seu serviço.

O preço: reivindicar a alma da 1ª coisa viva que entrasse na igreja. Wolfgang concordou. Embora a capela parecesse bonita, os habitantes locais sabiam que ela havia sido feita com ajuda do **Diabo**, pois as linhas eram irregulares e não compatíveis com as outras igrejas da época. E Wolfgang começou a temer o preço que ele teria que pagar. Eis que 1 lobo perseguido por caçadores convenientemente correu em direção à igreja. Wolfgang abriu a porta e disse ao **Diabo** que levasse a alma do 1° ser vivo que entrasse. Aparentemente, a dívida estava paga!

PAPA PAULO 6º

«A verdadeira penitência não pode ser separada do ascetismo físico. A necessidade de mortificar a carne manifesta-se se nós consideramos a fragilidade da nossa natureza na que, depois do pecado de Adão, a carne e o espírito têm desejos opostos. Este exercício de mortificação corporal – muito afastado de toda a forma d' estoicismo – não implica uma condenação da carne que o Filho de ***Deus*** *se dignou dar-nos. Pelo contrário, a mortificação visa a libertação do homem"* (Pesquisas: *Constituição Apostolica Paenitemini, 17/2/1966*).

SANTAS PUTAS

STA . AFRA

Ela nasceu em Augsburgo, na região da Baviera, Alemanha, no século 4, então dominada pelo império romano. Afra vivia uma vida de pecado e era apoiada por sua mãe, chamada Hilda. Incentivada pela mãe, prestava culto à deusa Vênus. as duas viviam com 3 criadas cujos nomes eram: Eunômia, Digna e Eprepria. Por volta do ano 304, sob o domínio do imperador Diocleciano, Roma perseguia severamente os cristãos. por causa dessa perseguição, 1 bispo chamado Narciso, acompanhado de 1 diácono chamado Félix, hospedaram-se no prostíbulo de Afra, fugindo dos romanos.

Os 2 forasteiros pareciam, aos olhos delas, pessoas do bem, porém, estranhas, pois não as haviam, procurado para transar , queriam apenas hospedagem; . então, no momento da refeição, os 2 puseram-se em oração agradecendo a deus pelo alimento e pela acolhida que tiveram; tal oração tocou o coração das mulheres pela beleza, simplicidade e pureza de coração. assim, elas descobriram que os 2 eram cristãos. Tocada pela graça de **Deus**, que chegou àquela casa pela simples presença dos 2 cristãos, Afra fez uma revisão de sua vida e sentiu 1 profundo arrependimento em seu coração. por isso, sem compreender direito o que acontecia consigo, ajoelhou-se aos pés do bispo Narciso e confessou a ele sua vida de pecado e imoralidades. Narciso percebeu logo que o arrependimento de Afra era verdadeiro e sincero, por isso, deu--lhe a absolvição e o batismo, percebendo que a alma daquela jovem clamava por esta graça. Experimentando o amor e a graça de **Deus** em seu coração, Afra convenceu sua mãe e as criadas a fazerem a experiência do encontro com **Jesus** através do arrependimento e do batismo. elas aceitaram e experimentaram também a felicidade do amor de **Deus**.

Narciso e Félix instruíram as mulheres o quanto foi possível na fé cristã. depois, tiveram que prosseguir com a fuga, por causa da perseguição. Afra e as mulheres ajudaram os 2 despistando os perseguidores romanos. Sucedeu que pós a fuga dos clérigos cristãos, Afra foi denunciada anonimamente aos romanos. por isso, foi presa. Os romanos ofereceram a ela a liberdade, caso renegasse a fé cristã e prestasse culto aos deuses pagãos. Afra, porém, não aceitou. pelo contrário, reafirmou sua fé em *Jesus*; então, os soldados romanos levaram-na para uma ilha chamada Lesh. lá, ele foi despida, amarrada a 1 poste e, em seguida, queimada viva e, em nenhum momento, renegou sua fé em *Cristo*.

Algum tempo depois da morte de Afra, sua mãe e as 3 criadas descobriram o local onde a sepultaram e foram até lá rezar; ali, soldados romanos flagraram as 4 mulheres e prenderam-nas; os romanos ofereceram a elas a liberdade se elas renegassem a fé cristã; convictas, porém, nenhuma delas renegou a *Jesus* por isso, tal como aconteceu com Afra, foram queimadas vivas. seus restos mortais foram sepultados ao lado do túmulo de Afra. Quando o Cristianismo deixou de ser perseguido, o povo de Augsburg passou a venerar Sta. afra como padroeira da cidade, sendo que seu culto foi oficializado pela ex *Sacrossanta* *Igreja* em 1064 e a celebração de sua festa em 7/8.

STA.MARGARIDA DE CORTONA

Protetora dos órfãos, mães solteiras, prostitutas sem abrigo.

No século 13, Margarida ainda adolescente gostava de se divertir e de transar. Mas como achou 1 cliente quer a 1 nobre rico que gamou por ela, amigou-se com ele, Ele porém foi assassinado, deixando-a na mão. Daí, Margarida resolveu voltar para casa e tentar mudar de vida. Para mostrar publicamente sua mudança de vida, compareceu à missa com uma corda amarrada ao pescoço e pediu desculpas a todos pelos excessos da sua vida passada.

Só que essa atitude fingida encheu sua madrasta de raiva, que fez com que ela fosse expulsa da paróquia. Margarida sofreu muito com isso e chegou a pensar em retomar sua vida de prostituição. No entanto, com firmeza conseguiu se manter dentro da decisão religiosa, procurando os franciscanos de Cortona e conseguindo ser aceita na *Ordem 3°.*

Para ser definitivamente incorporada à ordem teria que passar por 3 anos de provação. foi nesta época que ela se infligiu as mais severas penitências, que foram vistas como extravagantes, relatadas nos antigos escritos, onde se lê também que a atitude foi tomada para 'evitar as tentações do **demônio**' e os contínuos excessos nas penitências.

Aos 23 anos Margarida foi premiada com várias experiências de religiosidade **que foram presenciadas e comprovadas pelos seus orientadores espirituais franciscanos.** recebendo visitas do seu anjo da guarda, teve visões, revelações e mesmo aparições de *Jesus*, **com quem conversava com frequência** durante suas orações contemplativas.Como foi definitivamente ao encontro de *Jesus*, serenamente, em 22/2/1297. Ela com todas as pompas e circunstâncias seriai canonizada pelo papa bento 13 em 1728 protetora dos órfãos, mães solteiras, prostitutas, sem abrigo.

STA. MARIA EGIPCÍACA

Segundo a tradição católica, essa puta viveu no século 5 , chamava-se Maria e era do Egito. A partir dos 12 anos, levada por sua ardente vontade de transar todos os dias e liberdade total para lográ-lo, ela fugiu de casa. Ela contaria para S.Zósimo antes de morrer:

"Eu era como 1 fogo de depravação pública e não era por amor ao ganho. Frequentemente, quando eles desejavam pagar-me, eu recusava o dinheiro. Agia dessa maneira para fazer com que tantos homens quantos fosse possível desejassem possuir-me, fazendo de graça o que me dava prazer."

Ela se prostituía, portanto, não tanto por dinheiro, mas por 1 "desejo insaciável e uma paixão irreprimível por transar fosse com quem fosse, quantos mais melhor…".

1 dia, ela embarcou com inúmeros líbios e egípcios rumo a Jerusalém. Tentando com eles entrar no *Santo Sepulcro*, ela sentiu ali na porta do templo uma mão a deteve com muita força e a empurrou para o lado. E isso aconteceu com ela 3 vezes, cada vez que ela tentou entrar no templo sagrado. E uma voz lhe disse: *"Você não é digna d´entrar neste local sagrado, porque vive escravizada pelo pecado."* Ela começou a chorar, mas de repente levantou os olhos e viu uma imagem da **Virgem** na entrada que parecia olhar para ela com muito carinho e compaixão. Então a puta ajoelhou-se chorando e disse: *"Mãe, se me for permitido entrar no templo sagrado, prometo-lhe que deixarei esta vida de pecado* e me dedicarei a uma vida de oração e penitência A **Virgem** teria aceito a sua barganha ela lhe disse: *"No deserto além do Jordão encontrarás a tua paz"*. A puta egípcia Maria foi para o deserto e lá ficou por **40** anos rezando, meditando e fazendo penitência. A ex **Sacrossanta** **Igreja** a tornaria mais uma santa digna d´entrar em seu esquadrão de ouro.

SANTAS & SANTOS FANÁTICOS

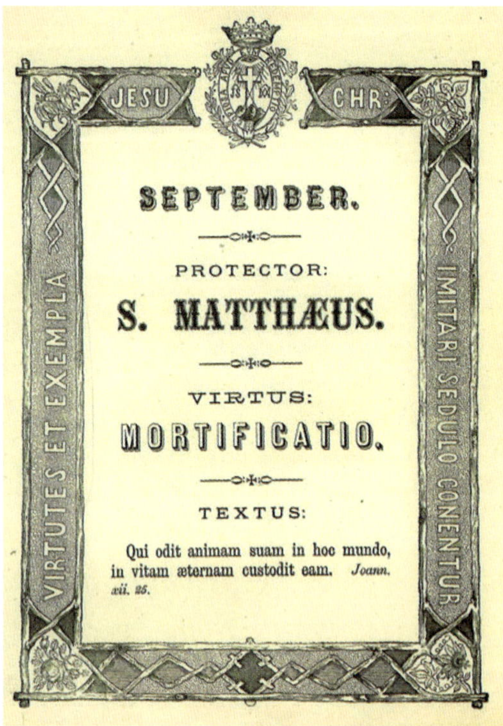
JESU CHR
VIRTUTES ET EXEMPLA
IMITARI SEDULO CONENTUR

SEPTEMBER.

PROTECTOR:

S. MATTHÆUS.

VIRTUS:

MORTIFICATIO.

TEXTUS:

Qui odit animam suam in hoc mundo, in vitam æternam custodit eam. *Joann. xii. 25.*

REPARAÇÃO

A mortificação é vista pela teologia católica como uma forma de ascetismo, 1 meio de ' pôr à morte ' o pecado na vida de 1 crente. É uma antiga prática religiosa que consiste em realizar 1 sacrifício físico e, portanto, como meio de participação na *'Redenção'*. Resumindo, é a vã ilusão fanática de merecer ganhar o Céu, imitando pelo menos 1 pouco o sofrimento pelo qual passou ***Jesus.***

A mortificação tem utilidade, não só como penitência, mas para nos purificar das faltas passadas - como reparação: *"Completo em mim o que falta à paixão de Cristo"* - diz S. Paulo (Col. I,24) e *"Aquele que quiser vir após mim, negue-se a si mesmo e tome a sua cruz e siga-me* (*Mt.* 16,24). Em *I Coríntios 9,27,* Paulo diz: *"Antes subjugo o meu corpo e o reduzo à servidão, para que, pregando aos outros, eu mesmo não venha de alguma maneira a ficar reprovado"*

AUTOFLAGELANTES

Flagelantes foram os fanáticos religiosos europeus , que devido a peste que estava matando em todo continente , percorriam suas cidades e estradas praticando autoflagelação - 1 ato de se castigar fisicamente com chicotes, cordas com nós e vergastas, se sangrando, como forma de pedir socorro e sobrevivência a Jesus – imitando assim as dores e sofrimentos que ele sentiu expirando na cruz. Uma expressiva recompensa em troca.

E por incrível que pareça, essa mania imbecil e desajuizada espalhou-se pela Europa durante os séculos 13 e 14 , sendo que a peste, mesmo com todo esse fanatismo obcecado desses alucinados por uma fé insana, acabaria matando 1/3 de sua população (75.000.000 de pessoa de todas as idades).

E o que pouca gente sabe é que esta pandemia se deveu à ex Sacrossanta Igreja que tinha convencido a maioria dos médicos que eles alertassem e convencessem a todas as pessoas, que não tomassem banho, já que através dos poros abertos e limpos, Satã e seus demônios teriam mais facilidade em adentrar...

Esse adoidado fanatismo religioso apagou-se aos poucos através dos anos, sendo que hoje ainda subsiste mas apenas como exibição folclórica , como se pode constatar nas jocosas procissões da Europa meridional, particularmente durante a Semana Santa de Sevilha.

O que dizer dos flagelante de hoje, desfilando a sua ignorância ?

AUTO-FLAGELAÇÃO - A SANTIFICAÇÃO MALUCA

Tem também como finalidade ajudar-nos a nos prevenir contra as faltas do tempo presente e futuro, diminuindo o apego ao prazer, que é uma fonte das faltas pessoais. De acordo com os teólogos católicos os principais benefícios que a *'dor cristã'* proporciona são: expiação dos próprios pecados, submete a carne ao espírito, desprende a pessoa das coisas da Terra, purifica e embeleza a alma, alcança tudo de ***Deus***, faz da pessoa verdadeiro apóstolo e nos torna semelhantes a ***Jesus***.

ANGLICANOS

A utilização de disciplinas tornou-se "bastante comum" entre muitos dos membros do movimento de Oxford. Martinho Lutero, o fundador das *Igrejas Luteranas,* praticava a mortificação da carne com jejuns e autoflagelação, e dormindo no chão de pedra da sua cela sem cobertores.

STO. ANTÃO

Basta dizer que ele foi 1 dos eremitas mais aferrados.

STO.ATANASIO

Os **demônios** têm grande prazer na plenitude, na embriaguez e no conforto corporal. O jejum possui grande poder e opera coisas gloriosas. Jejuar é banquetear-se com anjos."

STO.ANTÔNIO ABADE

Empreendeu uma vida de ascetismo e de intensa mortificação

S BENEDITO

Fazia uma série de penitências.

S.BENTO

Conhecera outrora certa mulher, cuja formosura o seu peito mal podia conter as chamas do amor, e que fê-lo quase pensar em abandonar o deserto, vencido pela paixão. Mas eis que de repente foi contemplado pela graça celeste e voltou a si; e vendo ao lado de si crescerem densas moitas de urtigas e espinhos, atirou-se, despido, a essas pontas nas quais se revolveu por tanto tempo, que, ao sair, estava ferido por todo o corpo.

Assim expulsou do corpo, pelas feridas da carne, a chaga do espírito - convertera em dor a volúpia. Ardendo por fora em justa punição, apagou o que por dentro ilicitamente queimava. Venceu, pois, o pecado, porque transformou a natureza do incêndio. E a partir dessa época, como ele mesmo dizia aos discípulos, foi nele a tal ponto subjugada a tentação da volúpia que nunca mais a sentiu .Por volta de 505, Bento abandonou Roma e se refugiou numa gruta, em Subiaco, onde permaneceu durante 3 anos como eremita

Mosteiro de S. Bento, Subiaco, Itália

Terminava sua pregação infligindo-se golpes tão violentos, que com frequência algum fiel não resistia mais ao espetáculo e saltava no palco, com o risco de ser atingido, para deter-lhe o braço ! (Pesquisas: *Courage International*).

CAPUCHINHOS

Têm 1 ritual, que é observado 3 vezes por semana, em que os salmos *Miserere Mei Deus e De Profundis* são recitados enquanto os frades se flagelam com disciplinas.

CARMELITAS

Minha prezada leitora: não vamos descrever a auto disciplinação , os jejuns e demais privações que essas pobres coitadas empregam achando que contentam a seu noivo *Jesus* lá no céu à sua espera.

Só o fato delas não poder falar com ninguém, não sair para ir à uma praia tomar sol, à uma festa e dançar, namorar como todas as moças em plena juventude, receber 1 beijo de amor, poder se dar ao luxo de comprar 1 soutien 1/2 taça, uma saia curta e poder mostrar suas pernas bonitas , 1 vestido decotado, 1 batom vermelho, ter uma família feliz bonita e filhos para levar à escola, já somam todas as idiotas manifestações de auto flagelação, jejuns, cilícios, chicotes, rezar ajoelhadas sobre milho, dormir no chão e outras sadismos masoquistas para agradar seu bem-amado celestial.

Chegaram usar as roupas rasgadas e sandálias ao invés de sapatos e hábitos; parece que essa moda caiu, mas até hoje vivem reclusas ainda com repugnância do mundo exterior.

CARTUXOS

Buscar uma intimidade com *Deus* por meio da oração e da contemplação. Seus dias começam antes da 1/2 noite. Sua abstinência obrigatória é de pão e água uma vez por semana geralmente as 6as feiras.

STA.CATARINA DE BOLONHA

Não queria que (suas irmãs) tratassem seu corpo com desmedido rigor, nem que qualquer uma, sem permissão, praticasse alguma penitência particular. Ela considerava isso como ciladas do inimigo que, quando desespera de conseguir desencorajar no exercício da virtude uma religiosa cheia de zelo, sugere-lhe penitências inconsideradas, as quais a expõem a cair doente e tornar-se incapaz de cumprir suas obrigações ordinárias. Ao mesmo tempo, porém, ela lhes inculcava o princípio de que é necessário sofrer sim os desgostos e amarguras, com vistas à recompensa eterna.

CISTERCIENSES

Usam as disciplinas para mortificar a carne depois de rezarem as *Completas.*

S.DOMENICO LORICATO

Sua penitência consistia em usar 1 peitoral de ferro com pontas de aço na sua pele; também eram amarradas correntes nos seus membros; e eram aplicadas outras disciplinas frequentes acima do normal; Alimentava-se apenas de pão, ervas e água; dormia de joelhos. Ele continuou sua penitência ao longo de sua vida. Morreu como abade do *Mosteiro da Santíssima Trindade* em 14/10/1060.

STA.ESCOLÁSTICA

Sta Escolástica era irmã gêmea do grande S. Bento - pai do monaquismo. Nasceu em 480 numa região do centro da Itália em 480; tristemente perdeu sua mãe no parto. Gêmea de Bento, tornou-se também gêmea de busca de santidade e missão, já que ambos deram testemunho de santos fundadores. A vida totalmente consagrada a **Deus** d' Escolástica começou até antes do irmão; porém, foi aprofundada quando seguiu o irmão até que ele se instalou em Cassino. Desta forma, Escolástica, fundadora das *Irmãs Beneditinas*, sempre esteve ligada com Bento.

Certa vez, quando anoiteceu, Bento, muito rigoroso às Regras do mosteiro que havia fundado, disse à irmã que era hora de se despedirem. Mas Escolástica pediu que ficasse para passarem a noite, todos juntos, conversando e rezando. Bento se manteve intransigente dizendo que deveria ir para suas obrigações. Neste momento **ela se pôs a rezar com tal fervor que uma grande tempestade se formou com raios e uma chuva forte caiu a noite toda, e ele teve de ficar.** Os 2 irmãos puderam conversar a noite inteira. No dia seguinte o sol apareceu, eles se despediram e cada grupo voltou para o seu mosteiro. Essa seria a última vez que os 2 se veriam. 3 dias depois, em seu mosteiro Bento recebeu a notícia da morte d´Escolástica, enquanto rezava olhando para o céu, **viu a alma de sua irmã, penetrar no paraíso em forma de pomba**. Bento mandou buscar o seu corpo e o colocou na sepultura que havia preparado para si. Ela morreu em 10/2/ 547, 40 dias antes que seu venerado irmão Bento.

S. FRANCISCANOS

Jejum, mendigar ao máximo e muita oração.

FRANCISCO DE ASSIS

Quando, em 1224, Francisco se abismava em profunda contemplação no Monte Alverne, por 1 admirável e estupendo prodígio, o Sr. Jesus imprimiu-lhe no corpo as chagas de sua paixão. (*)

O papa Bento 11 concedeu à *Ordem dos Frades Menores* que todos os anos, neste dia, celebrasse, no grau de festa, a memória de tão memorável prodígio, comprovado pelos mais fidedignos testemunhos. A vida de Francisco no Alverne foi **oração e ininterrupta penitência**. Sente-se pobre e pecador. Quer despojar-se de tudo. Renuncia até mesmo a 1 manto que tinha sido salvo do fogo, a única coisa que tinha para cobrir-se durante o breve repouso da noite. E Francisco voltaria muitas vezes ao Alverne para encontrar a paz em Deus e entregar-se de corpo e alma à oração.

No verão de 1224, última vez que esteve no Alverne, Francisco procura 1 lugar ainda mais *"solitário e secreto"* no qual possa mais reservadamente fazer a quaresma de S. Miguel Arcanjo. Na manhã de 17/9/1224, os céus se abrem e Cristo crucificado desce ao Monte Alverne na forma de **1 serafim.**

FRANCISCO MORATO

Os 3 pastorinhos personagens principais das famosas aparições de Fátima (**) forçosamente praticavam mortificações e penitências, mas com tal empenho que Francisco deixaria de ir à escola e escondia-se para fazer reparação pelos pecadores !

É possível que os prolongados jejuns o tenham enfraquecido a ponto de sucumbir à epidemia gerada pela pneumónica que varreu a Europa em 1918

Ele acabou por falecer em casa, na freguesia de Fátima, a 4/4/1919. O seu corpo encontra-se sepultado na *Basílica de N. Sra. do Rosário* em Fátima....

(*) Vários médicos e dermatologistas famoso, afirmaram que tais estigmas rarissimamente poderiam ser considerados psicossomáticos, pois tudo levava a crer que haviam sido reproduzidos pelos próprios imitadores de Cristo.

(**) Que foram desmentidas e comprovadas como falsas. Inventadas pelo bispo local para atrair mais crentes e seus óbolos.

S.GERÁSIMO DO JORDÃO

Foi 1 monge, abade e santo cristão do século 5, adepto de 1 ascetismo muito rigoroso ficado geralmente muitos dias em jejum. Registra a ex *Sacrossanta* *Igreja* (sem dúvida) da mais indubitável confiança e crédito) que Gerásimo era ajudado na realização de muitas tarefas **por 1 leão - 1 leão de verdade !!.**

✝ Quando Gerásimo faleceu, conta a ex *Sacrossanta* *Igreja* querendo enaltecer a engabelação vergonhosa , que o leão logo pereceu também e que o seu corpo foi sepultado próximo ao de Gerásimo. Desse modo, o leão é geralmente representado em seus ícones, a seus pés...

STA.IRENE

Sta. Irene de Capadócia vestiu o hábito de bom grado e aceitou todos os trabalhos. A jovem nobre e aristocrática passou a servir às irmãs com muita humildade e grande obediência. Realizava as tarefas mais humildes e mais desprezadas com alegria e amor. Em sua cela, Sta. Irene dedicava-se a ler a vida dos santos.

S.JOÃO BATISTA

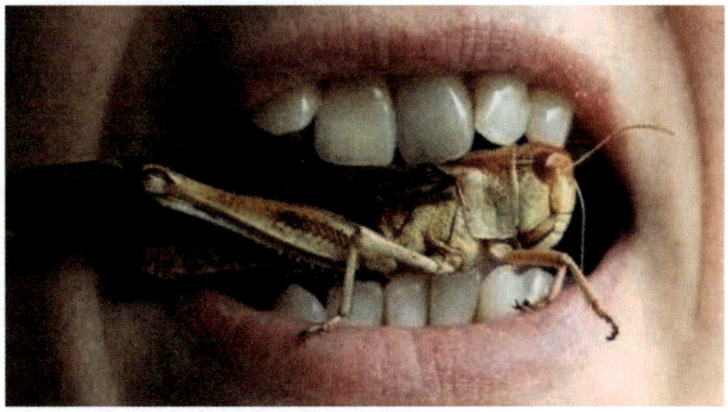

Viveu como 1 eremita no deserto da Judeia até cerca do ano 27 DC, que usavam uma túnica grosseira feita de pele de camelo atada a 1 cinto de couro (representação da liberdade, da escolha do destino de cada 1), e alimentava-se de gafanhotos e mel silvestre. *"Seu único alimento eram os gafanhotos que saltavam e voavam nos montes e o mel das abelhas silvestres que encontrava, aqui e ali, nas fendas das rochas, sendo a única bebida que tomava a água encontrada nas cavidades rochosas."*

S. JOÃO DA CRUZ

Concedeu ao *"amor ao sofrimento"* uma importância excepcional no processo da própria santificação e na sua obra *SUBIDA DO MONTE CARMELO*, aconselha poeticamente:

† *Procure sempre inclinar-se:*

† *Não ao mais fácil, mas ao mais difícil;*

† *Não ao mais saboroso, mas ao mais desabrido;*

† *Não ao mais gostoso, mas antes ao que dá menos gosto;*

† *Não ao que é descanso, mas ao trabalhoso;*

† *Não ao que é consolo, se não antes ao desconsolo;*

✝ *Não ao mais, mas sim ao menos;*

✝ *Não ao mais alto e precioso, mas ao mais baixo e desprezível;*

✝ *Não ao que é querer algo, mas a não querer nada;*

✝ *Não andar buscando o melhor das coisas temporais, mas o pior e desejar entrar em toda desnudez e vazio e pobreza por Cristo*

✝ *E tudo quanto há neste mundo."*

IRMÃ LÚCIA DE FÁTIMA

Infunde vã alegria e prazer no coração, desenfreia a língua, dá muita liberdade aos olhos; embota e entorpece os outros sentidos segundo o grau do tal apetite. Tira ao juízo a sua retidão, mergulha-o na ignorância e na incapacidade espirituais, tornando-o moralmente pusilânime e inconstante; as trevas obscurecem a alma; a fraqueza se apodera do coração, fazendo-o recear mesmo onde não há que temer. Outras vezes, o espírito de confusão, a insensibilidade de consciência e d espírito são os frutos deste gozo, porquanto debilita de tal modo a razão, que fica incapaz de dar ou tomar 1 bom conselho, de receber os bens de ordem espiritual e moral, enfim inútil como 1 vaso quebrado."

Endossa S. João da Cruz, afirmando em sua obra *A SUBIDA DO MONTE* indicando inclusive os principais perigos que residem no **gozo "encontrado pelo tato nas coisas suaves e agradáveis":**

"Do gozo encontrado pelo tato nas coisas suaves e agradáveis, nascem muitos outros danos ainda mais funestos, que, em pouco tempo, pervertem sensivelmente o espírito, roubando-lhe a força e o vigor. Daqui nasce o abominável vício da volúpia ou incentivos para ela, na proporção desse prazer. Este gozo nutre a luxúria, torna o espírito efeminado e tímido, o sentido lânguido e melífluo, disposto ao pecado e ao mal".

S. LUÍS GONZAGA

Além de se auto-disciplinar todos os dias, também evitava olhar para as pessoas e para as coisas que lhe eram mostradas (para que ele n ão corresse o perigo em ter pensamentos impuros, pois todas as suas ações deveriam estar em conformidade plena com os desígnios divinos. *"O Deus que me chama é Amor"* - afirmava o santo da pureza. Nos 2 anos em que ele viveu em Florença para progredir nos caminhos da santidade, a leitura de 1 livro sobre os mistérios do Rosário fez desabrochar em sua alma a devoção a Maria Santíssima. Nada mais lhe importa.

STA.MARIA MADALENA DE PAZZI

Entre outras disciplinas, autoflagelava-se muito

MARTIM LUTERO

O fundador da Igreja-luterana, praticava a mortificação da carne com jejuns e autoflagelação e dormindo no chão de pedra da sua cela sem cobertores. O papa vingou-se dele excomungando-o.

E a autoflagelação – por incrível que pareça, ainda é neste século de IA / robótica/ informática/ cibernética, considerada 1 ato de `purificação´ de todos os nossos pecados.

E o ✝ *Vaticano* ,- **principal explorador dessa incoerente imbecil louvação a 1 suposto cadáver que seu próprio pai abandonou sem dó nem piedade** - ainda aprova o uso da autoflagelação como penitência, sendo usado o cilício, cintos ou outros apetrechos para causar propositalmente e com prazer , dor/ Incomodo/ desconforto, como dormir no chão, rezar de joelhos etc.

No Brasil, há também confrarias laicas de penitentes na Bahia, Sergipe, Pernambuco e Ceará que praticam o autoflagelo. E – influenciados talvez pela instrutiva ex *Sacrossanta* ✝ *Igreja* - existem, até,relatos de autoflagelação entre indígenas Bororo durante cerimônias d´enterro.

MADRE TERESA DE CALCUTÁ

✝ "S' estou doente, me açoito 5 vezes. Preciso fazê-lo para compartilhar da paixão de Cristo e do sofrimento de nossos pobres. Quando vemos as pessoas sofrendo, a imagem de **Cristo** surge naturalmente diante de nós".

Madre Teresa também pedia às irmãs que usassem o cilício e a disciplina:

✝ *«É preciso mortificar de tal forma os nossos sentidos, que nos tornemos quase espirituais, a fim de que encontremos só em **Deus** o nosso repouso e a nossa consolação.»*

OPPUS DEI

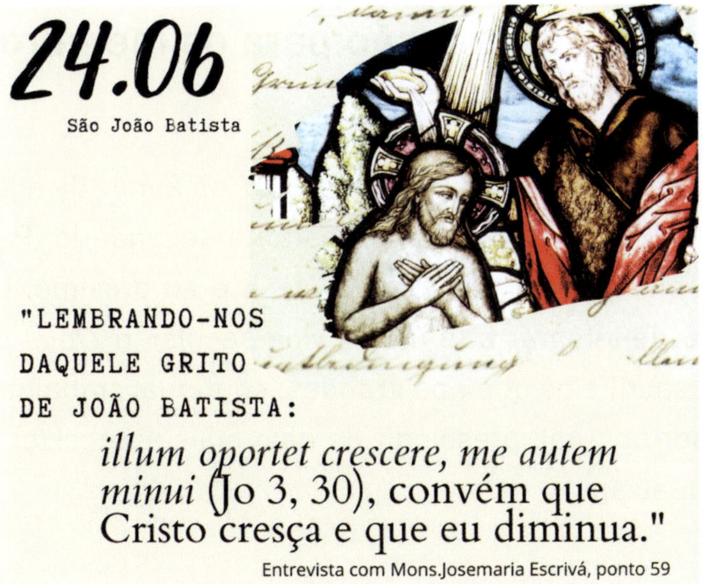

Como é normal no *Opus Dei*, embora haja liberdade no tipo de mortificação que cada 1 aplica, há duas formas mais instilucionalizadas e também mais habituais, dos membros se auto-penintenciarem: o uso de cilício e a chamada disciplina (chicotadas). Tudo autoflagelação, até porque como está bem explícito em *CAMINHO*, - a bíblia do *Opus Dei*: *"Nenhum ideal se torna realidade sem sacrifício. Nega-te a ti mesmo. É tão belo ser vítima!" Assim sendo, eles inclusive consideram que "as mortificações não são feitas por puro masoquismo, são uma oferta a Deus".*

Por que se fazem mortificações?

A penitência e a mortificação constituem uma parte pequena, mas essencial, da vida cristã. Jesus Cristo jejuou durante quarenta dias em preparação para o seu ministério público. A mortificação ajuda-nos a vencer a nossa tendência natural à comodidade pessoal, que tantas vezes nos impede de corresponder à chamada cristã de amar a Deus e servir o próximo por amor de Deus. Além do mais, esses incômodos aceitos voluntariamente unem o cristão a Jesus Cristo e aos sofrimentos que Ele voluntariamente aceitou para nos redimir do pecado. O monge masoquista de *O CÓDIGO DA VINCI,* que quer a dor em si mesma, não tem nada que ver com a mortificação cristã.

Qual a importância da mortificação para os membros d´Opus Dei?

Apesar da mórbida atenção que *O CÓDIGO DA VINCI* dá à mortificação, o papel desta na vida dos membros d´ *Opus Dei* é bastante secundário. Para qualquer católico, o que está em 1° lugar é o amor a Deus e ao próximo. Em coerência com o seu propósito de integrar a fé com a vida secular, o *Opus Dei* dá mais ênfase aos pequenos sacrifícios que aos grandes: continuar trabalhando quando se está cansado, ser pontual, prescindir de algo mais apetecível na comida ou na bebida, não se queixar.

Josemaría Escrivá de Balaguer - seu porta-bandeira , aconselha:

Segue-se pelo menos 1/2 hora de reza ainda antes do pequeno-almoço, sendo a Consagração a N.Senhora uma oração tipicamente matinal, que começa precisamente com 1: *"Ó senhora minha, ó minha mãe, eu me ofereço todo a vós, e em prova da minha devoção para convosco vos consagro neste dia os meus olhos, os meus ouvidos, a minha boca, o meu coração..."*

E se o pequeno-almoço também pode ter pequenas mortificações – como beber café sem açúcar ou comer pão sem manteiga – antes disso ainda pode haver uma outra aproximação a Deus: a ducha fria, mesmo que seja no inverno mais rigoroso.

Mas a prática (diária) mais violenta é mesmo o uso de cilício na coxa durante duas horas. Torna-se tão habitual, que ao fim de uns tempos já nem dói, já nem pensamos, é quase tão normal como lavar os dentes. O cilício é uma corrente de metal, uma espécie de arame farpado soft, que se crava na pele e que tem como objetivo criar desconforto. Quando retirado o arame desconcertado, o sangue encarrega-se de tatuar a perna. Por norma (e é uma regra escrita), o cilício deve ser utilizado todos os dias, exceto ao domingo.

Mas há outros rituais igualmente violentos. 1 deles é a '*disciplina*', que deve ser aplicada uma vez por semana e consiste os membros massacrarem as nádegas com 1 pequeno chicote de cordas com nós cegos nas pontas.

Os chicotes e os cilícios podem ser pedidos aos membros da obra ou comprados, por exemplo, no Convento de Sta. Teresa, em Coimbra. A irmã Lúcia praticava este tipo de mortificações, que continuam a ser incentivadas entre as carmelitas coimbrãs. Há membros da obra que ali se dirigem para comprar estes instrumentos de dor que podem também ser adquiridos na Internet e custam entre €31 e 101.

A mortificação corporal não se fica, no entanto, pelo cilício e a disciplina. Há pequenas mortificações praticadas no dia a dia, como, por exemplo, beber o café sem açúcar, não comer entre as refeições ou não pôr manteiga no pão.

"Para 1 fumador, pode ser não fumar durante a manhã ou não beber vinho a uma das refeições". O antigo juiz ressalva ainda que *"as mortificações não são feitas por puro masoquismo, são uma oferta a Deus"* (Pesquisas: *Visão/ Internet/OpusDei-Eles estão no 1/2 de nós/ Rui Pedro Antunes)*

PAPA PAULO 6º

«A verdadeira penitência não pode ser separada do ascetismo físico. A necessidade de mortificar a carne manifesta-se se nós consideramos a fragilidade da nossa natureza na que, depois do pecado de Adão, a carne e o espírito têm desejos opostos. Este exercício de mortificação corporal – muito afastado de toda a forma de estoicismo – não implica uma condenação da carne que o Filho de Deus se dignou dar-nos. Pelo contrário, a mortificação visa a libertação do homem.» (Pesquisas: *Constituição Apostolica Paenitemini, 17/2/1966*).

STA.PELÁGIA

São duas as santas com este nome — ou 4, segundo o Martirológio romano. Mas a desculpa é que se trataria de 1 desdobramento, erro talvez de 1 dos *ghost-writers* de Paulo.

A 1ª é uma jovem mártir de Antióquia, que se jogou da janela para evitar a perda da virgindade. E São João Crisóstomo louvou sua coragem, dando origem a intermináveis discussões.

O mesmo santo bispo narra as vicissitudes de uma célebre atriz, belíssima tanto quanto dissoluta, que depois da conversão levou vida austera de penitência 1 *Ghost-writer* acrescentou que a mulher, para não ser objeto de desejos, travestiu-se de homem e viveu longamente em penitência, purificando-se assim dos passados desregramentos

" Sem comentários".

S.SIMÃO STOCK

Sempre se mortificava como providência prévia às suas pregações.

STA. TERESA

*"Quem julga que **Deus** admite à sua amizade pessoas que amam a comodidade, engana-se redondamente". `Os que são de **Cristo**, crucificaram sua carne com seus vícios e concupiscência´- diz o apóstolo (Gl 5, 24). Por isso considera como uma dádiva divina toda a ocasião de te mortificares e não deixes passar nenhuma sem te aproveitares dela" .*

✝ *Reprime teus olhos e não os detenhas em coisas que satisfazem unicamente a curiosidade. Evita toda conversação em que se trata unicamente de novidades ou de outras coisas mundanas. Esforça-te sempre em mortificar o paladar: nunca comas e bebas unicamente para contentar tua sensualidade, mas só para sustentar teu corpo. Renuncia voluntariamente aos prazeres lícitos e dize generosamente, quando ouvires falar das alegrias do mundo: 'Meu **Deus**, só a Vós eu quero e nada mais".*

✝ *Faze com fervor todas as mortificações externas que a obediência e as circunstâncias permitirem. Se não puderes mortificar teu corpo com instrumentos de penitência, pratica ao menos a paciência nas doenças, suporta alegremente toda incomodidade que consigo traz a mudança do calor e do frio; não te queixes quando te faltar alguma coisa, alegra-te antes quando te faltar até o necessário".*

✝ *"Mas principalmente a mortificação interna é que deves praticar, reprimindo tuas paixões e nunca agindo por amor-próprio, por vaidade, por capricho, ou por outros motivos humanos, mas sempre com a única intenção de agradar a **Deus**. Por isso, enquanto, possível, deves te privar daquilo que mais te agradar e abraçar o que desagrada a teu amor-próprio. Por exemplo: quererias ver 1 objeto: renuncia a isso justamente por te sentires levado a contemplá-lo; sentes repugnância por 1remédio amargo: toma-o justamente por ser amargo; repugna-te fazer benefícios a uma pessoa que se mostrou ingrata para contigo: faze-o justamente porque tua natureza se rebela contra isso. Quem quer pertencer a **Deus**, deve se violentar incessantemente e exclamar sem interrupção: 'Quero renunciar a tudo, contanto que agrade a **Deus**".*

✝ *"Em resumo, portanto: Pela mortificação interior nos aplicamos a domar as nossas paixões, principalmente a que mais predomina em nós. Não vencer uma paixão dominante é pôr-se em grande perigo de se perder.Pela mortificação exterior negamos aos sentidos as satisfações que desejam. É necessário, portanto, mortifica" :*

1. Os olhos, abstendo-nos de ver objetos perigosos.
2. A língua, fugindo das maledicências, palavras injuriosas ou impuras.
3. A boca, evitando todo o excesso no comer e beber, e praticando até algum jejum e abstinência.

4. O ouvido, negando-nos a dar ouvidos a discursos que ferem a modéstia ou a caridade.

5. O tato, usando de precaução quer conosco quer nas relações com outros.

Sta. Rita pediu com muita fé que **Deus** a concedesse a graça de receber 1 pouco do sofrimento que **Jesus** havia passado em sua Paixão e, assim, 1 dos espinhos da cruz de **Cristo** perfurou a fronte de Rita, abrindo uma ferida em sua testa. Esse ferimento trouxe muita dor e sofrimento à Sta. Rita e o mal cheiro da ferida fez com que ela precisasse se isolar das irmãs pelos seus últimos 15 anos de vida. *Shame !!*

S.ZÓZIMO

Zózimo foi 1 monge que vivia na região da Palestina e que foi viver uma parte de sua vida no recolhimento e na solidão. Procurando imitar o **Cristo**, que fora impelido pelo Espírito para o deserto, também ele vai para 1 ermo buscando seguir os passos do mestre.

ALGUNS DE SEUS IMITADORES MODERNOS

Católicos radicais das Filipinas realizam tradicional ritual da Semana-santa. Vaticano condena o ato, mas fiéis dizem que é preciso sofrer a dor de **Cristo.** No norte de Manila, vários homens com coroas d´ espinhos andavam lentamente, debaixo de 1 calor intenso, numa estrada da província de Pampanga. De vez em quando, flagelam-se nas costas com varas de bambu atadas com uma corda.

Os voluntários recebem pregos de 8 cm nas mãos e nos pés. Em seguida, 1 grupo de homens vestidos de romanos levanta a cruz para que o público os veja crucificados.

PADRES DO DESERTO

S.Bento

S.Macário

S.Jerônimo

S.Paulo – o eremita

Sto .Antão e S.Paulo de Tebas

Sto.Antº Abade

Os *Padres do Deserto* ou *Pais* do Deserto foram eremitas, ascetas, monges e freiras que viviam majoritariamente no deserto da Nítria (Escetes), no Egito, a partir do século 3 O mais conhecido deles foi Sto. Antão (ou Sto. .Antônio.- o Grande), que mudou-se para o deserto em 270-271 e se tornou conhecido tanto como o pai quanto o fundador do monasticismo no deserto. Quando Antão morreu em 356, milhares de monges e freiras tinham sido atraídos para a vida no deserto seguindo o exemplo do grande santo. Seu biógrafo, o doutor da igreja Atanásio de Alexandria, escreveu que *"o deserto tinha se tornado uma cidade"*. Os *Padres do Deserto* tiveram uma enorme influência no desenvolvimento do cristianismo primitivo. As comunidades monásticas do deserto que cresceram destes encontros informais de monges eremitas se tornaram o modelo para o monasticismo cristão. A tradição monástica oriental, representada em Monte Atos, e ocidental, sob a *Regra de S. Bento*, foram ambas fortemente influenciadas pelas tradições iniciadas no deserto. Todos renascimentos monásticos da Idade média buscaram no deserto alguma inspiração e orientação. Muito da espiritualidade do Cristianismo-ortodoxo, incluindo o movimento hesicasta, tem as suas raízes nas práticas dos *Padres do Deserto*. Mesmo renascimentos religiosos mais modernos, como os evangélico salemães, os pietistas da Pensilvânia e o renascimento metodista na Inglaterra foram vistos por estudiosos atuais como tendo sido em alguma medida influenciados pelos *Padres do Deserto*.

S. PAPHNUTIUS ABBA THIMOTHY

S.Paphnutius resolvera enveredar o deserto para ver se havia 1 monge que trabalhasse para o Senhor mais do que ele. Munido de 1 pouco de pão e água foi para a parte mais remota do deserto. Depois de 4 dias, ele chegou `a uma caverna e encontrou nela o corpo de 1 ancião que estava morto há vários anos. Tendo enterrado o eremita, S.Paphnutius foi mais longe. Depois de mais alguns dias, ele encontrou outra caverna e, pelas marcas n´areia, percebeu que a caverna era habitada. Ao pôr do sol, ele viu uma manada de búfalos e caminhando entre eles 1 homem. Este homem estava nu, mas estava coberto com cabelos longos como se estivesse com roupas. Este era Abba Timothy - *o Morador do Deserto.* Ao ver 1 companheiro, Abba Timóteo pensou que estava vendo uma aparição e começou a rezar. S. Paphnutius finalmente convenceu o eremita de que ele era realmente 1 homem vivo e 1 companheiro cristão. Abba Timóteo preparou comida e água para ele. E relatou que estava vivendo no deserto já por **30** anos e que S. Paphnutius fora o 1° homem que ele vira até então. Em sua juventude, Timóteo viveu num mosteiro cenobítico, mas queria viver sozinho. Assim deixou seu mosteiro e foi viver perto de uma cidade, sustentando-se com o trabalho de suas próprias mãos (ele era 1 tecelão). Certa vez, uma mulher veio até ele com 1 dengue e ele caiu em pecado com ela. Tendo recuperado os sentidos, o monge caído refugiou-se para longe no deserto, onde suportou pacientemente a tribulação e a doença.

Quando ele estava a ponto de morrer de fome, ele recebeu a cura de uma maneira milagrosa.

Desde então, Abba Timothy viveu pacificamente em completa solidão, comendo tâmaras das árvores e saciando sua sede com água de uma fonte. S.Paphnutius implorou ao ancião que ele pudesse permanecer com ele no deserto.

Mas lhe foi dito que ele seria incapaz de suportar as tentações demoníacas que afligiam os moradores do deserto. Em vez disso, ele lhe forneceu tâmaras e água e o abençoou para seguir seu caminho. Tendo descansado num monastério do deserto, S. Paphnutius empreendeu uma 2ª jornada para o deserto mais interno, esperando encontrar outro asceta santo que lucrasse com sua alma. Ele continuou por 17 dias, até que seu suprimento de pão e água s´esgotou. S; Paphnutius desmaiou duas vezes de fraqueza, mas veio 1 **anjo** o fortaleceu. No 17º dia, S. Paphnutius chegou a 1 lugar montanhoso e sentou-se para descansar. Ali, ele avistou 1 homem se aproximando dele, que estava coberto da cabeça aos pés com cabelos brancos e cingia seus lombos com folhas de plantas do deserto. A visão do ancião assustou Abba Paphnutius e ele pulou e fugiu colina acima. O ancião sentou-se ao pé da colina. Erguendo a cabeça, ele viu S. Paphnutius e o chamou para descer. Este era o grande morador do deserto, Abba Onuphrius. A pedido de S. Paphnutius, ele lhe contou sobre si mesmo.

STO. ONOFRE

Sto. Onofre viveu em completo isolamento nas areias do deserto por 60 anos. Em sua juventude, ele foi criado no *Mosteiro d´Eratus*, perto da cidade de Hermópolis. Tendo aprendido com os santos Padres do Deserto sobre as dificuldades e a vida elevada dos moradores do deserto, a quem o Senhor enviou ajuda por meio de seus **anjos,** Sto. Onofre ansiava por imitar suas façanhas. Ele secretamente deixou o mosteiro uma noite e viu 1 raio de luz brilhante diante dele. Sto. Onofre ficou assustado e decidiu voltar, mas a voz de seu **Anjo da Guarda** lhe disse para ir para o deserto para servir ao Senhor. Depois de caminhar 6 ou 7 milhas, ele viu uma caverna. Naquele momento, o raio de luz desapareceu. Na caverna estava 1 velho. Sto. Onofre ficou com ele para aprender sobre seu modo de vida e sua luta com tentações demoníacas. Quando o ancião se convenceu de que Sto. Onofre havia sido iluminado de alguma forma, ele então o levou para outra caverna e o deixou lá sozinho para lutar pelo Senhor. O ancião o visitava uma vez por ano, até que ele adormecesse no Senhor para sempre.

S.SABAS

Por mais 10 anos, S.Savas levou uma vida de grande piedade. Savas viveu numa caverna ao sul do mosteiro onde ficara por 5 anos, rezando e não comendo nada durante **5 dias de cada semana**. Savas permaneceu neste deserto por 4 anos, onde estava espiritualmente ligado a S. Teodósio - o Cenobiarca.

Foi lá que sua profunda crença em *Deus* e sua extrema virtude permitiram alcançar o completo destemor dos **demônios** e feras e ganhar o respeito dos bárbaros. Mais tarde, ele se mudou para uma caverna no lado leste do vale do Cédron, ainda hoje conhecida como a caverna de S. Savas, em frente ao Laura. 5 anos depois, cerca de 70 eremitas e anacoretas, começaram a se reunir em torno de Savas..

S.TEODÓSIO

Depois de algum tempo servindo a peregrinos e visitantes, atraídos pela fama de santidade de Teodósio, percebeu que tais visitas constantes o distraiam e privavam de sua solicitude, assim, decidiu dedicar-se à oração em solidão, retirando-se logo para uma gruta no cume de uma montanha vizinha, mundo. Enquanto residia na caverna, Teodósio realizou grandes feitos de ascese, dedicava-se grandemente a oração, orando o tempo inteiro, principalmente à noite, de forma que, para permanecer durante a noite em oração, pendurava uma corda para sustentá-lo caso o sono o vencesse.

Ele se lembrava de nunca saciar sua fome, de forma que se alimentava apenas de algumas leguminosas cozidas em água ou algumas ervas silvestres, apenas o suficiente para não adoecer devido ao jejum extremo. Ele não sentiu o gosto de pão por **30 anos.**

MADRES DO DESERTO

Foram mulheres ascetas cristãs que viviam nos desertos do Egito, Palestina e Síria a partir do século 3. Elas tipicamente viveram em comunidades monásticas – como monjas e freiras – que começaram a se formar durante esse período, embora muitas tivessem imitado os padres e também se refugiado no deserto das tentações e pecados humanos . 3 famosas:

Sta. Melânia – a velha **Sta. Teodora de Alexandria** **Sta.Sinclética de Alexandria**

As *'Mães do Deserto'* foram, de par com os *'Padres do Deserto'*, mulheres ascetas cristãs que habitavam os desertos da Palestina, Síria e Egito nos 1os séculos 3,4,5 da era cristã . Viveram como eremitas tal como muitos padres do deserto e algumas formaram pequenas comunidades monásticas. Eram mulheres "*embriagadas de Deus* "que, tal como os padres da Igreja, viviam em permanente metanoia e radicalidade cristã, escolhendo vidas (Pesquisas: *(Menológio, de Basílio 2º: A humildade é vitoriosa sobre os demónios/ Sinclética de Alexandria).*

OS LOUCOS POR CRISTO

Eram pessoas - homens e mulheres- que em seu amor e devoção exagerada a Cristo, resolveram abandonar suas famílias, seus afazeres, suas responsabilidades e imitar a ***Jesus***, tornando-se vagabundos, sem trabalhar, sem trocar de roupa, sem tomar banho e vagar pelas ruas abandonando as pessoas, comer quando apiedados e querendo sofrer ao máximo para imitar os sofrimentos que ***Jesus*** sentiu ao morrer.

Entre elas se destacam S.Basílio, S.Francisco de Assis, Sta.Xênia de S. Peterburgo, Sta. Kzenia, Sto. Isidoro e S.Maksim.

S. BASÍLIO

Ele nasceu em 1468 ou 1469 em Yelokhovo, então nas redondezas de Moscou (e hoje dentro da cidade). De acordo com a tradição, ele teria nascido no pórtico da igreja paroquial. Originalmente 1 aprendiz de sapateiro em Moscou, ele adotou 1 estilo de vida excêntrico baseado em pequenos roubos para doar aos pobres. Ele andava nu e carregava pesadas correntes. S.Basílio também ficou famoso por repreender Ivã - o Terrível, por não dar a devida atenção ao estado da igreja (o edifício) e por seu comportamento violento para com os inocentes.

Quando ele morreu, em 1552 ou 1557 (*), até o metropolita de Moscou, compareceu ao seu funeral com muitos membros do clero. O próprio Ivã ajudou a carregar seu caixão até o cemitério. Basílio está atualmente sepultado na Catedral de S. Basílio, em Moscou, que foi encomendada por Ivã para homenagear o santo recém-falecido.

S. FRANCISCO DE ASSIS

O mais famoso exemplo de *'Louco por Cristo'* na Igreja-ocidental é S. Francisco de Assis, cuja ordem era conhecida por seguir os ensinamentos de Cristo e seguir o máximo possível os seus passos. Assim, ao se juntar aos franciscanos, os noviços doavam todas as suas posses e se focavam na pregação nas ruas aos homens comuns. Ele foi o maior exemplo: Tudo começou quando para a surpresa de todos, Francisco debateu com o pai, tirou todas as suas vestes e devolveu-as a ele.

(*) é estranho que ele tendo sido 1 mendigo-ladrão tão importante para a ✝ Igreja ortodoxa, nenhum de seus doutos padres/ bispos/cardeais soubesse precisar quando exatamente o santo orgulho da Igreja de lá - tenha nascido !!!

Renunciou a qualquer direito que teria como herança e partiu, nu, para uma vida entre os pobres. O bispo teria abençoado o jovem e admirado sua postura. Isso teria ocorrido provavelmente em 1208.

STO. GRISHA

Ele era uma figura assombrosa: combalido, descalço e vestido em trapos, com olhos que 'olhavam através de você' e 1 cabelo longo e emaranhado. Ele sempre usava correntes à volta do pescoço... As crianças da vizinhança ocasionalmente corriam atrás dele, rindo e xingando-o. Pessoas mais velhas, como regra, viam Grisha com respeito e algum medo, especialmente quando ele sofria uma de suas convulsões periódicas, que o faziam começar a gritar e ralhar. Nestas horas, os adultos se juntavam à sua volta e ouviam, pois acreditavam que o *Espírito-santo* estava falando através dele.

STA.ISIDORA

Sta. Isidora (m. 369), do Egito, é considerada a 1ª *'Santa louca'*.

S. JUNÍPERO

Foi 1 dos 1 os seguidores da ordem franciscana e era conhecido por levar a doutrina ao extremo. Sempre que alguém lhe pedia quaisquer de suas posses, ele as dava livremente, incluindo suas roupas. Seus companheiros franciscanos tinham que vigiá-lo de perto e chegaram a proibi-lo de doar suas roupas. Ainda que este comportamento fosse embaraçoso para seus irmãos, ele era também reconhecido como 1 exemplo puro da ordem franciscana e era, por isso, muito admirado.

PROCÓPIO DE USTYUG

(PROKOPIY),

O 1° caso relatado de *Louco por Cristo* na Rússia foi Procópio de Ustyug (*Prokopiy*), que agia como louco, levando uma vida asceta (ele dormia nu na entrada das igrejas, rezava noites inteiras e recebia comida apenas dos pobres).

Ele era uma figura assombrosa: combalido, descalço e vestido em trapos, com olhos que 'olhavam através de você' e 1 cabelo longo e emaranhado. Ele sempre usava correntes à volta do pescoço... As crianças da vizinhança ocasionalmente corriam atrás dele, rindo e xingando-o.

STA.XÊNIA DE S.PETESBURGO

Ela é venerada em diversos países. Existem cerca de 40 igrejas e capelas em sua homenagem. Está sepultada no Cemitério Smolensk, em S. Petersburgo. A ornamentação foi acrescentada ao seu mausoléu durante o ano de 1902.

OS SANTOS VOADORES

Sto.Afonso de Ligório

Sta. Catarina de Siena

S.Felipe Neri

S.Fr°de Assis

S.Fr° de Paula

S.Fr° Xavier

Frei Galvão

Sta.Gema Galgani

S.Gerardo Majella

Sto.Ignácio de Loyola

S.João Bosco

S. João da Cruz

S. José de Cupertino

Frei Martinho de Porres

S.Paulo da Cruz

S.Pedro Claver

S.Pedro de Álcantara

S.Pio de Pietrelcina

S.Serafim

Sta. Teresa de Avila

S.Tomás de Aquino

E sem esquecer da mãe e filho que também voaram para o céu

O VOO MARAVILHOSO

Segundo a tradição, a *Santa Casa de Loreto* de hoje. seria a mesma Casa de Nazaré, na qual se deu o anúncio do **Anjo** na qual teria sido concebido ***Jesus Cristo*** . Esta mesma casa teria voado de Nazaré na Judeia até Loreto, na Itália, cuja festa é celebrada até hoje no dia 10/12 pela ex ***Sacrossanta*** ***Igreja*** Segundo a tradição do translado, quando os cruzados perdiam o controle na Terra-santa, o Senhor enviou seus **anjos** com a ordem de levarem a casa para 1 lugar seguro.

NB: Não encontramos em lugar nenhum, o motivo plausível do *ghost-writer* que descreveu esse voo e pouso estranho num lugar de nenhum *establishment* ainda, a não ser , que após voar tantos quilômetros , a Sagrada Família tinha que esvaziar suas bexigas (*).

(*) Há uma rata terrível nessa história. Não foi registrado que a *Casa Santa* havia sumido de Nazaré? Como os curiosos italianos puderam reencontra-la no mesmo lugar?

Depois de 3 anos e 5 meses, em 10/12/1294, a Casa de repente desapareceu de Tersatz, sendo que mais tarde alguns pastores de Loreto, na Itália, testemunhariam ter visto uma casa chegar voando sobre o mar e sustentada por **anjos**. A tradição também assinala que o **anjo** com capa vermelha S. Miguel dirigia os outros e **Maria com o Menino** estavam sentados sobre a *Casa*!

Chegando na Itália, os **anjos** baixaram a *Casa* num lugar chamado *Banderuola* e, posteriormente, levaram-na `a uma colina e depois , levantaram-na de novo e a transladaram `a uma outra colina. Foi colocada no 1/2 de 1 caminho e ocupou esse local por mais de **700** anos. Depois seria transportada de novo e desta vez para Lorena onde está até hoje atraindo curiosos que contribuem generosamente com as despesas de tantos voos e trasladados que ex *Sacrossanta* ✝ *Igreja* teve, bem como a sua modernização e melhorias..

A ' Casa Voadora ' atual melhorada e sua Virgem hoje ***negra****. Mas por que ela de branca virou negra?*

No 1º trimestre do século 16, a Virgem que ainda era branca, foi substituída por uma estátua de madeira vermelha delicadamente policromada – 1 luxo. Porém, o fumo das muitas lamparinas a óleo que ao longo dos séculos arderam ano pequeno recinto da *Santa Casa*, escureceu-a muito, dando-lhe uma cor bem escura. Esta estátua foi destruída no incêndio de 1921, sendo então substituída por outra de madeira de cedro do Líbano e escurecida de propósito, para não se notar ir novamente sua nova mudança de cor com o passar do tempo. Daí ela hoje ser negra. Mas o pessoal não reclama. Ninguém se manifestou antiracista até hoje.

(*) Isto não se refere aos anjos pois anjos – pelo que consta – não tem sexo.

Outra mentira, inclusive o lugar que dizem Jesus ter morrido

Túmulo em Jerusalém,Israel

Túmulo de Jesus em Caxemira, Índia

Túmulo de Jesus em Shingo, Japão

TODOS VAZIOS!!

Gente, acorda!! Jocoso e satírico, é o fato lamentável de milhões de pessoas ainda acreditarem neste conto de vigário para lhes arrancar óbolos/donativos/ ajudas/dízimos/ingressos, já que *Jesus* **nunca foi de carne e osso**, mas sim, apenas , 1 super-homem criado nas mentes de Vespasiano/Piso !! Como também não passa de mentira e invencionice **todos evangelhos, seu pai, sua mãe, os apóstolos e de mais heróis da engendrada pantomima** !!! E a ex *Sacrossanta* *Igreja* que logrou sobreviver (e muito bem pelo visto às suas custa) inclusive empregando a ferro e fogo para logra-lo , tem a coragem e petulância em lhe atribuir **2 locais diferentes de nascimento**, 3 túmulos diferentes – **todos vazios** com a desculpa que ele voou para o céu depois que ressuscitou !!...E ainda tem 2.000.000 de pessoas que acredita !!

Naquela manhã de 12/5/1291, em Tersatz, os vizinhos ficaram surpresos ao ver uma casa sem fundações chegar e ninguém sabia de onde. Dentro, encontraram 1 altar de pedra e em cima dele uma estátua de cedro da Virgem Maria com o menino *Jesus* em seus braços. O menino segurava com sua mão esquerda uma **esfera de ouro** que representava o mundo e seus 2 dedos da mão direita estavam estendidos, como abençoando.

Ambos vestiam uma espécie de túnica e tinham **coroas de ouro**. Dias depois, a *Virgem* teria aparecido a 1 sacerdote local (?) e explicado a ele o lugar de onde a Casa procedia. A *Virgem* lhe disse: *"deves saber que a casa que recentemente foi trazida `a tua terra é a mesma casa na qual eu nasci e cresci.*

Aqui, após a Anunciação do Anjo Gabriel, eu concebi o Criador de todas as coisas. Aqui, o Verbo se fez carne". "O altar foi que foi transladado com a casa foi consagrada por Pedro - o Príncipe dos Apóstolos. *Esta casa veio de Nazaré para tua terra pelo poder de* **Deus**, *para o qual nada é impossível"* - acrescentou. Como verdadeira prova de tudo o que a **Virgem** lhe comunicou, o sacerdote que estivera doente, ficou curado. Anunciado o milagre, teriam começado as peregrinações...

OS SANTOS PAPAS

† **Adriano 3º** (855-858) - Teria sido envenenado.

† **Alexandre 6º** (1492-1503)

Alexandre e seus 2 filhos

Cena da série *The Borgias*, da HBO: *o Banquete das Castanhas*

 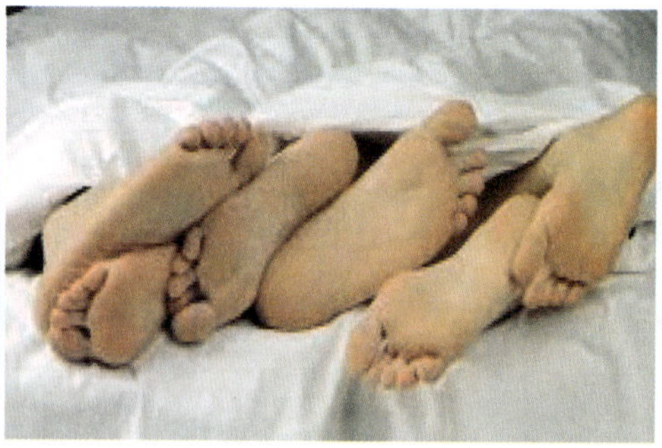 

Foi o mais depravado de todos os papas da ex *Sacrossanta* ✠ *Igreja*. Depois de assumir a mitra papal, Alexandre gritou: "*Sou papa, vigário de.*Como seu predecessor Inocêncio 7º teve vários filhos, batizou-os pessoalmente e oficiou o casamento deles no *Vaticano*. Teve 10 filhos ilegítimos (incluindo os notórios Césare e Lucrécia) com sua amante favorita Vannoza Catanei com quem teve 4 filhos. Quando seu fascínio se desvaneceu, Alexandre envolveu-se com uma adolescente de 15 anos Giulia Farnese, que em troca receberia dele o galero vermelho de cardeal para o seu irmão que depois se tornaria Paulo 3º. Mas o maior escândalo causado pelo papa Alexandre 6º, foi o *ménage a trois* que fazia cotidianamente com Lucrécia – sua filha que mal completara 13 anos e também junto com seu filho Césare. Depois disso promoveria todos os noivados e os vários casamentos dela.

Certa ocasião, Alfonso foi brutalmente espancado por cinco sicários. Estava se recuperando quando, 1 dia, viu César em visita à sua esposa, passeando pelo jardim. Passando a mão num arco e flecha, Alfonso tentou matá-lo. Errou. A guarda pessoal de César subiu até seu quarto e o espancou até à morte. Alexandre 6° nada fez contra seu filhinho querido.

2 meses depois dessa infâmia, César deu uma festança. Mas não foi uma festança qualquer, foi a festa de triste lembrança, que entrou para a história como **"O Balé das Castanhas"**. O que ocorreu foi relatado por Burchard e deu-se no Vaticano, no palácio apostólico. É barra muito, muito pesada. Mas vamos lá.

Cinquenta prostitutas dançaram diante dos convivas de César e do Papa após o jantar. A princípio vestidos, convidados e prostitutas, depois... todo mundo nu. As castanhas em questão estavam espalhadas em candelabros pelo chão e as prostitutas buscavam meios de colhê-las. A regra era: as prostitutas, nuas, arrastavam-se pelo chão com as mãos e joelhos... use a imaginação amigo leitor.

Depois disso, seguiu-se o "acasalamento", com prêmios para aqueles que conseguissem o maior número de cópulas. Foram muitas as festas bizarras. Convém salientar que, no "Balé das Castanhas", nem César, nem Lucrécia, nem Alexandre VI participaram. Eles apenas observavam as bacanais que promoviam. Antes que alguém questione a fonte, vale lembrar que Burchard era bispo e mestre de cerimônias de Alexandre VI.

Em 31 de dezembro de 1500, Lucrécia Bórgia casa-se pela terceira vez, com Alfonso, herdeiro dos D'Este de Ferrara, numa festança milionária que durou uma semana e foi mais cara que uma copa do mundo. Dinheiro não cresce em árvores e, para financiar essa gastança, **Alexandre 6° criou 80 novos cargos na cúria, a serem vendidos por 780 ducados cada um;** designou nove novos cardeais à base da canetada - ou melhor, na base da penada (na época, é claro, não tinha caneta bic). E, para completar o botim, faleceu o rico cardeal Giovani Michele, após dois dias de cólicas violentíssimas - cortesia, segundo alguns, do nobre e gentil César Bórgia.

Cercado de inimigos por todos os lados, Alexandre chegara, assim, ao seu último ano de vida, 1503. Por conta da imoralidade, **religiosos de prestígio exigiam um novo concílio**. Depois que tomaram consciência de com quem estavam lidando, **até cardeais nomeados pelo Papa pediam a sua saída**. Até a torcida do Torino pedia a saída do Papa, ninguém aguentava mais o cara e, principalmente, ninguém aguentava mais César e sua tirania.

Mas, como historiador, é dever nosso desvendar os fatos. Uma das teorias da conspiração mais aceitas com relação à morte de Alexandre VI era de que este teria sido envenenado. Muitas vezes, a autoria de tal proeza é creditada ao próprio César. Mas a verdade é que, aos 73 anos, Alexandre era um velho frágil, a vítima perfeita para as doenças que, desde sempre, devastavam Roma no verão.

Mas o povo estava feliz. Morrera o monstro espanhol e, com ele, o poder dos Bórgia na Itália foi enfraquecendo. César, sem o apoio de Roma, não conseguiu manter-se e foi chutado da Bota. Morreu aos 31 anos como sempre gostou de viver: em meio à guerra, no campo de batalha.

A impressão que temos do papado de Alexandre 6° é a de um tempo de contínua e desatada violência, homicídios em igrejas, cadáveres desovados em rios, luta de facções (Rio de Janeiro #*fellings*), incêndios, saques, prisões, torturas.

Some-se a isso escândalos sexuais, frivolidades, cerimônias pomposas e diversões hedonistas em geral. Já houve historiadores que pretenderam reabilitar o sujeito... não dá, esse aqui não tem jeito mesmo.

Nossa série continuará em breve, com a graça de Deus.

Sua Santidade ofereceu uma ceia a todos os cardeais e as personalidades mais importantes··· sentando duas cortesãs ao lado de cada convidado··· Quando terminou a ceia estas prostitutas (a amaioria vestid de nonas) escolhidas a dedo (mais de 50), começaram a executar danças libertinas, num voluptuoso streap-tease , para depois despojaram-se de suas vestes e continuaram dançando ao ritmo dos aplausos de sua santidade. Depois começarim os \`jogos´ e madame Lucrécia atirou para os chãos vários punhados de castanhas. As cortesãs, já completamente nuas, então se debruçaram e andando de gatas , começaram a recolher o maior número possível de castanhas. Aquela que recolhesse o maior número receberia joias e vestidos. Depois as prostitutas, naquelas posições mesmo, seriam atacadas sexualmente, para depois madame Lucrécia que presidia o bacanal com seu pai-papa-deflorador, distribuiria prêmios aos vencedores. O papa então – generosamente exultante - propôs aos convidados que quem tivesse o maior número de relações sexuais e orgasmos com as prostitutas, receberia 1 bom prêmio em moedas de ouro (e isso, naturalmente, fiscalizado pelos lacaios abatinados).

Benedito 9º (1032-1044)

Em 10/1031, a mitra papal foi comprada para Benedito 9º que só tinha 11 anos na ocasião. Ao chegar aos 14 anos, ele já havia superado toda devassidão e libertinagem possível. Quando chegou aos 18, tornou-se pontífice oficialmente, sendo que inclusive a *Enciclopédia Católica o chamaria de "a desgraça na cadeira de Pedro"*. Teve uma vida dissoluta, durante seu papado, acusado pelo bispo de Benno Placenta de *"muitos adultérios vis e assassinatos."* O papa 3º Vitor 3º inclusive, referindo-se a ele em seu *Livro dos Diálogos* conta sobre *"seus estupros, assassinatos e outros atos inqualificáveis. Sua vida como 1 papa tão vil, tão vil, tão execrável, que eu tremo só de pensar nisso."* S.Pedro Damião por sua vez, registrou que Benedito 9º deleitava-se em imoralidade e que ele era *"1 demônio do inferno sob o disfarce de 1 padre"*. revelando que Benedito 9º tinha como rotina contínua sodomia e bestialidade e muitas orgias. Em 5/1045, ele renunciou a seu cargo para se casar , vendendo seu papado por 1.500 kg de ouro para seu padrinho – o `piedoso´ sacerdote João Graciano, que nomeou-se papa Gregório 6. Foi mais 1 papa gay.

A capa do livro de Angelo Quatrocchi, Bento 16 e o padre Georg

BENTO 16 FAZIA DISCURSOS HOMOFÓBICOS, CHEGANDO A DIZER QUE O CASAMENTO GAY ERA OBRA DO ANTICRISTO ! QUE PARADOXO !

Desmascara o Juliano Dip - jornalista gay do *grupo Bandeirantes* em S.Paulo, Brasil : *"Trabalhei para o papa Bento em 2007; fui funcionário da Rádio Vaticano, em Roma. A homossexualidade do pontífice era assunto proibido, mas estava sempre em pauta nos corredores. Principalmente quando Bento 16 fazia discursos homofóbicos, chegando a dizer que o 'casamento gay era obra do anticristo!'. De fato ele nunca casou com outro homem, o que não quer dizer que não tenha se apaixonado"*

O secretário particular dele, padre Georg era apontado como o possível namorado. No livro *The Pope Is Not Gay*, Angelo Quatrocchi também afirmaria que havia uma relação de amor entre Georg e Ratzinger. O autor narra o encontro entre os 2, 10 anos antes do alemão virar papa: Nós podemos ao menos imaginar como uma alma pura se inflama quando conhece sua alma gêmea, quando 1 quase septuagenário membro da *Congregação Pela Doutrina da Fé* encontra 1 padre de 40 anos, brilhante, da sua Bavária natal. Quando ele deixou o papado levou consigo Georg para seu retiro em *Castel Gandolfo,* em Roma. Georg passava o dia na sua função cuidando da residência do novo pontífice, Francisco e a noite ia ao encontro de Bento. *"Não seriam os 2* 1°os *padres gays, no Vaticano conheci vários, no Brasil nem se fala. Certa vez, o jornal italiano La Repubblica, mencionou documentos sobre 1 poderoso lobby homossexual no Vaticano, que seria uma das razões de Ratzinger deixar o papado. Numa instituição homofóbica, com 1 papa que associou a homossexualidade à doença e à loucura, o assunto acabou tomando uma dimensão fora do controle".*

Bento 5º (964)

Em 964 ele estuprou uma jovem e fugiu para Constantinopla com o tesouro papal e só reapareceu quando o dinheiro acabou. Paul Jeffers em sua obra Mistérios sombrios do Vaticano, revela que 1 historiador especializado na ***Sacrossanta*** ***Igreja***, chamou Bento 5° de "o mais iníquo de todos os monstros na impiedade".

Esse ilustre `Representante de Deus na Terra´também seria 1 dos papas assassinados em flagrante por 1 marido traído e seu corpo antes de ser jogado numa fossa, foi arrastado pelas ruas para expor ao mundo o tipo de papas que comandavam a ex *Sacrossanta Igreja*.

Bento 6º (973-974) - Morreu estrangulado por 1 sacerdote.

Bonifácio 8º (1294-1303) - Morreu por agressão.

Clemente 2º (1046-1047) - Morreu talvez envenenado.

Damásio 2º (1048) - Teria sido assassinado.

Estêvão 6º (885-891) - Morreu estrangulado.

Estêvão 7º (896-897) – Morreu provavelmente assassinado

Estêvão 8º (939-942) - Morreu mutilado.

Gregório 5º (996-999) - Teria morrido envenenado.

Inocêncio 7º (1339-1446)

Teve vários filhos e desconfia-se que morreu envenenado.

Joana – a Papisa

  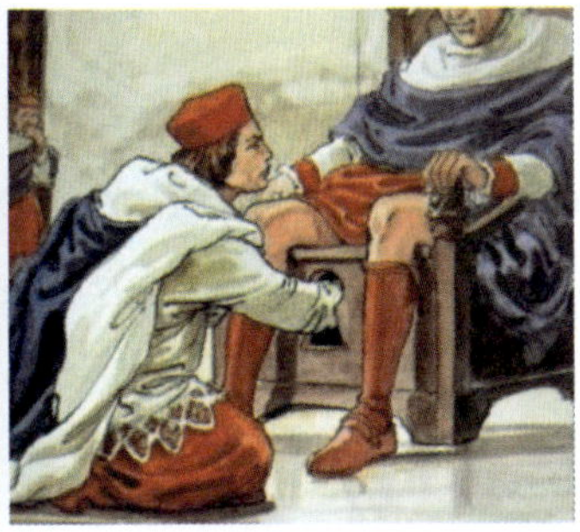

A papisa Joana era, segundo consta, uma mulher que teria reinado como papa e governado a ex *Sacrossanta Igreja* por 2 ou 3 anos, durante a Idade-média, entre o papado de Leão 4° e o papa Bento 3°, A história possui várias versões. Segundo alguns relatos, Joana teria sido uma jovem oriental, nascida com o possível nome de Giliberta, talvez de Constantinopla, que se fez passar por homem para escapar à proibição d´ estudar imposta às mulheres. Extremamente culta, possuía formação em filosofia e teologia. Ao chegar `a Roma, apresentou-se como monge e surpreendeu os doutores da ex *Sacrossanta Igreja* com sua sabedoria. Teria chegado ao papado após a morte do papa Leão 4°, com o nome de *João* 7°. A mesma lenda conta que Joana se tornou amante de 1 oficial da Guarda-suíça e ficou grávida.

+ Outra versão - a do historiador Martinho de Opava - afirma que Joana teria nascida na cidade de Mogúncia, n´ Alemanha, filha de 1casal inglês aí residente na época. Na idade adulta, conheceu 1 monge, por quem se apaixonou. Foram ambos para a Grécia, onde passaram 3 anos, após o que se mudaram para Roma. Para evitar o escândalo que a relação poderia causar, Joana decidiu vestir roupas masculinas, passando assim por monge, com o nome de Johannes Angelicus e teria então ingressado no Mosteiro de *S.Martinho*.Conseguiu ser nomeada cardeal, ficando conhecida como *João – o Inglês*. Segundo as fontes, `João´ - em virtude de sua notável inteligência, foi eleito papa por unanimidade após a morte de Leão 4°, ocorrida a 17/7/855). Apesar de ter sido fácil ocultar sua gravidez, devido às vestes folgadas dos papas, acabou por ser acometida pelas dores do parto em 1/2 a uma procissão numa rua estreita, entre o Coliseu de Roma e a Igreja de S.Clemente, e deu à luz perante a multidão.

As versões divergem também sobre este ponto, mas todas coincidem em que a multidão reagiu com indignação, por considerar que o trono de S. Pedro havia sido profanado. Daí, João/Joana teria sido amarrada num cavalo e apedrejada até à morte. Neste trajeto depois seria colocada uma estátua de uma donzela com uma criança no colo com a inscrição *Parce Pater Patrum, Papissae Proditum Partum*, conforme seria confirmado mais tarde em 1375 pelo *Mirabilia Urbis Romae*. Oficialmente, o papa João 8º foi o que reinou entre 872–882..

Noutro relato, Joana teria morrido devido a complicações no parto, enquanto os cardeais se ajoelhavam clamando: *"Milagre, milagre ! "*.Mesmo assim, após esse escândalo do tamanho de 1 bonde, o Vaticano resolveu fabricar uma cadeira para detectar novos fraudadores(as). A cadeira perfurada, que na verdade eram duas (que ainda sobrevivem, estando uma no Museu do Vaticano e a outra no *Museu do Louvre*, levada para Paris por Napoleão como espólio de guerra. Elas são cadeiras com 1 furo redondo no 1/2 do assento, algo semelhante a 1 vaso sanitário. Os defensores da historicidade, alegam que elas eram utilizadas para se verificar os testículos do futuro papa durante a cerimônia de coroação, ou seja, se o candidato não era 1 eunuco ou uma mulher disfarçada. Esse rito papal de fato foi criado após o escândalo da papisa, que prova que Joana realmente existiu e subiu no trono pontifical !...

João 8º (872-882) - Foi supostamente envenenado e espancado até a morte.

João 10 (914-928)

João 12º (995-964)

Embora gay, Liuprando de Cremona em sua *ANTAPÓDOSE*, conta que *"Julio 12º tinha fornicado com a viúva de Rainier, também com Stefana-concubina de seu pai, também com a viúva Ana, também com sua sobrinha e com sua sobrinha, inclusive cometido incesto coma sua própria avó Marozia, tendo transformado seu palácio sagrado num bordel."* Foi morto por 1 marido ciumento, enquanto transava com a esposa do homem.

João 14 (983-984) - Morreu de fome, maus tratos, ou foi envenenado.

Julio 3º (1550- 1555)

Eleito papa em 1550, Julio 3º saqueou os cofres papais para reformar sua própria mansão em Roma. Ele também nomeou 1 adolescente chamado Inocenzo Giochi del Monte, que recolhera nas ruas de Parma onde era 1 pedinte de 15 anos, para ser seu 1º cardeal. O embaixador veneziano confirmaria mais tarde, que Inocenzo dormia com o papa. E Julio 2º fez com que seu amante adolescente ficasse mais rico que os Médicis. Além desse Inocenzo, Julio 3º também transava com outros cardeais, pajens e jovens com quem simpatizava. Segundo o *Concílio cismático* de Pisa em 1511, ele era 1 sodomita *"coberto de úlceras vergonhosas".*

Papa Leão 10º (1534-1549)

Matou parentes , incluindo o envenenamento de sua própria mãe e sobrinha, para herdar a fortuna da família. Também referente à sua crueldade, conta-se que numa disputa teológica entre 2 cardeais e 3 bispos poloneses, ele, ficando chateado, simplesmente pegou uma espada e cortou os 3 até a morte. Tinha como amante Mark Antonio Flaminio.

Papa Leão 12 (1760-1829)

Basicamente, o que diz o mito é que o papa Leão XII, em 1829, pouco antes de morrer (ele faleceu em fevereiro daquele ano), teria se expressado contra a vacinação com essas palavras: "Quem quer que recorra à vacina deixa de ser filho de Deus (···) a varíola é um juízo de Deus (···) A vacina é um desafio lançado ao céu". Como consequência, a varíola teria varrido os Estados Pontifícios nos anos seguintes. A vacina contra a varíola havia sido desenvolvida em 1796, por Edward Jenner, em substituição ao método da variolização, que consistia em inocular quantidades mínimas do vírus nas pessoas com o objetivo de desenvolver uma resposta imunizante.

Paulo 2º (1464-1471)

Foi acusado de ter morrido de 1 ataque cardíaco durante 1 ato sexual com e de seus pajens.

Paulo 3º (1534-1549)

Papa Paulo e seus sobrinhos

Nomeou cardeais a 2 de seus netos, 1 de 14 e outro de 16 anos. Teria matado parente, incluindo o envenenamento de sua mãe e de sua sobrinha, para herdar a fortuna da família. Lembrança fatídica ao seu respeito, é aquela que envolveu a crueldade dele, quando houve uma disputa teológica entre 2 de seus cardeais e 1 bispo polonês. Quando a discussão começou a entediá-lo, Paulo cortou os 3 com a sua espada.

Sergio3º (904-911)

Teve 1 filho iligitimo com Marozia que se tornaria João 11.

Papa Sixto 4º (1471-1484)

Muito gay, foi acusado de dar benefícios aos seus favoritos da corte e do Vaticano em troca de `favores sexuais´. Entre os seus favorecidos, Giovannji Sclafento era o seu favorito.

PROTETORAS DE CADA PAÍS?

NB: Ao todo são 200 países no mundo e cada 1 tem sua protetora cristã – todas elas mãe de *Jesus*. A pergunta que se faz, é: todas elas, quando rompeu a recente pandemia (que já ceifou a vida de cerca de **19.000.000** de pessoas em todo o mundo) todas elas, ao mesmo tempo, tiveram a coragem e (com o perdão da palavra) a displicência em largar suas atribuições e responsabilidades e simplesmente desaparecer , Elas que ouvem milhões de ave-marias todos os dias, de sofredoras desesperadas invocando-as angustiadas sem ter mais a quem recorrer, passando tanta dor e sofrimento por causa da fome, doenças e guerras intermináveis e não contidas pela *Santa Trindade*, por que não as atendem? Acabou o gás de sua humanidade misericórdia?:

PROTETORA DA UCRÂNIA ?

Cadê? Pelo que parece, há muito tempo também fugiu do país há mais de 2 anos em guerra com mais de 1.000.000 mortos e feridos. Por que sua `Protetora´ deixou? Onde, cargas d´agua ela s´encontrava?

PROTETORA DA PALESTINA ?

N.Sra . Rainha da Palestiina

Cadê ? Hoje o saldo mortos já ultrapassa de 40.000 Palestinos e 3.000 Insraelitas. Sem esquecer que em 2022 já habia mais de **1.000.000** de refugiados da faxa de gaza. Ela não pretende defender seu próprio país onde nasceu, viveu e deu à luz o `Filho de Deus´ ? E deixa continuar esse barbarismo ? Por que ?

SANTAS E SANTOS PROTETORES QUE PELO JEITO DEBANDARAM DERAM NO PÉ, OU REECEBERAAM BILHETE AZUL

† **N. Sra. da Saúde 20/4** - Protetora dos doadores de sangue

† **Sto. Afonso de Ligório 1/8 -** Protetor de pessoas com reumatismo

† **Sto. Agostinho 28/8 -** Protetor de pessoas com doenças nos olhos e nos ouvidos

† **Sta. Águeda 5/2** - Protetora dos seios e da amamentação

† **Sta. Ana e S.Joaquim 26/7** - Protetores contra a esterilidade, ajuda no parto

† **Sto.Antão 17/1** Protetor das pessoas com furúnculos

† **Sto. Antônio - 13/6** protetor de pessoas com febre

† **Sta. Apolônia 9/2** - Protetora dos dentes

† **Sta. Bárbara 4/12** - Protetora contra queimaduras, febre e morte repentina

† **Sta. Batilde 30/1** Protetora de pessoas com cólica e diarreia

† **S. Bento - 11/7** Protetor de pessoas com envenenamentos, de pessoas com doenças na pele.

† **S. Bernardo de Claraval 20/8** - Protetor de pessoas com epilepsia e doenças nervosas

† **Sta. Bibiana ou Viviana 2/12**- Protetora da cabeça, mente e das pessoas com epilepsia,

† **S.Brás 3/2** - Protetor de pessoas com os males de garganta e pessoas que têm queda de cabelo

† **Sto. Camilo de Lélis**, - Protetor contra doenças

† **Sta. Catarina de Alexandria 25/11**- Protetora dos moribundos, contra a morte repentina, contra o aborto e contra acidentes de trabalho

† **Sta. Catarina de Sena 29/4-** Protetora de pessoas com dores de cabeça

† **Sta Difna 15/5-** Padroeira dos loucos, epiléticos, endemoninhados, possessos e sonâmbulos

† **Sto. Egídio** - 1/9 Protetor das mães que amamentam; protetor de pessoas com medo; das pessoas com hanseníase

† **Sto Erasmo** – 2/6 tornou-se, para os fiéis, o protetor das enfermidades do ventre, dos intestinos e das dores do parto.

† **Sto. Estevão** - 26/12 Protetor das pessoas com cálculos renais

† **Sto. Expedito** - 19/4 Auxílio nas causas urgentes

† **Sta. Genoveva** - 3/1 Protetora das vítimas da fome

† **S. Fiacre** - 30/8 Protetor das pessoas com sífilis, hemorroidas, doenças do reto; úlceras e verrugas

† **Sta.Gianna Beretta Molla** – 28/4 Protetora contra aborto

† **Sto. Humberto** - 3/11 Contra a raiva

† **Sto. Inácio de Loyola** - 31/7 Protetor das pessoas que se submetem a cirurgias

† **Sta. Inês** - 21/01 Protetora das meninas adolescentes e de seus problemas

† **Sta. Isabel da Hungria** -17/11 Protetora de pessoas com dor de dente, doenças do coração

† **S. João Batista 24/6** - Protetor contra doenças infantis

† **S. João Francisco Régis** - 16/6 Protetor de pessoas com gripes e resfriados

† **S. João Nepomuceno** - 16/5 Protetor de pessoas com doenças na boca e na língua

† **S. Judas Tadeu** - 28/10 Protetor das pessoas em situações de desespero

† **S. Leonardo de Noblac** - 6/11 Invocado pelas parturientes para ter 1 parto indolor

† **Sta. Liduína (ou Lidvina)** - Padroeira dos doentes incuráveis,

† **S. Lourenço** - 10/8 Protetor dos pobres

† **S. Ludovico** - 25/8 Protetor das pessoas com tuberculoses

† **S. Luiz Gonzaga** 21/6 Protetor dos doentes com AIDS

† **S. Pedro Damião** - 21/2 Protetor de pessoas com insônia e enxaquecas

† **S. Luís Scrosopp** - 4/8 Protetor contra aids

† **Sta. Maria Madalena** - 22/7 Padroeira das prostitutas

† **Sta. Mônica** - 27/8 Protetora das mães que rezam pela conversão de 1(a) filho(a) viciadas.

✝ **Sto Onofre** - Protetor contra a bebida e a droga

✝ **S. Pancrácio** - 12/5 Protetor de pessoas com doenças dos pulmões; protetor de crianças doentes

✝ **Sta. Paulina** - 9/7 Protetora dos doentes com câncer

✝ **S. Paulo** - 25/1 Protetor contra picadas de cobra/animais peçonhentos/ surdos

✝ **S. Pedro Damião** - 21/2 Protetor de pessoas com insônia e enxaquecas

✝ **Sta. Pelágia** - 8/10 Protetora das atrizes

✝ **S.Peregrino** – 5/5 Protetoras das pessoas com câncer

✝ **S. Rafael Arcanjo** - 29/9 Protetor dos olhos

✝ **Sta. Rita de Cássia** - 22/5 Protetora nos casos impossíveis

✝ **S. Sebastião** - 20/1 Protetor de pessoas com feridas, pestes e doenças contagiosas.

✝ **Sta. Teresinha de Ávila** - 15/10 Protetora de pessoas com doenças no coração

✝ **Sta Terezinha do Menino *Jesus*** – Protetora contra tueberculose

✝ **S. Tomás de Aquino** - 28/1 Protetor de pessoas com doenças do estômago e do fígado;

✝ **S. Tomé** - 3/7 Protetor dos pedreiros/arquitetos/cegos

✝ **Sta. Valburga** 25/2 Protetora contra a fome

✝ **S. Zenão de Verona** - 12/4 Protetor dos bebês

" E AÍ QUE ELAS ESTÃO ESCONDIDAS? "

EU CONCORDO!

Última pergunta:

"Existem mais de 20.000.000 de advogados no mundo. Algum por acaso defenderia o Manda-Chuva aí de cima, pelas dores, mortes e sofrimentos que nos tem causado , ampliando cada vez mais , o vício pelas drogas, a prostituição infantil, as guerras fraticidas, o terrorismo crescente, as secas, os cataclismos tão fatais do clima, as doenças, as pandemias que lotam hospitais e cemitérios, sendo que dos 8.5 bi de habitantes no mundo, 2,3 bi passam fome e 25.000 pessoas morrem dela diariamente, sendo a maioria de crianças, principalmente abaixo dos 5 anos?"

EPILOGO

Andando pela praia, Einstein aprendeu a maior lição da vida dele, quando viu 1 menino que se abaixava, catava uma estrela do mar e se levantava jogando-a no mar. - *O que fazes menino?* – perguntou Einstein. - *Cato toda as estrelas do mar que encontro e devolvo-as ao mar* – respondeu o garoto. - *Mas você não será capaz de catar todas; a praia é muito grande, tem quilômetros! - Mesmo assim vou catando. -Mas que adianta? São incontáveis ! Você nunca vai poder catar todas ! - Eu sei; mas mesmo assim, vou continuar, não vou parar. Pelo menos terei salvo a vida de algumas!*

O mesmo digo eu ao findar este livro. Pois me sinto como oftalmologista que tirou a catarata d´olho de 1 paciente. Sei que não vou ter logrado tirar todas as cataratas de minhas prezadas leitoras e de todos meu estimados leitores. Mas pelo menos vou me despedir de vocês, com a plena certeza e satisfação de ter pelo menos removido as cataratas dos que me leram.

• Tchau
Max Sussol
2025